Innovationsförderndes Human Resource Management

Jens Rowold · Kai C. Bormann
Ute Poethke
Hrsg.

Innovationsförderndes Human Resource Management

Grundlagen, Modelle und Praxis

2., aktualisierte Auflage

Hrsg.
Jens Rowold
Zentrum für HochschulBildung, Lehrstuhl für
Personalentwicklung und
Veränderungsmanagement
Technische Universität Dortmund
Dortmund, Deutschland

Kai C. Bormann
Universität Bielefeld
Bielefeld, Deutschland

Ute Poethke
Bildungs- und Wissenschaftszentrum der
Bundesfinanzverwaltung (BWZ)
Münster, Deutschland

ISBN 978-3-662-61129-6   ISBN 978-3-662-61130-2 (eBook)
https://doi.org/10.1007/978-3-662-61130-2

Die Deutsche Nationalbibliothek verzeichnet diese Publikation in der Deutschen Nationalbibliografie; detaillierte bibliografische Daten sind im Internet über http://dnb.d-nb.de abrufbar.

Springer Gabler
© Springer-Verlag GmbH Deutschland, ein Teil von Springer Nature 2015, 2020
Das Werk einschließlich aller seiner Teile ist urheberrechtlich geschützt. Jede Verwertung, die nicht ausdrücklich vom Urheberrechtsgesetz zugelassen ist, bedarf der vorherigen Zustimmung des Verlags. Das gilt insbesondere für Vervielfältigungen, Bearbeitungen, Übersetzungen, Mikroverfilmungen und die Einspeicherung und Verarbeitung in elektronischen Systemen.
Die Wiedergabe von allgemein beschreibenden Bezeichnungen, Marken, Unternehmensnamen etc. in diesem Werk bedeutet nicht, dass diese frei durch jedermann benutzt werden dürfen. Die Berechtigung zur Benutzung unterliegt, auch ohne gesonderten Hinweis hierzu, den Regeln des Markenrechts. Die Rechte des jeweiligen Zeicheninhabers sind zu beachten.
Der Verlag, die Autoren und die Herausgeber gehen davon aus, dass die Angaben und Informationen in diesem Werk zum Zeitpunkt der Veröffentlichung vollständig und korrekt sind. Weder der Verlag, noch die Autoren oder die Herausgeber übernehmen, ausdrücklich oder implizit, Gewähr für den Inhalt des Werkes, etwaige Fehler oder Äußerungen. Der Verlag bleibt im Hinblick auf geografische Zuordnungen und Gebietsbezeichnungen in veröffentlichten Karten und Institutionsadressen neutral.

Springer Gabler ist ein Imprint der eingetragenen Gesellschaft Springer-Verlag GmbH, DE und ist ein Teil von Springer Nature.
Die Anschrift der Gesellschaft ist: Heidelberger Platz 3, 14197 Berlin, Germany

Inhaltsverzeichnis

1 Einführung 1
Jens Rowold und Sarah Lange
   1.1 Einführung 1
   1.2 Begriffsverständnis 2
   1.3 Modelle 2
        1.3.1 Rahmenmodell 2
        1.3.2 Modell von Amabile 4
        1.3.3 Neurowissenschaftliche Modelle 6
   1.4 Empirische Befunde 6
   Literatur 7

2 Eigenschaften von Mitarbeitern 9
Jens Rowold und Katharina Pachocki
   2.1 Einführung 9
   2.2 Begriffsverständnis 10
   2.3 Modelle 10
   2.4 Empirische Befunde 12
   2.5 Umsetzung in der Praxis 17
   Literatur 18

3 Eigenschaften der Arbeit 21
Kai C. Bormann, Ute Poethke und Kai N. Klasmeier
   3.1 Einführung 21
   3.2 Begriffsverständnis 22
   3.3 Modelle 22
        3.3.1 Job Characteristics Model 22
        3.3.2 Arbeit 4.0 24
        3.3.3 Job Demands – Resources Model 25
   3.4 Empirische Befunde 25
        3.4.1 Komplexität der Arbeit 26
        3.4.2 Demands und Ressourcen 29

		3.4.3	Unterscheidung Kreativität und Innovation．．．．．．．．．．．．．．．．．	30
		3.4.4	Moderierende Einflüsse der Charakteristika der Arbeit im Innovationsprozess．．．．．．．．．．．．．．．．．．．．．．．．．．．．．．．．．．．．．．．	31
	Literatur．．			34

4 Instrumente des Human Resource Managements ．．．．．．．．．．．．．．．．．．．．．．． 37
Kai C. Bormann und Catrin Millhoff

	4.1	Einführung．．．		37
	4.2	Hürden und Herausforderungen．．．．．．．．．．．．．．．．．．．．．．．．．．．．．．．．．．		38
	4.3	Beschreibungsmerkmale ．．		39
	4.4	Vorstellung der Instrumente．．．．．．．．．．．．．．．．．．．．．．．．．．．．．．．．．．．．．		40
		4.4.1	Fragebogen zur Erhebung des Taking Charge Behavior nach Morrison und Phelps (1999) ．．．．．．．．．．．．．．．．．．．．．．．．．．．．．．．	41
		4.4.2	Proactive Personality Scale nach Seibert et al. (1999); Bateman und Crant (1993)．．．．．．．．．．．．．．．．．．．．．．．．．．．．．．．．．	42
		4.4.3	Kirton Adaption-Innovation Inventory nach Kirton (1976)．．．．．．．	44
		4.4.4	Fragebogen zur Erhebung von Kreativität nach Zhou und George (2001) ．．	45
		4.4.5	Torrance Tests of Creative Thinking (TTCT) nach Torrance (1966, 1990)．．．	46
		4.4.6	Anzahl angemeldeter Patente．．．．．．．．．．．．．．．．．．．．．．．．．．．．．．．	47
		4.4.7	Diagnose berufsbezogener Kreativität (DBK-PG) von Schuler et al. (2013)．．．．．．．．．．．．．．．．．．．．．．．．．．．．．．．．．．．．．．．	48
		4.4.8	Fragebogen zum Innovationsklima (INNO) von Kauffeld et al. (2004) ．．．	49
		4.4.9	Creative Climate Questionnaire (CCQ) nach Ekvall (1990, 1996)．．．．．．．．．．．．．．．．．．．．．．．．．．．．．．．．．．．．．．．	51
	Literatur．．			53

5 Gesundheit und Innovation – Grundlagen．．．．．．．．．．．．．．．．．．．．．．．．．．．．．． 57
Catrin Millhoff

	5.1	Einführung．．．		57
	5.2	Begriffsverständnis ．．		58
	5.3	Modelle ．．		61
		5.3.1	Salutogenese-Modell．．．．．．．．．．．．．．．．．．．．．．．．．．．．．．．．．．．．．．	61
		5.3.2	Job Demand Control Model．．．．．．．．．．．．．．．．．．．．．．．．．．．．．．．．	62
		5.3.3	Modellansatz zur Integration des Beruf-Familie-Konflikts in das ERI-Modell ．．．	64
		5.3.4	Integriertes Modell zur Arbeit, kreativer Leistung und Gesundheit ．．．	65
	5.4	Empirische Befunde．．		67
	5.5	Umsetzung in der Praxis ．．		70
	Literatur．．			73

6 Gesundheit und Innovation – Mindfulness-based Stress Reduction 77
Jens Rowold und Sarah Lange
- 6.1 Einführung 77
- 6.2 Begriffsverständnis 78
- 6.3 Modelle 78
- 6.4 Empirische Befunde 82
- 6.5 Umsetzung in der Praxis 83
- Literatur 86

7 Leadership und Innovation – Überblick 89
Carina Cohrs, Sarah Lange und Julia Nogga
- 7.1 Einführung 89
- 7.2 Begriffsverständnis 90
- 7.3 Modelle 92
  - 7.3.1 Prozessmodell der Innovation 92
  - 7.3.2 Modell von Amabile (1996) 94
- 7.4 Empirische Befunde 95
- 7.5 Umsetzung in der Praxis 97
  - 7.5.1 Innovationskultur 97
  - 7.5.2 Innovationen im Unternehmen 98
- Literatur 99

8 Leadership und Innovation II – Selbstführung 101
Jens Rowold
- 8.1 Einführung 101
- 8.2 Begriffsverständnis 101
- 8.3 Modelle 102
- 8.4 Empirische Befunde 107
- 8.5 Umsetzung in der Praxis 108
- Literatur 110

9 Führung und Innovation – Cross-Cultural Leadership 113
Ute Poethke und Olena Kryshko
- 9.1 Einführung 113
- 9.2 Begriffsverständnis 114
- 9.3 Modelle 118
- 9.4 Empirische Befunde 119
- 9.5 Umsetzung in der Praxis 123
- Literatur 124

10 Organisationsklima und Organisationskultur 127
Kai C. Bormann und Kai N. Klasmeier
- 10.1 Einführung 127
- 10.2 Begriffsverständnis 128

10.3 Modelle 130
    10.3.1 Arbeitsumgebung für Kreativität nach Amabile et al. (1996) ... 130
    10.3.2 Organisationskultur und Innovation nach Martins und Terblanche (2003) 132
    10.3.3 Organisationsklima für Kreativität und Innovation nach Ekvall (1990, 1996) 134
    10.3.4 Innovationsklima nach Kauffeld et al. (2004) 136
10.4 Empirische Befunde.. 137
    10.4.1 Empirische Befunde zum Modell von Amabile und Kollegen ... 137
    10.4.2 Empirische Befunde zum Organisationsklima für Kreativität und Innovation nach Ekvall (1990, 1996) 139
    10.4.3 Empirische Befunde zum Innovationsklima nach Kauffeld et al. (2004) 139
    10.4.4 Generelle empirische Befunde zu Klima und Kultur.......... 140
Literatur.. 140

11 Teamdiversity und Innovation 143
Mathias Diebig und Kai N. Klasmeier
11.1 Einführung... 143
11.2 Begriffsverständnis 144
11.3 Modelle 144
    11.3.1 Soziale Kategorisierungs-Hypothese....................... 144
    11.3.2 Informationsverarbeitungs- und Entscheidungsfindungsprozess-Hypothese 145
    11.3.3 Kategorisierungs-Elaborations-Modell 146
11.4 Empirische Befunde.. 148
    11.4.1 Strukturvariablen 149
    11.4.2 Prozessvariablen 150
    11.4.3 HR-Praktiken und Diversity in Teams..................... 152
Literatur.. 154

12 Kreativitätstrainings... 157
Carina Cohrs und Catrin Millhoff
12.1 Einführung... 157
12.2 Begriffsverständnis 157
12.3 Modelle 158
12.4 Empirische Befunde.. 163
12.5 Praktische Beispiele.. 165
Literatur.. 166

13 Interkulturelle Trainings 169
Sandra Flasche, Mathias Diebig und Ute Poethke
13.1 Einführung 169
13.2 Begriffsverständnis 170
13.3 Theorien zur Entwicklung interkultureller Kompetenz 172
13.4 Trainings zur Förderung der interkulturellen Kompetenz 174
    13.4.1 Allgemeine Informationen interkultureller Trainings 175
    13.4.2 Ziele interkultureller Trainings 175
    13.4.3 Trainingsmethoden und -inhalte 176
    13.4.4 Typen interkulturellen Trainings 176
13.5 Evaluation und Wirksamkeit interkultureller Trainings 179
Literatur 182

14 Kreatives Team Coaching (KTC) 185
Jens Rowold, Susanna Krisor und Kai N. Klasmeier
14.1 Einführung 185
14.2 Begriffsverständnis 186
14.3 Methode 186
14.4 Empirische Befunde 189
14.5 Umsetzung in der Praxis 193
Literatur 194

Einführung

Jens Rowold und Sarah Lange

1.1 Einführung

Aufgrund der Angleichung von internationalen Märkten und Technologien sind deutsche Unternehmen zunehmend auf Innovation angewiesen. Innovation ist zu einem erfolgsrelevanten und überlebenswichtigen Wettbewerbsfaktor geworden (George und Zhou 2002; Gong et al. 2009). Die ehemalige Bundesministerin für Forschung, Frau Schavan, forderte daher: „Wer jetzt an Forschung und Innovation spart, verspielt ein Stück Zukunft" (vgl. Bundesministerium für Bildung und Forschung 2009). Kreative Mitarbeiter*innen sind in der Lage, zu organisationalen Innovationen beizutragen und werden daher als Ressource immer wichtiger. Wie können nun kreative Mitarbeiter*innen identifiziert und bei der Arbeit optimal eingesetzt werden? Und wie kann man sich den Prozess vorstellen, innerhalb dessen sich potenziell kreative Mitarbeiter*innen tatsächlich so verhalten und den schwierigen und oft langwierigen Weg der Planung, Erstellung und Implementierung von Innovationen gehen? Diese Fragen stehen im Mittelpunkt des vorliegenden Buches. In diesem Einführungskapitel werden zentrale Erkenntnisse über den kreativen Prozess und die Entwicklung von Innovation im Zusammenhang dargestellt. In den folgenden Kapiteln werden einzelne Ausschnitte dieses Prozesses vertieft besprochen.

J. Rowold (✉)
Zentrum für HochschulBildung, Lehrstuhl für Personalentwicklung und Veränderungsmanagement, Technische Universität Dortmund, Dortmund, Deutschland
E-Mail: jens.rowold@tu-dortmund.de

S. Lange
MHP – A Porsche Company, Essen, Deutschland

© Springer-Verlag GmbH Deutschland, ein Teil von Springer Nature 2020
J. Rowold et al. (Hrsg.), *Innovationsförderndes Human Resource Management*,
https://doi.org/10.1007/978-3-662-61130-2_1

1.2 Begriffsverständnis

Kreativität ist definiert als „[…] the development of ideas about products, practices, services or procedures that are a) novel and b) potential useful to the organization" (Amabile 1996, S. 1). Zur Kreativität zählen somit nützliche Vorschläge und Ideen, die kurz- oder langfristig einen Nutzen für die Organisation haben. Die Messung von Kreativität kann durch eine Selbsteinschätzung der Berufstätigen, die Einschätzung durch ihren jeweiligen Vorgesetzten oder anhand objektiver Maße, wie z. B. die Einreichungen beim betrieblichen Vorschlagswesen oder Patente, erfolgen.

Weiterhin stellt Kreativität eine Voraussetzung für Innovation in Organisationen dar. Innovation wird definiert als die erfolgreiche Implementierung von kreativen Ideen (Amabile 1996). Zusätzlich zur Kreativität gibt es viele weitere Voraussetzungen für Innovation, die in den folgenden Rahmenmodellen vorgestellt werden.

1.3 Modelle

Wie können Organisationen ihren Mitarbeiter*innen dazu verhelfen, dass diese möglichst kreative Beiträge liefern und diese zu nutzenbringenden Innovationen weiterentwickeln? Aufgrund der Komplexität der damit angesprochenen Prozesse wird im Folgenden ein Rahmenmodell beschrieben, um einen Überblick darüber zu erhalten. Dieses Rahmenmodell ist als Einführung in die Themen Kreativität und Innovation in Organisationen zu verstehen. Die einzelnen Inhalte des Buches vertiefen die jeweiligen Elemente des Rahmenmodells.

1.3.1 Rahmenmodell

In der Mitte des Rahmenmodells wird ein vierstufiger Prozess (rechtsgerichtete Pfeile) der Kreativität und Innovation beschrieben. Dabei stellen die Pfeile, die weiter links stehen, die notwendigen (aber nicht hinreichenden) Vorbedingungen eines weiter rechts stehenden Pfeils dar. Um kreative oder innovative Prozesse zu ermöglichen, müssen bestimmte Voraussetzungen erfüllt sein. Diese ergeben sich einerseits aus den Eigenschaften der Mitarbeiter*innen und andererseits aus den Charakteristika der Arbeit. Auf Seiten der Mitarbeiter*innen müssen Eigenschaften wie z. B. Fähigkeiten oder intrinsische Motivation (siehe Kap. 2) vorhanden sein, um kreativ werden zu können. Zudem ist es notwendig, dass während der Arbeit Ressourcen (z. B. in Form von Zeit) bereitgestellt werden, die Kreativität ermöglichen. Nur wenn beide Bedingungen erfüllt sind, ist eine wichtige Voraussetzung für den kreativen und innovativen Prozess gegeben. Wie im folgenden Kapitel noch genauer beschrieben wird, ist das nächste wichtige Element die richtige Einstellung von Mitarbeiter*innen. Denn bevor sich Mitarbeiter*innen kreativ engagieren, müssen sie zunächst die richtige Einstellung, wie z. B. eine hohe Selbstwirksamkeit, haben. Das dritte Element ist

1 Einführung

die Kreativität, welche wiederum von zahlreichen anderen Elementen (z. B. Eigenschaften der Mitarbeiter*innen) beeinflusst wird. Im Idealfall kann Kreativität innerhalb einer Organisation so eingesetzt werden, dass eine nützliche Innovation entsteht. Aber auch diese Verbindung hängt von weiteren unterstützenden Faktoren (z. B. Unterstützung durch das Management) ab.

Die mittleren vier Pfeile in diesem Modell werden von zwei Balken eingerahmt: Erstens beeinflussen Eigenschaften von Mitarbeiter*innen den kreativen und innovativen Prozess. Beispielsweise ist eine lang anhaltende intrinsische Motivation nötig, um diesen Prozess optimal mit „Energie" zu versorgen. Gerade bei hochgradig kreativen und innovativen Prozessen ist mit Rückschlägen und unerwarteten Schwierigkeiten zu rechnen, die nur bedingt durch extrinsische Motivation (z. B. Gehaltszulage) überwindbar sind. Nur wenn Mitarbeiter*innen innerlich interessiert sind, im offenen, kreativen Prozess auch schwierige Phasen zu meistern, wird mit einer hohen Wahrscheinlichkeit eine Innovation entstehen können. Die zweite Gruppe von Bedingungsfaktoren sind die Eigenschaften der Arbeit. Hierzu zählen u. a. zahlreiche Ressourcen, wie z. B. die Unterstützung durch Kolleg*innen, ein konstruktiver Umgang mit Fehlern oder genügend Zeit und Material. Nur wenn diese Ressourcen für die Mitarbeiter*innen ausreichend zur Verfügung stehen, sind Grundvoraussetzungen für Kreativität und Innovation gegeben.

In Abb. 1.1 durchziehen sechs senkrechte Bänder als „Querschnittsthemen" die bisher genannten Elemente des kreativen und innovativen Prozesses. Erstens gibt es eine Reihe von Assessmentfunktionen und -tools, um Elemente im Prozessmodell zu erfassen und somit den kreativen und innovativen Prozess planen und steuern zu können. Beispielsweise

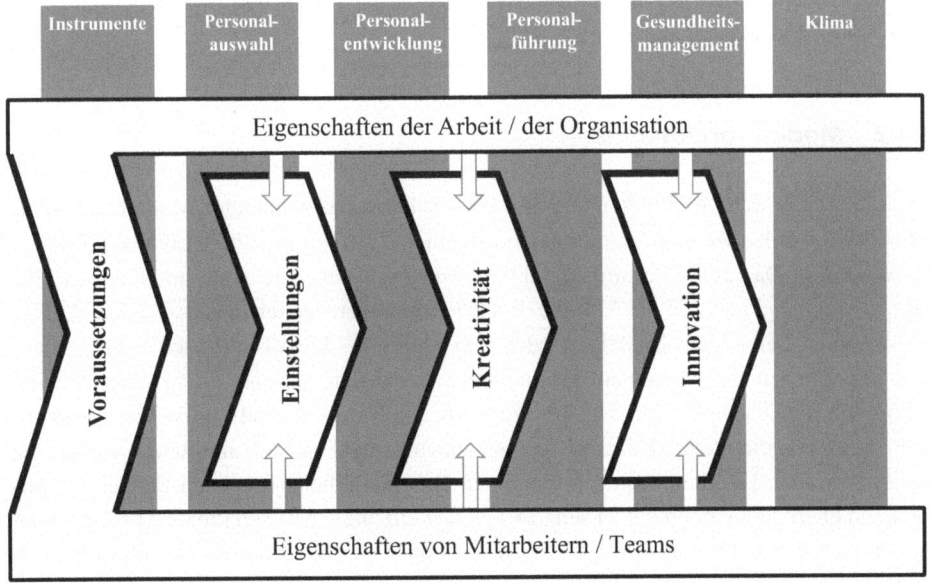

Abb. 1.1 Rahmenmodell zur Kreativität und Innovation

gibt es Fragebögen zur Erfassung der intrinsischen Motivation von Mitarbeiter*innen, mit denen geeignete Personen identifiziert werden können, die zukünftig in einem neu zu gründenden Projektteam zur Erstellung eines neuen Produkts arbeiten sollen. Das zweite Querschnittsthema ist die Personalauswahl. Da Eigenschaften von Mitarbeiter*innen einen wichtigen Einfluss auf die potenziell kreative Leistung haben, ist es wichtig, diejenigen Mitarbeiter*innen einzustellen, die die richtigen Eigenschaften (z. B. Persönlichkeitseigenschaften) aufweisen. Das dritte Querschnittsthema ist die Personalentwicklung. Da Organisationen in der Regel nicht ausschließlich Mitarbeiter*innen finden und einstellen können, die später potenziell kreativ sein werden, müssen Organisationen im späteren Verlauf Maßnahmen bereitstellen, um kreatives Verhalten bei Mitarbeiter*innen zu erhöhen. Diese kreativitätsspezifischen Maßnahmen der Personalentwicklung können auf zahlreiche Themen fokussieren (z. B. Nutzung von Kreativitätstools wie etwa Mind Mapping) und werden in der Regel je nach Bedarf in Organisationen konzipiert und durchgeführt.

Kreative und innovative Leistungen finden in einem sehr dynamischen und nur sehr eingeschränkt planbaren Umfeld statt, denn Kund*innen, Märkte und Technologien verändern sich sehr schnell. Zudem nimmt die Halbwertszeit des Wissens beständig ab. Daher kommt der Personalführung im kreativen und innovativen Prozess eine besondere Rolle zu. Führungskräfte sollten in der Lage sein, die oben angesprochenen Entwicklungen teilweise zu antizipieren und Prioritäten zu setzen. Nur dann können Mitarbeiter*innen die Komplexität der zukünftigen Arbeit für sich so strukturieren, dass sie sinnvoll und zielgerichtet kreativ tätig werden und strategisch bedeutsame Innovationen vorantreiben. Beispielsweise können Führungskräfte durch die Kommunikation einer zukunftsbezogenen Vision den Mitarbeiter*innen einen Zielzustand vermitteln, der als erstrebenswert anzusehen ist. Diese Vision reduziert die Komplexität der Arbeit und führt zu erhöhter intrinsischer Motivation (Charbonneau et al. 2001).

1.3.2 Modell von Amabile

Im mittlerweile weit verbreiteten und als „klassisch" zu bezeichnenden Modell von Amabile (1996) werden wichtige Komponenten zu einem Prozessmodell des kreativen Prozesses verknüpft. Dadurch wird umfassend beschrieben, welche Elemente im kreativen Prozess relevant sind und wie die Abfolge dieser Elemente zu verstehen ist.

Im oberen Bereich des Modells werden fünf Stufen des kreativen Prozesses unterschieden. In der ersten Stufe wird dem*r Mitarbeiter*in zunächst bewusst, in welchem arbeitsbezogenen Bereich eine kreative Lösung zu erarbeiten ist. Die Aufgabe muss zuerst verstanden werden und die Wichtigkeit der Aufgabe muss als subjektiv hoch empfunden werden. In der zweiten Phase werden dann Informationen über den arbeitsbezogenen Bereich gesammelt, um überhaupt vorbereitet zu sein. Es leuchtet ein, dass nur dann kreative Lösungen zu einem fachlichen Thema erarbeitet werden können, wenn ausreichend Informationen (z. B. Stärken und Schwächen bisheriger Lösungsansätze) zu diesem Thema vorliegen. In der dritten Phase werden schließlich kreative Lösungen entwickelt. Dazu spielt der/die

1 Einführung

Mitarbeiter*in systematisch verschiedene Lösungsmöglichkeiten durch. Anschließend werden in der vierten Phase die kreativen Lösungen, die in Phase 3 konzipiert wurden, kritisch bewertet. Dafür nutzt der/die Mitarbeiter*in seine jeweiligen fachbezogenen Fähigkeiten und Fertigkeiten. Die kreativen Lösungen werden hinsichtlich ihres Wertes, ihrer Richtigkeit und ihres Neuheitsgrades eingeschätzt. Abschließend wird in der fünften und letzten Phase ein Fazit über die insgesamt erbrachte kreative Leistung gezogen: Ist eine kreative Lösung erstellt worden, die die Anforderungen aus der Aufgabe der ersten Phase erfüllt? Wenn die Lösung nicht zufriedenstellend ausfällt, beginnt der/die Mitarbeiter*in wieder in Phase 1, ansonsten ist der kreative Prozess zum Abschluss gekommen. In der Regel erfordern komplexe Probleme, wie sie typischerweise in der heutigen Arbeitswelt vorliegen, das mehrmalige Durchlaufen der Phasen 1 bis 4, bevor eine zufriedenstellende Lösung gefunden werden kann.

Wichtig beim Prozessmodell nach Amabile (1996) sind drei Elemente, die den fünfstufigen kreativen Prozess unterstützen. Diese Elemente sind in der unteren Hälfte von Abb. 1.2 aufgeführt. Erstens ist die intrinsische Motivation ein wesentlicher Faktor, der den kreativen Prozess mit Energie versorgt (s. o.). Zusätzlich kann die extrinsische Motivation den kreativen Prozess initiieren, wenn z. B. in der ersten Phase vom Management kreative Lösungen eingefordert werden, und gleichzeitig eine materielle Belohnung an die Erbringung von kreativen Lösungen geknüpft wird (z. B. Bonuszahlung bei Anmeldung eines Patents).

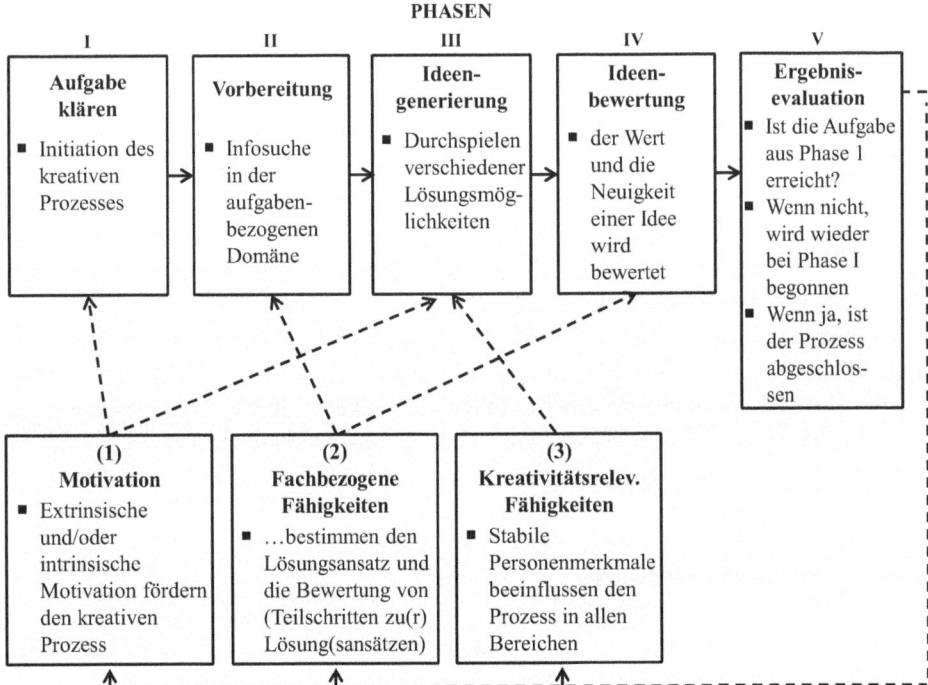

Abb. 1.2 Modell von Amabile (1996)

Zweitens unterstützen fachbezogene Fähigkeiten, wie z. B. Expertenwissen, den kreativen Prozess. Je mehr fachbezogene Informationen und Erfahrungen vorliegen, desto mehr nützliche Informationen zur Vorbereitung auf die Generierung von kreativen Lösungen werden gesammelt (Phase 2) und desto besser können nützliche und qualitativ hochwertige von unnützen und qualitativ minderwertigen Lösungen unterschieden werden (Phase 4). Schließlich gibt es drittens die kreativitätsrelevanten Fähigkeiten, die den kreativen Prozess unabhängig von fachbezogenen Fähigkeiten unterstützen. Hierzu zählen Fähigkeiten wie die Beherrschung von Kreativitätstechniken. Außerdem zählen zu den kreativitätsrelevanten Fähigkeiten auch persönlichkeitsbezogene Voraussetzungen, wie z. B. die Offenheit für neue Erfahrungen. Diese werden in Kap. 2 näher behandelt.

1.3.3 Neurowissenschaftliche Modelle

Aufgrund des rasanten technischen Fortschritts bei der Entwicklung von bildgebenden Verfahren sind in den letzten 20 Jahren zahlreiche Erkenntnisse über die Arbeitsweise unseres Gehirns, auch in kreativen Prozessen, möglich geworden. So können beispielsweise fMRI (engl. functional-magnetic resonance imaging) Bilder Aufschlüsse über das Ausmaß an Stoffwechselaktivitäten in bestimmten Hirnregionen liefern. Bei kreativen Prozessen ist oft der frontale Cortex, teilweise auch der Temporallappen, involviert (Fink et al. 2009). Vor allem der frontale Cortex ist für das Entscheiden und Planen sehr wichtig.

Einige neurowissenschaftliche Ansätze gehen davon aus, dass kreative Menschen leichter zwischen verschiedenen Arten der kognitiven Verarbeitung (logisch-rational vs. ganzheitlich-träumend) wechseln können (Mendelsohn 1976). Zudem konnte empirisch mehrfach gezeigt werden, dass Personen, die sich kreativ betätigen oder denken, in einem bestimmten Bewusstseinszustand sind, der durch starke Alpha-Gehirnwellen gekennzeichnet ist. Der Alpha-Zustand konnte in empirischen Studien auch mit leichter Entspannung, oft in Zusammenhang mit geschlossenen Augen, in Verbindung gebracht werden. Demgegenüber befinden sich die meisten Menschen bei alltäglichen Kognitionen, die i. d. R. durch rationale Denkmuster und stark fokussiertes Denken geprägt sind, im Zustand der Beta-Gehirnwellen. Menschen, die besonders kreativ sind, haben in der kreativen bzw. inspirierenden Phase vermehrt Alpha-Wellen, können dann aber, in der anschließenden Phase der Lösungsausarbeitung und -dokumentation, in den Beta-Zustand wechseln (Martindale und Hasenfus 1978).

1.4 Empirische Befunde

In den folgenden Kapiteln werden zahlreiche Elemente der vorgestellten Modelle genauer beschrieben. Dabei wird sich zeigen, dass fast alle empirischen Ergebnisse diese Modelle stützen. Somit können diese Modelle als theoretisch fundiert und empirisch abgesichert angesehen werden, die in der Praxis gut zur Planung, Sicherung und Evaluation von kreativen und innovativen Maßnahmen genutzt werden können.

> **Beraterstory**
>
> Um ein tieferes Verständnis der theoretischen Inhalte dieses Lehrbuchs zu ermöglichen, befindet sich zum Ende jedes einzelnen Kapitels ein Fallbeispiel zweier fiktiver Berater*innen. Diese sollen beispielhaft zeigen, wie verschiedene Modelle und Theorien in der Praxis angewendet werden.
>
> Berater 1: Herr Rohling. Er weist ein abgeschlossenes Studium im Bereich Wirtschaftswissenschaften mit dem Schwerpunkt Personalwesen vor und verfügt über mehrjährige Erfahrung als Personalreferent. Seitdem er sich mit einer kleinen Agentur für Unternehmensberatung selbstständig machte, etablierte sich seine Firma im Bereich Führungskräfteentwicklung und Coaching.
>
> Beraterin 2: Frau Dr. Wehmeier. Sie hat Psychologie studiert und ebenfalls in diesem Bereich promoviert. Während ihres Studiums vertiefte sie zusätzlich die Inhalte der Sozial- und Rechtspsychologie, wodurch sie neben der Expertise im Bereich der Verhaltensforschung ebenfalls umfangreiches Wissen zu rechtlichen Angelegenheiten dieses Themenbereichs aufweist. Seit einigen Jahren ist sie als selbstständige Beraterin in vielen unterschiedlichen Unternehmen tätig.

Literatur

Amabile TM (1996) Creativity and innovation in organizations. Harvard Business School, Boston

Bundesministerium für Bildung und Forschung (2009) Pressemitteilung zur Initiative Hightech-Strategie für Deutschland. Berlin

Charbonneau D, Barling J, Kelloway EK (2001) Transformational leadership and sports performance: the mediating role of intrinsic motivation. J Appl Soc Psychol 31(7):1521–1534

Fink A, Grabner RH, Benedek M, Reishofer G, Hauswirth V, Fally M et al (2009) The creative brain: investigation of brain activity during creative problem solving by means of EEG and fMRI. Hum Brain Mapp 30(3):734–748

George JM, Zhou J (2002) Understanding when bad moods foster creativity and good ones don't: the role of context and clarity of feelings. J Appl Psychol 87(4):687–697

Gong Y, Huang JC, Farh JL (2009) Employee learning orientation, transformational leadership, and employee creativity: the mediating role of employee creative self-efficacy. Acad Manag J 52(4):765–778

Martindale C, Hasenfus N (1978) EEG differences as a function of creativity, stage of the creative process, and effort to be original. Biol Psychol 6(3):157–167

Mendelsohn GA (1976) Associative and attentional processes in creative performance1. J Pers 44(2):341–369

Eigenschaften von Mitarbeitern

Jens Rowold und Katharina Pachocki

2.1 Einführung

Wie im bereits beschriebenen Rahmenmodell zu Kreativität und Innovation gezeigt wurde, sind Eigenschaften von Mitarbeiter*innen eine der zentralen Ressourcen für Kreativität und Innovation in Organisationen. Es sind die Mitarbeiter*innen, die kreative Leistungen zeigen und diese bis zur Innovation vorantreiben. Technologien oder Rahmenbedingungen wie z. B. *joint ventures* können Kreativität und Innovation unterstützen. Ohne die Voraussetzungen auf Seiten der einzelnen Mitarbeiter*innen kann es jedoch keine Kreativität und damit Innovation geben.

Von wissenschaftlicher Seite wird eine Reihe von Rahmenmodellen vorgeschlagen, welche relevant für Kreativität und Innovation sind. Diese werden im Folgenden beschrieben. Darüber hinaus existiert eine Vielzahl personenbezogener Faktoren, die sich in unabhängigen empirischen Studien als relevant für Kreativität erwiesen haben. Diese Faktoren werden ebenfalls erläutert.

J. Rowold (✉)
Zentrum für HochschulBildung, Lehrstuhl für Personalentwicklung und Veränderungsmanagement, Technische Universität Dortmund, Dortmund, Deutschland
E-Mail: jens.rowold@tu-dortmund.de

K. Pachocki
Zentrum für HochschulBildung, Lehrstuhl für Personalentwicklung und Veränderungsmanagement, Technische Universität Dortmund, Dortmund, Deutschland

© Springer-Verlag GmbH Deutschland, ein Teil von Springer Nature 2020
J. Rowold et al. (Hrsg.), *Innovationsförderndes Human Resource Management*,
https://doi.org/10.1007/978-3-662-61130-2_2

2.2 Begriffsverständnis

Als Eigenschaften von Mitarbeiter*innen werden Merkmale bezeichnet, die in der Person begründet liegen und zeitlich relativ stabil sind. Dazu zählen beispielsweise Merkmale wie das Alter und das Geschlecht, aber auch psychologische Charakteristika wie die Persönlichkeit und die Intelligenz. Die beiden letztgenannten Faktoren haben sich als besonders relevant für Kreativität erwiesen. Andere individuelle Merkmale, wie z. B. die sogenannte Selbstwirksamkeit, sind ebenfalls intrapsychisch angelegt, jedoch durch Personalentwicklungsmaßnahmen im Vergleich zur Persönlichkeit und Intelligenz leichter zu verändern.

2.3 Modelle

Shalley et al. (2004) postulieren, dass kontextuelle Faktoren (z. B. Autonomie) grundsätzlich zunächst die intrinsische Motivation des/der Mitarbeiters*in erhöhen, bevor sie sich positiv auf die Kreativität auswirken. Dabei ist die intrinsische Motivation dadurch gekennzeichnet, dass der/die Mitarbeiter*in von einer arbeitsbezogenen Aktivität begeistert ist und diese um ihrer selbst willen durchführt. Im Gegensatz dazu wird die extrinsische Motivation durch einen äußeren Anreiz (z. B. Entlohnung) stimuliert. In teilweiser Übereinstimmung mit der Annahme von Shalley et al. (2004) fanden Shin und Zhou (2003) heraus, dass intrinsische Motivation den Zusammenhang zwischen transformationaler Führung (vgl. Kap. 9) und Kreativität partiell mediiert (d. h. vermittelt).

Feist (1998) erstellte ein umfangreiches Modell der Einflussfaktoren auf die Kreativität. Dieses Modell bildet den zeitlichen Entwicklungsprozess der Voraussetzungen individueller Kreativität ab.

Zunächst sind genetische Grundlagen eine Voraussetzung für die Entwicklung der späteren Kreativität. Zahlreiche Studien belegen, dass Kreativität teilweise erblich ist (Eysenck 1993). Aus diesen genetischen Voraussetzungen entwickeln sich stabile Personenmerkmale wie u. a. die Persönlichkeit des Individuums. Diese Personenmerkmale sind ab Ende des zweiten Lebensjahrzehnts relativ stabil und werden danach nur durch einschneidende Ereignisse (z. B. längerer arbeitsbezogener Auslandsaufenthalt, Umzug, Tod des Ehepartners, etc.) in nennenswertem Maße verändert. Aus den stabilen Personenmerkmalen entwickeln sich relativ konstante Muster und Charakteristika der a) sozialen Interaktion (z. B. Umgang mit Kolleg*innen), b) kognitiven Informationsverarbeitung (z. B. kognitive Stile, s. u.), und bezogen auf c) Motivation und Gefühle (z. B. Interesse an und Durchhaltevermögen bei schwierigen Herausforderungen). Diese Muster und Charakteristika sind nicht ausschließlich durch die stabilen Personenmerkmale determiniert; ebenso haben äußere Bedingungen wie soziale Interaktionen (z. B. Freunde*innen, Kolleg*innen) und andere Ereignisse (z. B. Arbeitsinhalte und Freizeitbeschäftigung) einen Einfluss. Die Entwicklung von Kreativität nach dem Modell von Feist soll anhand eines Beispiels verdeutlicht werden: Genetische Einflüsse können dazu führen, dass sich das Gehirn bereits in den ersten Lebensjahren so entwickelt, dass es wenig Stimulation von außen benötigt, um aktiv zu werden. Dies ist ein physiologisches Merkmal introvertierter Personen. Introvertierte verbringen weniger Zeit mit anderen Menschen (s. u.). Dadurch steigt die Wahrscheinlichkeit, dass sie auch weniger interessiert an sozialen Normen sind, und dass sie dadurch tendenziell weniger (sozial) verträglich werden. Die Kombination von Introversion und geringer Verträglichkeit (s. u.) kann also unabhängiges, (sozial) unkonventionelles Verhalten und Ideen fördern. Geht damit noch ein hohes Ausmaß an Offenheit (s. u.) einher, ist die Wahrscheinlichkeit noch höher, kreativ tätig zu werden.

Insgesamt fasst das Model von Feist (1998) sehr gut die möglichen Determinanten von Kreativität zusammen. Es ist kongruent zu den im Einführungskapitel vorgestellten Modellen (z. B. dem Modell zum kreativen Prozess nach Amabile 1996). Eine Studie von Mansfield und Busse (1981) hat Faktoren der Erziehung identifiziert, die sich förderlich auf Kreativität auswirken: eine emotional distanzierte Beziehung, die Förderung der Autonomie und eine intellektuelle Anregung durch die Eltern (Mansfield und Busse 1981).

Kuhlthau (1993) fokussiert in ihrem Modell auf die Mikroprozessebene der Innovation, insbesondere auf die Suche nach Informationen im kreativen Prozess. Typischerweise werden sechs Phasen im kreativen Prozess von der jeweiligen Person erlebt. Das Modell von Kuhlthau beschreibt diese Phasen auf der Ebene der Gefühle, der Gedanken und der Handlungen. In der ersten Phase, der Phase der Initiation, beginnt die Person – aus der Wahrnehmung heraus, dass nur wenige Informationen zu einem Problem bereitliegen – ihre Aufmerksamkeit auf dieses Problem zu lenken. Typischerweise werden Gefühle wie z. B. Unsicherheit erlebt, während die Gedanken unklar und unfokussiert sind (Tab. 2.1).

In der Phase der Selektion wird diejenige Domäne ausgewählt, die problemrelevant ist. Diese Fokussierung hat oft ein Gefühl des Optimismus zur Folge. Gedanklich beschäftigt sich die jeweilige Person mit der Planung und den Methoden der Informationssuche, sowie mit Fragen zu Ressourcen (z. B. Zeit). Auf der Handlungsebene werden intensiv relevante Informationen gesucht. In der dritten Phase, der Phase der Erkundung, werden die gesammelten Informationen gesichtet und bewertet. Die Gedanken beschäftigen sich mit der Suche nach Orientierung, während auch Gefühle wie Zweifel oder Verwirrung – z. B. bei widersprüchlichen oder schwer verständlichen Informationen – auftreten können. Oft wird auch eine subjektive Unsicherheit bezüglich der Interpretation der Informationen erlebt. Auf der Handlungsebene werden viele Informationen

Tab. 2.1 Modell von Kuhlthau (1993)

	Phase					
	Initiation	Selektion	Erkundung	Formulierung	Sammlung	Präsentation
Gefühl	Unsicherheit	Optimismus	Verwirrung, Zweifel Frustration	Klarheit	Zuversicht	Zufriedenheit
Kognition	Ungenau und unfokussiert → Präzise und fokussiert → Zunahme an Interesse →					
Handlung	Suche nach relevanten Informationen → Suche nach passenden Informationen, Dokumentation					

rezipiert, weitere gesucht, und die neuen Informationen zueinander in Beziehung gesetzt (um z. B. neue Erkenntnisse zu erlangen). In der Phase der Formulierung ist eine Entscheidung bezüglich der Gewichtung oder Analyse von Informationen getroffen worden oder neue Erkenntnisse haben sich ergeben. Entsprechend kann nun eine neue Sichtweise der Dinge formuliert werden, so dass Gefühle der Unsicherheit oder Zweifel abnehmen und die Klarheit zunimmt. Anschließend werden in der fünften Phase noch fehlende Informationen gesammelt, die zu dem in der vorhergehenden Phase gewählten Lösungsweg oder Schwerpunkt bei der Problembearbeitung passen. Die Informationssammlung erfolgt also fokussiert. Die Zuversicht, das jeweilige Problem lösen zu können, steigt. Parallel dazu erhöht sich das Interesse an der im Reifungsprozess befindlichen Lösung. Schließlich wird in der sechsten und letzten Phase, der Phase der Präsentation, eine neue, vollständige Lösung vorgestellt (z. B. gegenüber Kolleg*innen). Diese Lösung stellt den Abschluss des kreativen Prozesses dar und beinhaltet daher oft Gefühle wie z. B. Zufriedenheit.

Dank der detaillierten Beschreibung im Modell von Kuhlthau ist deutlich ersichtlich, dass z. T. intensive positive (z. B. Optimismus) und negative (z. B. Frustration) Gefühle im kreativen Prozess erlebt werden. Daher macht es Sinn, dass Personen mit entsprechenden Persönlichkeitsmerkmalen – z. B. Offenheit für Erfahrung – mit einer höheren Wahrscheinlichkeit die notwendige motivationale „Energie" aufbringen können, um auch schwierige Phasen der Kreativität, die von negativen Gefühlen wie Frustration gekennzeichnet sind, durchzustehen.

2.4 Empirische Befunde

Es liegen inzwischen mehrere empirische Studien vor, die ein vielschichtiges Bild des Einflusses von Merkmalen von Mitarbeiter*innen in Organisationen auf deren Kreativität zeichnen.

Persönlichkeit
Persönlichkeit bezieht sich auf zeitlich stabile, relativ konsistente Eigenschaften von Menschen, die in verschiedenen Situationen ihr Verhalten teilweise determinieren. Gegenwärtig hat sich die Beschreibung der Persönlichkeit anhand von fünf zentralen Eigenschaften, den sogenannten „Big Five" (McCrae und Costa 1987), international durchgesetzt, da diese fünf Eigenschaften sich in zahlreichen empirischen Studien immer wieder bestätigt haben. Diese fünf Eigenschaften oder Persönlichkeitsdimensionen sind 1) Extraversion, 2) Neurotizismus, 3) Verträglichkeit, 4) Gewissenhaftigkeit und 5) Offenheit für neue Erfahrungen.

Extravertierte Menschen sind sehr gesellig, lebhaft, gesprächig, in sozialen Situationen durchsetzungsstark und generell sehr aktiv. Demgegenüber sind Personen mit einer geringen Ausprägung an Extraversion (z. T. als Introvertierte bezeichnet) eher ruhig, zurückhaltend, in sich gekehrt und gerne für sich allein. Neurotische (oder emotional instabile)

Menschen sind eher ängstlich, reizbar, impulsiv und neigen zu Sorgen. Demgegenüber sind Menschen mit einer geringen Ausprägung an Neurotizismus (auch als emotionale Stabilität bezeichnet) selbstbewusst, stressresistent und belastbar. Menschen mit einem hohen Ausmaß an Verträglichkeit beschreibt man als vertrauensvoll, altruistisch, bescheiden, mitfühlend und kooperativ. Andererseits sind Menschen mit einem geringen Maß an Verträglichkeit durchsetzungsstark, selbstbezogen und wettbewerbsbezogen („Ellenbogen-Mentalität"). Gewissenhafte Menschen sind ordnungsliebend, pflichtbewusst, diszipliniert, sorgfältig und leistungsorientiert. Demgegenüber sind Menschen mit einer geringen Gewissenhaftigkeit nachlässig, unstrukturiert und vielen Dingen gleichgültig gegenüber. Schließlich können zwei Ausprägungen von Offenheit für neue Erfahrungen unterschieden werden. Während Menschen mit einer hohen Ausprägung als wissbegierig, kreativ, fantasievoll und veränderungsbereit beschrieben werden, haben Menschen mit einer geringen Ausprägung eher Merkmale wie Bodenständigkeit und Traditionsbewusstsein. Tab. 2.2 fasst die wesentlichen Merkmale der Big Five zusammen und stellt für jede der fünf Dimensionen ein Beispiel-Item zur Messung dieser Dimension (z. B. durch einen Fragebogen) bereit.

Tab. 2.2 Beschreibung der Dimensionen des Fünf-Faktoren-Modells

Faktor/Dimension	Geringe Ausprägung	Hohe Ausprägung	Beispiel-Item
Neurotizismus			
Ängstlichkeit, Reizbarkeit, Impulsivität	Selbstbewusst, belastbar, stressresistent	Reizbar, besorgt, nervös	„Ich fühle mich oft angespannt und nervös."
Extraversion			
Geselligkeit, Durchsetzungsfähigkeit, Aktivität	Zurückhaltend, in sich gekehrt, gern allein	Lebhaft, kontaktfreudig, gesprächig	„Ich bin ein fröhlicher, gut gelaunter Mensch."
Verträglichkeit			
Vertrauen, Freimütigkeit, Altruismus, Bescheidenheit	Durchsetzungsstark, selbstbezogen, wettbewerbsorientiert	Mitfühlend, kooperativ, altruistisch	„Ich versuche zu jedem, dem ich begegne, freundlich zu sein."
Gewissenhaftigkeit			
Ordnungsliebe, Pflichtbewusstsein, Leistungsstreben	Nachlässig, unstrukturiert, gleichgültig	Sorgfältig, diszipliniert, zuverlässig	„Ich bin eine tüchtige Person, die ihre Arbeit immer erledigt."
Offenheit für Erfahrungen			
Offenheit für Fantasie/Ästhetik/Gefühle/Handlungen/Ideen	Bodenständig, traditionsbewusst, bewahrend	Wissbegierig, kreativ, veränderungsbereit	„Ich habe oft Spaß daran, mit Theorien oder abstrakten Ideen zu spielen."

Die Wichtigkeit der Big Five ergibt sich daraus, dass sie für berufsbezogenes Verhalten sehr relevant sind. So steht z. B. die Ausprägung der Gewissenhaftigkeit in einem Zusammenhang mit der gezeigten beruflichen Leistung. Daher ist es sinnvoll, Testinstrumente zur Erfassung der Persönlichkeit in Auswahlverfahren einzusetzen.

Die Big Five wurden auch häufig im Zusammenhang mit Kreativität untersucht. Dabei zeigte sich in einer Meta-Analyse, dass vor allem die Dimension Offenheit für Erfahrungen konsistent mit Kreativität in Beziehung steht (Feist 1998; da Costa et al. 2015). Menschen, die eine hohe Ausprägung auf dieser Persönlichkeitsdimension haben, werden als neugierig, wenig traditionell und aufgeschlossen beschrieben. Zudem konnten Hinweise dafür gefunden werden, dass kreative Mitarbeiter*innen tendenziell eher introvertiert, wenig verträglich und wenig emotional stabil sind. Diese Eigenschaften sind wichtig, um sich bspw. nicht in sozialen Kontexten von der Gruppenmeinung („Gruppendruck") beeinflussen zu lassen (dadurch würden kreative Äußerungen unterdrückt).

Intelligenz
Für viele berufsbezogene Bereiche ist Intelligenz ein förderlicher Faktor. Sie ist definiert als „Kompetenz, die u. a. die Fähigkeit umfasst zu schlussfolgern, zu planen, Probleme zu lösen, abstrakt zu denken, komplexe Ideen zu verstehen […]" (Gottfredson 1997, S. 13). Intelligenz kann nach der Theorie von Catell weiter in zwei Komponenten unterteilt werden: Während die kristalline Intelligenz sich u. a. auf das bereits im Leben erworbene Wissen bezieht, ist fluide Intelligenz definiert als die Fähigkeit, logisch zu denken und Probleme zu lösen. In einer empirischen Studie mit Studierenden konnte nachgewiesen werden, dass fluide Intelligenz ein guter Prädiktor von Kreativität ist (Batey et al. 2010). Jedoch ist der Zusammenhang zwischen allgemeiner Intelligenz und Kreativität nicht einfach zu verstehen, wie andere Studien belegen: Während in einigen Studien gar kein Zusammenhang gefunden wurde (u. a. Gough 1976), ergab sich in anderen Studien ein mittlerer positiver Zusammenhang (z. B. Helson 1971). Ein Grund für diese unterschiedlichen Forschungsergebnisse ist, dass in verschiedenen Kreativitätstests jeweils unterschiedliche Facetten von Kreativität (z. B. künstlerisch, verbal, logisch) gemessen werden. Insgesamt scheint Intelligenz eine notwendige, aber keine hinreichende Bedingung für Kreativität zu sein (Barron und Harrington 1981; Jauk et al. 2013).

Werte
Von wissenschaftlicher Seite sind Werte definiert als „Überzeugungen einer Person […darüber], was als wünschenswert [bzw. richtig oder falsch] erachtet wird" (Weinert 2004, S. 169). Werte helfen uns im Alltag, Dinge und Menschen zu bewerten und damit die Informationsverarbeitung zu erleichtern. Sie sind eher abstrakte und z. T. unbewusste Zielzustände. Jeder Mensch vertritt und berücksichtigt mehrere Werte, aber Menschen unterscheiden sich hinsichtlich der relativen Wichtigkeit dieser Werte. Bei Mitarbeiterin A kann z. B. der Wert Macht einen höheren Stellenwert haben als der Wert Innovation, während dies bei Mitarbeiter B genau umgekehrt ist. Das Verhalten der beiden Mitarbeiter*innen wird daher z. T. recht unterschiedlich sein. Eines der am besten empirisch abgesicherten

2 Eigenschaften von Mitarbeitern

Abb. 2.1 Wertetypen (Schwartz 1992).

Wertemodelle ist das sogenannte *Circumplex-Modell* (vgl. Abb. 2.1), welches von der Forschergruppe um Schwartz und Kollegen (Schwartz 1999; Smith et al. 2002) erarbeitet und immer wieder weiterentwickelt wurde. Jede*r Mitarbeiter*in kann in Bezug auf seine Werteprioritäten auf einem Abschnitt dieses Kreismodells abgebildet werden. Es lassen sich zunächst zwei Achsen erkennen: Die erste Achse ist durch die Gegensätze „Selbststärkung" versus „Selbstüberwindung" gekennzeichnet, während die zweite Achse „Bewahrung des Bestehenden" versus „Offenheit für Wandel" umfasst. Jeder dieser Extrempole ist durch einzelne Werte genauer beschrieben. So beinhaltet „Selbststärkung" z. B. die Werte Macht und Leistung. Das Kreismodell sagt u. a. aus, dass diejenigen Werte, die nahe beieinanderliegen, eng miteinander verwandt sind, während diejenigen, die eine große räumliche Distanz aufweisen, auch inhaltlich diskriminant sind.

Das Modell von Schwartz lässt sich gut zur Beschreibung interindividueller Werteunterschiede nutzen. Es konnte darüber hinaus nachgewiesen werden, dass sich Kulturen hinsichtlich ihrer Präferenz für bestimmte Werte voneinander unterscheiden (Smith et al. 2002). Da auch Werte zeitlich gesehen relativ stabil sind, spielen sie bei der Personalauswahl und bei der Zusammenstellung von Arbeitsteams eine wichtige Rolle. Soll in einem neu zusammenzustellenden Projektteam beispielsweise an einer Innovation gearbeitet werden, so ist es wichtig, dass zumindest einige der zukünftigen Projektteammitglieder den Wert „Offenheit für Wandel" präferieren: Diese Mitarbeiter*innen sind dadurch gekennzeichnet, dass sie selbstbestimmt nach neuen, interessanten Informationen suchen und weniger bei bekannten Lösungswegen verharren. Damit sind sie gut geeignet, um kreativ zu arbeiten und den Innovationsprozess im Projektteam zu unterstützen. Halten die Mitarbeiter*innen jedoch eher an alten Traditionen fest, sehnen sich nach Sicherheit und neigen damit zu einer hohen Ausprägung des Wertes Bewahrung des Bestehenden, hat dies eine negative Auswirkung auf ihre Kreativität (Sousa und Coelho 2011).

Kognitiver Stil
Die Adaptions-Innovations-Theorie von Kirton (1976) geht davon aus, dass Mitarbeiter*innen von sich aus eine bevorzugte Art haben, Probleme zu lösen. Demnach lassen sich Mitarbeiter*innen entweder als Adaptor*innen oder Innovator*innen beschreiben. Adaptor*innen suchen gedanklich innerhalb bekannter Prozeduren und Wissensstrukturen, ohne Dinge zu hinterfragen. Demgegenüber verstoßen Innovator*innen relativ häufig gegen bisherige Annahmen und Denkmuster, um qualitativ neuartige Dinge oder Prozesse zu schaffen. Empirische Studien stützen die Annahme, dass Innovator*innen kreativer als Adaptor*innen sind (Tierney et al. 1999). In der Studie von Luh und Lu (2012) konnte gezeigt werden, dass lediglich der innovativ-kognitive Stil die kreative Leistung vorhersagt, nicht jedoch der adaptiv-kognitive Stil.

Stimmung
Stimmungen sind generalisierte, emotionale Grundmuster, die sich von kurzfristigen, instabilen Gefühlen abgrenzen. Shalley et al. (2004) gehen davon aus, dass eine positive Stimmung dazu verhilft, kognitive und emotionale Prozesse zu verbessern und somit das kreative Problemlösen zu erleichtern. In Übereinstimmung damit fanden Madjar et al. (2002), dass eine positive Stimmung den Zusammenhang zwischen sozialer Unterstützung (von Mitarbeiter*innen und Vorgesetzten) und Kreativität mediiert. Interessanterweise können auch unter bestimmten Bedingungen negative Gefühle zu erhöhter Kreativität führen. Von Zhou und George (2001) wurde dies für den Fall angenommen, dass Mitarbeiter*innen mit ihren Arbeitsbedingungen unzufrieden sind (geringe Arbeitszufriedenheit), sie gleichzeitig ein großes Interesse haben, ihre Arbeitsstelle zu behalten (hohes Commitment) und sie entweder a) nützliches Feedback von ihren Kolleg*innen bekommen oder b) von ihrem Arbeitgeber generell hinsichtlich der Kreativität unterstützt werden. In ihrer empirischen Studie, die auf einer Stichprobe aus dem produzierenden Gewerbe basierte, konnten die Autoren ihre Annahme bestätigen. In einer weiteren Studie konnte zudem anhand einer Stichprobe von Beschäftigen eines Hubschrauberunternehmens nachgewiesen werden, dass auch unter hoher Anerkennung kreativer Leistungen und hoher Klarheit bezüglich eigener Gefühle negative Stimmungen zu erhöhter Kreativität führen (George und Zhou 2002). Weiterhin wurde der Zusammenhang zwischen der Stimmung innerhalb eines Teams und der Teamkreativität in der Studie von Tsai et al. (2012) untersucht. Sie konnten zwar keinen signifikanten direkten Effekt, jedoch einen Moderationseffekt von Vertrauen auf den Zusammenhang feststellen. Demnach zeigte sich eine geringere Teamkreativität bei positiver Stimmung innerhalb des Teams, wenn das Vertrauen in das Team hoch war. War das Vertrauen in das Team hingegen gering ausgeprägt, zeigte sich ein positiver Einfluss von positivem Teamklima auf Teamkreativität.

2 Eigenschaften von Mitarbeitern

Selbstwirksamkeit

Selbstwirksamkeit, definiert als die kognitive Einstellung, die jeweils eigene Arbeit und arbeitsbezogene Ziele erfolgreich bewältigen zu können, gehört zur Gruppe der arbeitsbezogenen und leistungsrelevanten Einstellungen von Mitarbeiter*innen in Organisationen. Seit zwei Jahrzehnten werden Studien durchgeführt, die den Zusammenhang zwischen der berufsbezogenen Selbstwirksamkeit und Aspekten der Kreativität von Mitarbeiter*innen erkunden. Wang et al. (2014) zeigten in ihrer Studie, dass insbesondere die transformationale Führung einen positiven Einfluss auf die kreative Selbstwirksamkeit sowie die Kreativität der Mitarbeiter*innen hat. Eine Studie von Ahlin et al. (2014) untersuchte die Selbstwirksamkeit als Moderatorvariable auf den positiven Zusammenhang zwischen Kreativität des/der Mitarbeiters*in und Innovation. Es konnte festgestellt werden, dass eine hohe Ausprägung der Selbstwirksamkeit diesen Zusammenhang verstärken kann. In der Meta-Analyse von Karwowski und Lebuda (2016) konnte das Persönlichkeitsmerkmal Offenheit für Erfahrungen den stärksten und robustesten Effekt für kreative Selbstwirksamkeit (creative self-beliefs) aufweisen.

2.5 Umsetzung in der Praxis

Für die Messung der Big Five Persönlichkeitseigenschaften liegen zahlreiche Instrumente zur Erfassung der Dimensionen bei Mitarbeiter*innen sowie Vergleichsnormen bereit. Dazu werden die betreffenden Mitarbeiter*innen in der Regel aufgefordert, sich mit Hilfe dieser Instrumente selbst einzuschätzen. Für jede der Big Five werden dazu mehrere Fragen, sogenannte Items, genutzt und diese anschließend per Mittelwertbildung zu einem Gesamtwert der betreffenden Persönlichkeitsdimension verrechnet. Anschließend können die Ergebnisse eines*r Mitarbeiters*in mit verschiedenen Bezugsgruppen in Beziehung gesetzt werden (Hossiep und Krüger 2012). Durch die von Wissenschaftlern festgelegten Normen kann bestimmt werden, wo ein*e einzelne*r Mitarbeiter*in im Vergleich zu der jeweiligen Bezugsgruppe steht: Ist ein 50-jähriger, männlicher Mitarbeiter z. B. besonders extravertiert im Vergleich zu der Gruppe aller bisher getesteten 50-jährigen Männer bzw. genauso oder weniger extravertiert? Zudem kann ein firmeninternes Benchmark genutzt werden, um z. B. eine Gruppe von Bewerber*innen auf eine interne Stellenausschreibung hinsichtlich einer berufsrelevanten Persönlichkeitsdimension in eine Rangreihenfolge zu bringen, damit die Auswahl der Bewerber*innen erleichtert wird. Nicht nur für die Auswahl von Bewerber*innen kann die Persönlichkeitsdiagnostik genutzt werden, sondern auch für die Einteilung von Mitarbeiter*innen zu Arbeitstätigkeiten und Arbeitsteams. Diese Vorgehensweise steht dann auf einer soliden Grundlage, wenn wissenschaftlich fundierte Instrumente zur Erfassung der Persönlichkeit eingesetzt werden. Eines dieser Instrumente ist das sogenannte *Big Five Inventory-10 (BFI-10)*, für das Normen vorliegen (Rammstedt und John 2005).

Auch für andere wichtige individuumsbezogene Prädiktoren von Kreativität liegen wissenschaftlich validierte Testverfahren vor. Insbesondere im Bereich Intelligenzmessung können Praktiker auf eine Vielzahl unterschiedlicher Messinstrumente zurückgreifen, um bspw. die spätere berufliche Leistung von externen oder internen Bewerber*innen vorherzusagen (Hülsheger et al. 2006). Zur Messung der berufsbezogenen Selbstwirksamkeit liegt ein Instrument vor, welches von der Arbeitsgruppe um Prof. Abele (Abele et al. 2000) konzipiert und validiert wurde. Auch für die Unterscheidung zwischen Adaptor*innen und Innovator*innen liegt ein Fragebogeninstrument vor (Kirton 1976).

Beraterstory

Herr Wernacke ist Vertriebsleiter eines mittelständischen Unternehmens im Dienstleistungssektor. Er zeichnete sich lange Jahre durch seinen Ehrgeiz und seine charismatische Art aus, die sein Team zum Erfolg brachte. Nun ist es allerdings so, dass die Verkaufszahlen im letzten Jahr auffällig stark gesunken sind und die letzte Mitarbeiterbefragung ergeben hat, dass Herr Wernacke sehr viel mehr laissez-faire führt als zuvor. Die Geschäftsführung meldete sich bei Frau Dr. Wehmeier, weil sie nach etlichen Versuchen auf Herrn Wernacke einzugehen, mittlerweile ratlos ist, wie sie ihn noch motivieren soll. Auch Frau Dr. Wehmeier sucht zunächst das Gespräch mit Herrn Wernacke, der sich ihr gegenüber als Externe sofort öffnet. Sie beide kommen – im Rahmen eines 2-stündigen Karrierecoachings – zu dem Konsens, Herrn Wernacke aus persönlichen Gründen von der Führungsverantwortung lösen zu müssen und einem*r andere*n Mitarbeiter*in die Stelle als Vertriebsleiter*in in Aussicht zu stellen.

In Absprache mit der Geschäftsführung wurde die Stelle intern neu ausgeschrieben und Frau Dr. Wehmeier unterstütze das Unternehmen bei der Gestaltung des Assessment Centers u. a. durch das Einsetzen wissenschaftlich fundierter Instrumente zur Erfassung berufsbezogenen Erfolgs wie z. B. das Bochumer Inventar zur berufsbezogenen Persönlichkeit (BIP). Auf Basis der ermittelten Daten erstellte sie eine Rangliste der Bewerber*innen hinsichtlich ihrer Passung zur Position als Vertriebsleiter*in. Nachdem sie der Geschäftsführung die Top 3 Kandidat*innen vorschlug, nahm sie an den finalen Interviews teil, in denen sie mit gezielten Fragen ihre Kompetenzen als Psychologin einbringen konnte und letztlich bei der Entscheidung mitwirkte. Frau Schenke, jung, dynamisch und besonders durchsetzungsstark, ist nun die neue Vertriebsleiterin des Unternehmens.

Literatur

Abele AE, Stief M, Andrä MS (2000) Zur ökonomischen Erfassung beruflicher Selbstwirksamkeitserwartungen – Neukonstruktion einer BSW-Skala. Z Arb Organisationspsychol 44:145–151

Ahlin B, Drnovšek M, Hisrich RD (2014) Entrepreneurs' creativity and firm innovation: the moderating role of entrepreneurial self-efficacy. Small Bus Econ 43(1):101–117

Amabile TM (1996) Creativity and innovation in organizations. Harvard Business School, Boston
Barron F, Harrington DM (1981) Creativity, intelligence, and personality. Annu Rev Psychol 32(1):439–476
Batey M, Furnham A, Safiullina X (2010) Intelligence, general knowledge and personality as predictors of creativity. Learn Individ Differ 20(5):532–535
Da Costa S, Páez D, Sánchez F, Garaigordobil M, Gondim S (2015) Personal factors of creativity: a second order meta-analysis. Revista de Psicología del Trabajo y de las Organizaciones 31(3):165–173
Eysenck HJ (1993) Creativity and personality: suggestions for a theory. Psychol Inq 4(3):147–178
Feist GJ (1998) A meta-analysis of personality in scientific and artistic creativity. Personal Soc Psychol Rev 2(4):290–309
George JM, Zhou J (2002) Understanding when bad moods foster creativity and good ones don't: the role of context and clarity of feelings. J Appl Psychol 87(4):687–697
Gottfredson LS (1997) Mainstream science on intelligence: an editorial with 52 signatories, history, and bibliography. Intelligence 24(1):13–23
Gough HG (1976) What happens to creative medical students? J Med Educ 51(6):461–467
Helson R (1971) Women mathematicians and the creative personality. J Consult Clin Psychol 36(2):210
Hossiep R, Krüger C (2012) Das Bochumer Inventar zur berufsbezogenen Persönlichkeitsbeschreibung – 6 Faktoren (BIP-6F). Hogrefe Verlag GmbH & Co. KG, Göttingen
Hülsheger UR, Maier GW, Stumpp T, Muck PM (2006) Vergleich kriteriumsbezogener Validitäten verschiedener Intelligenztests zur Vorhersage von Ausbildungserfolg in Deutschland: Ergebnisse einer Metaanalyse. Z Pers 5(4):145
Jauk E, Benedek M, Dunst B, Neubauer AC (2013) The relationship between intelligence and creativity: new support for the threshold hypothesis by means of empirical breakpoint detection. Intelligence 41(4):212–221
Karwowski M, Lebuda I (2016) The big five, the huge two, and creative self-beliefs: a meta-analysis. Psychol Aesthet Creat Arts 10(2):214
Kirton M (1976) Adaptors and innovators: a description and measure. Appl Psychol 61(5):622–629
Kuhlthau CC (1993) A principle of uncertainty for information seeking. J Doc 49(4):339–355
Luh DB, Lu CC (2012) From cognitive style to creativity achievement: the mediating role of passion. Psychol Aesthet Creat Arts 6(3):282
Madjar N, Oldham GR, Pratt MG (2002) There's no place like home? The contributions of work and nonwork creativity support to employees' creative performance. Acad Manag J 45(4):757–767
Mansfield RS, Busse TV (1981) The psychology of creativity and discovery: scientists and their work. Nelson-Hall, Chicago
McCrae RR, Costa PT (1987) Validation of the five-factor model of personality across instruments and observers. J Pers Soc Psychol 52(1):81–90
Rammstedt B, John OP (2005) Kurzversion des Big Five Inventory (BFI-K): entwicklung und Validierung eines ökonomischen Inventars zur Erfassung der fünf Faktoren der Persönlichkeit. Diagnostica 51(4):195–206
Schwartz SH (1992) Universals in the content and structure of values: theoretical advances and empirical tests in 20 countries. In: Zanna MP (Hrsg) Advances in experimental social psychology. Academic Press, San Diego, S 1–65
Schwartz SH (1999) A theory of cultural values and some implications for work. Appl Psychol Int Rev 48(1):23–47
Shalley CE, Zhou J, Oldham GR (2004) The effects of personal and contextual characteristics on creativity: where should we go from here? J Manag 30(6):933–958
Shin SJ, Zhou J (2003) Transformational leadership, conservation, and creativity: evidence from Korea. Acad Manag J 46(6):703–714

Smith PB, Peterson MF, Schwartz SH (2002) Cultural values, sources of guidance, and their relevance to managerial behavior. J Cross-Cult Psychol 33(2):188–208

Sousa CM, Coelho F (2011) From personal values to creativity: evidence from frontline service employees. Eur J Mark 45(7/8):1029–1050

Tierney P, Farmer SM, Graen GB (1999) An examination of leadership and employee creativity: the relevance of traits and relationships. Pers Psychol 52:591–620

Tsai WC, Chi NW, Grandey AA, Fung SC (2012) Positive group affective tone and team creativity: negative group affective tone and team trust as boundary conditions. J Organ Behav 33(5):638–656

Wang CJ, Tsai HT, Tsai MT (2014) Linking transformational leadership and employee creativity in the hospitality industry: the influences of creative role identity, creative self-efficacy, and job complexity. Tour Manag 40:79–89

Weinert A (2004) Organisations- und Personalpsychologie, 5. Aufl. Weinheim, Beltz

Zhou J, George JM (2001) When job dissatisfaction leads to creativity: encouraging the expression of voice. Acad Manag J 44(4):682–696

Eigenschaften der Arbeit

3

Kai C. Bormann, Ute Poethke und Kai N. Klasmeier

3.1 Einführung

Ob und wie ein*e Mitarbeiter*in kreativ sein und zu Innovationen innerhalb einer Organisation beitragen kann, hängt in nicht unbedeutendem Maße von ihm/ihr selbst ab. Faktoren wie Motivation, Erfahrung und Persönlichkeit haben einen wichtigen Einfluss auf innovationsfördernde und -hemmende Verhaltensweisen und werden dementsprechend in anderen Kapiteln ausführlich thematisiert. Ein ausschließlicher Fokus auf derartigen personalen Faktoren würde allerdings zu kurz greifen in dem Streben, die Themenfelder HRM und Innovation ganzheitlich zu durchdringen. Neben der Person selbst gibt es weitere arbeitsbezogene Größen, die im Hinblick auf Kreativität und Innovation nicht zu vernachlässigen sind. Schon im einleitenden Kapitel wurde bspw. der Faktor Zeit angesprochen. Nur wenn Mitarbeiter*innen auch die zeitlichen Ressourcen haben, um neuen Ideen und Ansätzen bei der Arbeit nachzugehen, kann es zu erfolgskritischen Innovationen kommen. Innerhalb dieses Kapitels sollen nun die Charakteristika der Arbeit in ihrer Wirkung auf die Ideengenerierung und -umsetzung differenziert beleuchtet werden.

K. C. Bormann (✉)
Universität Bielefeld, Bielefeld, Deutschland
E-Mail: kai.bormann@uni-bielefeld.de

U. Poethke
Bildungs- und Wissenschaftszentrum der Bundesfinanzverwaltung (BWZ),
Münster, Deutschland

K. N. Klasmeier
Zentrum für HochschulBildung der TU Dortmund, Lehrstuhl für Personalentwicklung und Veränderungsmanagement, Dortmund, Deutschland

3.2 Begriffsverständnis

Charakteristika der Arbeit stellen grundsätzlich einen Sammelbegriff für die Beschreibung und Analyse von objektiven Merkmalen, subjektiven Eindrücken, Kontexten oder Einflussgrößen bezüglich einer arbeitsbezogenen Tätigkeit dar. Je nach Fragestellung lässt sich der Begriff enger oder weiter fassen. Wählt man ein sehr breites Verständnis, fällt ein Großteil der in diesem Lehrbuch behandelten Inhalte unter diesen Oberbegriff. So lassen sich bspw. sowohl das Führungsverhalten des Vorgesetzten als auch die Interaktion unter Kolleg*innen aus Mitarbeiter*innensicht als relevante Charakteristika der Arbeit beschreiben. Da diese aber bereits an anderer Stelle ausführlich thematisiert werden (Kap. 7, 8 und 11), empfiehlt sich eine andere Herangehensweise. Ein engeres Begriffsverständnis bringt den Vorteil, dass der Gegenstand der Arbeitscharakteristika überschaubarer, d. h. eindeutiger, wird.

Ein wichtiger Referenzpunkt dieses Kapitels ist die Arbeit von Axtell et al. (2000). Sie schlagen eine Unterteilung zwischen Individual/Job-Variablen und Gruppen/Organisationalen-Variablen vor. Die Individual-Variablen beschreiben die reine Tätigkeit aus Mitarbeiter*innensicht. Hierzu zählen Aufgabenspektrum, Ganzheitlichkeit, Tätigkeitsabfolge oder -anforderungen. Demgegenüber beziehen sich die Gruppen-Variablen auf darüber hinausgehende Einflüsse. Axtell und Kollegen thematisieren hier insbesondere die Rolle der Führungskraft und des Managements. Wir wollen uns in diesem Kapitel auf den Bereich der Individual-Variablen beschränken. Entsprechend stehen Charakteristika der Arbeit hier für die Beschreibung der a-personalen Tätigkeitsanforderungen (Tätigkeitsanforderungen, -umfang, -vielfalt, etc.). Interaktionale Aspekte (Rolle des Vorgesetzten und der Kolleg*innen) bleiben bei der Betrachtung größtenteils außen vor.

Im folgenden Abschnitt werden zwei zentrale Modelle zur Beschreibung der Arbeitscharakteristika vorgestellt. So werden verschiedene Merkmale eingeführt, die es ermöglichen, auch unterschiedlichste Tätigkeiten vergleichbar zu machen, da jede einzelne Arbeit hinsichtlich ihrer Ausprägung auf den einzelnen Merkmalen beschrieben werden kann.

3.3 Modelle

3.3.1 Job Characteristics Model

Bei der Beschreibung von beruflichen Tätigkeiten kommt dem Job Characteristics Model (JCM, Hackman und Lawler 1971) eine zentrale Bedeutung zu. Der Wert des JCM (Abb. 3.1) liegt darin, dass es erstmals eine differenzierte Darstellung von Beschreibungskriterien liefert und eruiert, wie diese zu Motivationsgewinnen oder -verlusten bei Mitarbeiter*innen führen können. Eng verbunden mit dem Job Characteristics Model ist der Fragebogen Job Diagnostic Survey (JDS, Hackman und Oldham 1975), mit dem es möglich ist, die einzelnen Bestandteile des Modells empirisch zu erfassen.

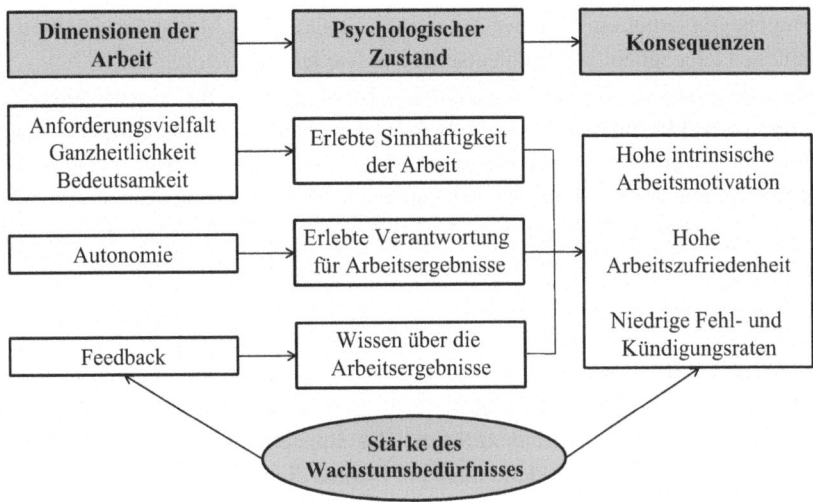

Abb. 3.1 Job Characteristics Model nach Hackman und Lawler (1971).

Je nachdem, wie eine Tätigkeit hinsichtlich der unterschiedlichen Dimensionen individuell eingeschätzt wird, führt dies beim/bei der Arbeitnehmer*in zu mehr oder weniger wahrgenommener Sinnhaftigkeit der Arbeit oder erlebter Verantwortung. Diese psychologische Attribution führt dann wiederum zu sichtbaren Konsequenzen im Arbeitsverhalten, wie bspw. Motivation und Absentismus. Innerhalb des Modells wird ein durchweg positiver Zusammenhang angenommen, bspw. je höher die Autonomie einer Tätigkeit, desto größer ist die erlebte Verantwortung, was dann zu höherer Zufriedenheit führt.

Für das vorliegende Kapitel sind insbesondere die einzelnen Dimensionen der Arbeit interessant. Um diese später präziser auf das Themenfeld Kreativität und Innovation anwenden zu können, sollen sie kurz näher dargestellt werden.

- *Anforderungsvielfalt* beschreibt, wie abwechslungsreich eine Tätigkeit ist und ob sie verschiedene Fähig- und Fertigkeiten des/der Mitarbeiters*in aktiviert. Ein Item dieser Skala aus dem JDS lautet: „Meine Arbeit verlangt von mir den Einsatz einer Vielzahl von verschiedenen, komplexen Fähigkeiten mit hohen Anforderungen."
- Mit *Ganzheitlichkeit* ist gemeint, inwiefern die Tätigkeit die Bearbeitung eines vollständigen Arbeitsprozesses (bspw. Erstellung eines ganzen Produktes) umfasst oder lediglich einen unter vielen darstellt. Eine Beispielfrage lautet: „Meine Arbeit gibt mir die Möglichkeit, eine angefangene Arbeit auch zu Ende zu bringen."
- Mit der *Bedeutsamkeit* einer Tätigkeit wird beschrieben, ob der/die Mitarbeiter*in das Gefühl hat, dass seine/ihre eigene Arbeit einen Einfluss auf das Leben und die Arbeit anderer Menschen hat. Ein Beispielitem aus dem JDS lautet: „Die Art und Weise wie gut ich meine Arbeit mache, beeinflusst viele Leute."
- *Autonomie* beschreibt, in welchem Maß ein*e Arbeitnehmer*in bei der Erledigung und Gestaltung der eigenen Aufgaben einen Entscheidungs- und Handlungsspielraum hat.

Im Fragebogen lautet ein Item der Autonomie-Skala z. B.: „Meine Arbeit gibt mir beträchtliche Gelegenheit, selbst zu entscheiden, wie ich dabei vorgehe."
- *Rückmeldung* bezieht sich im Rahmen des JCM weniger auf das klassische Feedback, das bspw. eine Führungskraft seinem*r Mitarbeiter*in gibt. Vielmehr geht es um die Rückmeldung durch die Arbeitsaufgabe selbst. Kann ein*e Mitarbeiter*in bspw. anhand der Aufgabenerledigung selber sehen, wie weit er/sie die Aufgabe bereits erledigt und wie gut er/sie diese erfüllt hat? Eine Beispielfrage lautet: „Bei der Ausführung meiner Arbeit kann ich gut feststellen, wie gut ich arbeite."

3.3.2 Arbeit 4.0

Neuere Arbeitscharakteristika sind aufgrund der Entstehungszeit des JCM Ende der 1970er-Jahre nicht in diesem Modell enthalten. Gerade die Erfassung von Merkmalen der Arbeitswelt 4.0 ist jedoch bedeutend, um das HRM auf künftige Veränderungen der Arbeitswelt auszurichten und diese zu bewältigen. Aus diesem Grund wurde ein Fragebogen zur Erfassung von Merkmalen der Arbeit 4.0 (Poethke et al. 2019) entwickelt. Er schließt die Lücke, indem er die Konstrukte Flexibilisierung, Entgrenzung, Digitalisierung, Mitbestimmung und Relevanz der Arbeit erfasst (vgl. Abb. 3.2). Flexibilisierung bezeichnet dabei die Ausübung der regulären Arbeitstätigkeit an frei gewählten Orten (z. B. im Homeoffice) und/oder Zeiten (z. B. durch Vertrauensarbeitszeit). Entgrenzung beschreibt die

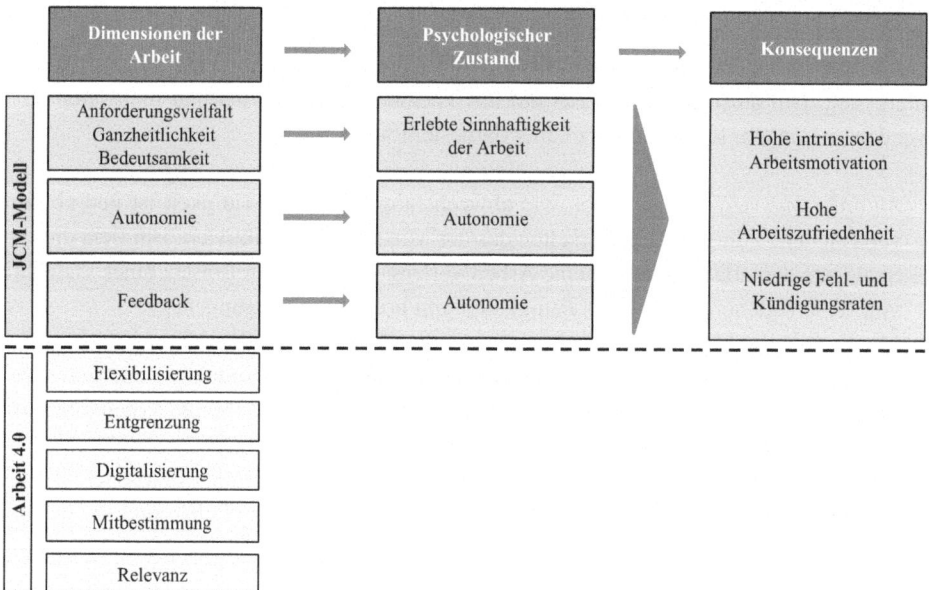

Abb. 3.2 Das Job Characteristics Model von Hackman und Oldham (1975), erweitert um zentrale Merkmale der Arbeit 4.0 (nach Poethke et al. 2018).

Auflösung der Grenze zwischen Erwerbsarbeit und Privatleben durch das Aufbrechen räumlicher und zeitlicher Strukturen. Digitalisierung umfasst die Optimierung von Geschäftsmodellen aufgrund verbesserter Prozesse durch die Nutzung von Informations- und Kommunikationstechnik. Mitbestimmung ist die aktive Partizipation an Unternehmensentscheidungen auf unterschiedlichen Organisationsebenen. Relevanz bezeichnet die Bewertung, als wie sinnvoll oder relevant die eigene Tätigkeit rein subjektiv erachtet wird (Poethke et al. 2018).

3.3.3 Job Demands – Resources Model

Neben dem zuvor beschriebenen JCM gibt es weitere theoretische Modelle, die Charakteristika der Arbeit mit ihren psychologischen wie organisationalen Konsequenzen thematisieren. Ein weiteres prominentes Konzept ist das Job Demands – Resources Model von Schaufeli und Bakker (2004).

Im Gegensatz zum JCM werden hier nicht unterschiedliche Beschreibungsmerkmale einer Tätigkeit differenziert. Im Kern stehen die Job Demands, also die Tätigkeitsanforderungen und die mögliche Be- oder Überlastung des/der Arbeitnehmers*in durch zu hohe Anforderungen. Tätigkeitsanforderungen im Sinne des Job Demands – Resources Model werden wie folgt definiert: „Those physical, social or organizational aspects of the job that require sustained physical or mental effort and are therefore associated with certain physiological and psychological costs" (Demerouti et al. 2001, S. 501). Zu den Demands gehören bspw. Zeitdruck, Spannungen unter Kolleg*innen (Zapf und Semmer 2004) oder informatorische Erschwernisse (Herrmann et al. 2012). Hohe Tätigkeitsanforderungen führen dabei allerdings nicht per se zur Überlastung. Hat ein*e Arbeitnehmer*in in seiner/ihrer Tätigkeit die Möglichkeit, Arbeitsabläufe zu ändern oder Kolleg*innen um Hilfestellung zu bitten, um so der hohen Belastung gerecht zu werden, können negative Konsequenzen wie erlebter Stress verhindert werden. Sämtliche Möglichkeiten, die einem/r Arbeitnehmer*in zur Verfügung stehen, um die hohe Belastung kompensieren zu können, werden innerhalb des Modells als Ressourcen bezeichnet. Sie werden allgemein wie folgt definiert: „those physical, psychological, social or organizational aspects of the job that may be functional in achieving work goals, reduce job demands and its associated costs, and stimulate personal growth and development" (Demerouti et al. 2001, S. 501).

3.4 Empirische Befunde

Im vorangegangenen Abschnitt 3.2 wurden zwei unterschiedliche Blickwinkel auf die Charakteristika der Arbeit vorgestellt. Nun sollen diese als Rahmen dienen, um den Bezug zur Innovation strukturiert zu gestalten. In Abb. 3.3 werden sowohl Elemente des Job Characteristics Modells als auch Elemente des Job Demands – Resources Model kombiniert und hinsichtlich der Innovationsthematik adaptiert.

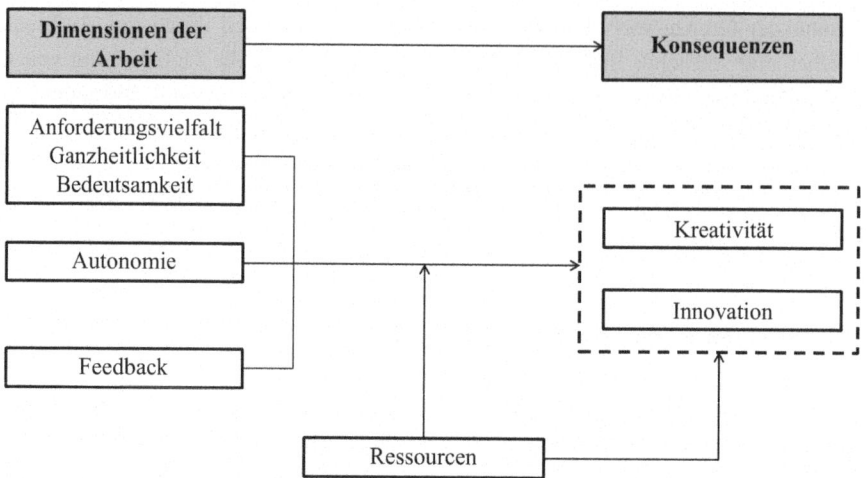

Abb. 3.3 Prozessmodell zum Zusammenhang zwischen den Charakteristika der Arbeit und Innovation.

Die Elemente beider theoretischer Modelle sind wiederholt Gegenstand empirischer Forschung gewesen, bei der insbesondere das Thema Innovation im Vordergrund stand. Zentrale Einzelbefunde werden in der Folge entlang der verschiedenen Charakterisierungsmerkmale dargestellt.

3.4.1 Komplexität der Arbeit

Innerhalb der Forschung zum Job Characteristics Model werden sämtliche fünf Charakteristika der Arbeit bisweilen unter dem Oberbegriff der Job Complexity zusammengefasst. Dass dieses Gesamtmaß der Arbeitscharakteristika einen wichtigen Einfluss auf die Kreativität von Mitarbeiter*innen hat, bestätigen empirische Arbeiten von Oldham und Cummings (1996). Doch welche Aspekte sind hier besonders wichtig und welche psychologischen Einzelprozesse stecken hinter diesem Gesamtzusammenhang? Die Beantwortung dieser Frage erfordert eine differenziertere Betrachtung. Obwohl die Charakteristika des JCM bisweilen eng miteinander verwoben sind, lassen sich insbesondere drei von ihnen besonders stark mit Innovation in Verbindung bringen (vgl. Dorenbosch et al. 2005; Ramamoorthy et al. 2005): Anforderungsvielfalt, Ganzheitlichkeit und Autonomie.

Anforderungsvielfalt Zentral für Kreativität und Innovation am Arbeitsplatz ist die persönliche Herausforderung, die mit der Tätigkeit verbunden ist (Amabile und Gryskiewicz 1987). Herausfordernd sind Tätigkeiten dann, wenn sie unterschiedliche Fähig- und Fertigkeiten des/der Mitarbeiters*in aktivieren und erfordern. Im Gegensatz zu einfachen Tätigkeiten, fordern komplexere Tätigkeiten den/die Mitarbeiter*in auf viel stärkere Weise, was nach Farr (1990) eine wesentliche Voraussetzung für Innovation ist.

Eine Tätigkeit ist beispielsweise dann vielfältig, wenn unklar ist, a) wo einzelne Arbeitsschritte enden und b) wie Arbeitsschritte ausgeführt werden müssen sowie c) wenn verschiedene Wege zur Verfügung stehen, eine Aufgabe auszuführen. George und Zhou (2001) untersuchten den Effekt dieser drei Vielfältigkeitsmerkmale auf kreatives Verhalten von Mitarbeiter*innen. Sie befragten 149 Paare von Mitarbeiter*innen und Führungskräften. Erstere beschrieben ihre Tätigkeit anhand der drei Merkmale, letztere schätzten das kreative Arbeitsverhalten ihres/r jeweiligen Mitarbeiters*in ein. Die statistischen Auswertungen belegen positive Zusammenhänge der drei Arbeitsmerkmale zu kreativem Verhalten ($0{,}17 < r < 0{,}26$, $ps < 0{,}05$).

Auf ähnliche Weise untersuchten Dorenbosh et al. (2005) den Zusammenhang zwischen Anforderungsvielfalt und der tatsächlichen Umsetzung neuartiger Ideen. Die Datengrundlage war eine Stichprobe von 132 Mitarbeiter*innen einer Verwaltungseinrichtung. Die Analysen zeigen ebenfalls positive Effekte von der Multifunktionalität einer Tätigkeit auf Innovation ($\beta = 0{,}31$, $p < 0{,}01$).

Der Einfluss von Anforderungsvielfalt auf Innovation und Kreativität ist von Hammond et al. (2011) im Rahmen einer Meta-Analyse untersucht worden. Über mehrere Studien zeigte sich ein positiver Einfluss von Anforderungsvielfalt auf Innovation.

Ganzheitlichkeit Sind verschiedene, aufeinanderfolgende Arbeitsschritte auf eine Person vereint, so wird die erlebte Sinnhaftigkeit der Arbeit gestärkt, da so das „große Ganze" besser sichtbar ist; die Motivation steigt (Axtell et al. 2000). Dieser Mechanismus des JCM ist gleichermaßen relevant für Innovation. Wenn eine Person weiß, welche Arbeitsschritte noch folgen, kann sie eher einschätzen, durch welche Änderungen der Abläufe eine Optimierung des Gesamtarbeitsprozesses hervorgerufen werden kann. Daraus folgt die Annahme, dass kreatives und innovatives Denken mit der Steigerung der Ganzheitlichkeit einhergeht.

Ganzheitlichkeit einer Arbeit geht Hand in Hand mit erlebter Verantwortung. In zunehmendem Maße müssen Aufgabenschritte und -prozesse eigenständig und -verantwortlich geplant, umgesetzt und überprüft werden. Morrison und Phelps (1999) untersuchten in diesem Zusammenhang die Effekte von erlebter Verantwortung auf das sog. *Taking Charge*-Verhalten der Mitarbeiter*innen. Letzteres beschreibt Extra-Rollenverhalten – ähnlich dem Organizational Citizenship Behavior (OCB). Im Gegensatz zum klassischen OCB liegt beim *Taking Charge*-Verhalten der Fokus viel stärker auf dem Bereich Innovation. Es beschreibt den freiwilligen und konstruktiven Einsatz von Mitarbeiter*innen für die erfolgreiche Gestaltung von Veränderungen bspw. durch das Einbringen konstruktiver Ideen bei bestehenden Problemen oder ineffizienten Arbeitsabläufen. In ihrer Studie befragten die Autoren 481 Mitarbeiter aus den USA. Ihre Analysen zeigten, dass erlebte Verantwortung in der Tat zu gestiegenem *Taking Charge*-Verhalten führt ($\beta = 0{,}28$, $p < 0{,}01$).

Dass ein*e Mitarbeiter*in das besagte „große Ganze" einer Tätigkeit im Auge behält ist dann begünstigt, wenn er/sie die Betrachtung des ganzheitlichen Arbeitsprozesses als faktischen Teil seiner/ihrer organisationsbezogenen Rolle versteht. Anders formuliert: das Nutzen von sich anbietenden Möglichkeiten ist selbstverständlich Teil der Aufgaben. Die empirische Bestätigung, dass dieses Rollenverständnis auch in der Tat zu gestiegenem innovationsbezogenen Verhalten führt, liefern McAllister et al. (2007). Ihre Befragung von 225 Ingenieur*innen eines indischen Energieunternehmens lieferte positive Zusammenhänge mit dem bereits zuvor behandelten *Taking Charge*-Verhalten.

Autonomie Bereits zuvor wurde die Bedeutung der Ganzheitlichkeit einer Tätigkeit thematisiert. Wenn Personen das „große Ganze" einschätzen können, fällt es ihnen leichter, Verbesserungen des Gesamtprozesses sehen zu können. Dies ist sicherlich eine notwendige Bedingung zur Generierung und Umsetzung neuer Ideen. Doch zwingend nötig ist ebenso der entsprechende Entscheidungs- und Handlungsspielraum, um Änderungen auch ausprobieren und umsetzen zu können (Amabile und Gryskiewicz 1987; Deci und Ryan 1987).

Verschiedene Einzelstudien haben den Zusammenhang zwischen Autonomie innerhalb einer Tätigkeit und innovationsrelevanten Aspekten untersucht. Wang und Cheng (2010) befragten 87 Führungskräfte und 159 der zugehörigen Mitarbeiter*innen. Die Analysen zeigten, dass die von dem/der Mitarbeiter*in wahrgenommene Autonomie positiv mit der Einschätzung der Mitarbeiterkreativität durch den direkten Vorgesetzten zusammenhängt. Ähnliche Befunde liefern Ramamoorthy et al. (2005). Sie befragten 204 Angestellte mehrerer Industrieunternehmen in Irland und konnten zeigen, dass die wahrgenommene Autonomie bei der Arbeit stark mit innovationsförderndem Verhalten zusammenhängt ($\beta = 0{,}57$; $p < 0{,}01$). Je mehr Autonomie von den Mitarbeiter*innen bei ihrer Arbeit wahrgenommen wird, desto eher sind sie in der Lage, neue Lösungen für arbeitsbezogene Probleme auszuprobieren und einzuführen.

Neben diesem direkten Zusammenhang gingen Ramamoorthy et al. (2005) zusätzlich der Frage nach, wie der genaue Wirkzusammenhang zwischen Handlungsspielraum und Innovation erklärt werden kann. Sie beleuchteten den Zusammenhang vor dem Hintergrund des psychologischen Vertrags zwischen Mitarbeiter*in und Organisation (Rousseau 1990). Der psychologische Vertrag beschreibt die gegenseitigen – meist impliziten – Erwartungen zwischen beiden Parteien, die über den formalen Arbeitsvertrag (Festlegung der Arbeitszeit, Tätigkeitsbereich, etc.) hinausgehen. Klassische Bestandteile psychologischer Verträge aus Mitarbeiter*innensicht können Aspekte wie persönliche Einflussmöglichkeiten, Privilegien oder Entwicklungsmöglichkeiten sein, die durch die Organisation zur Verfügung gestellt werden. Werden diese impliziten Erwartungen nicht erfüllt, kommt es zu Unzufriedenheit und Motivationsverlust. Psychologische Verträge sind allerdings keine Einbahnstraße. Auch Mitarbeiter*innen haben psychologische Verpflichtungen gegenüber der Organisation. An eben dieser Stelle setzen Ramamoorthy et al. (2005) an. Sie zeigten, dass mit zunehmender Autonomie am Arbeitsplatz gleichzeitig die emotionale Verpflichtung entsteht, sich für die Organisation einzusetzen. Das Ergebnis dieser emotionalen Verpflichtung ist das in der Tat gestiegene Innovationsverhalten der Mitarbeiter*innen.

Auch der Zusammenhang von Autonomie und Innovationen wurde metaanalytisch untersucht. Hammond et al. (2011) fassten 25 einzelne Studien mit insgesamt 4011 Teilnehmer*innen zusammen und ermittelten einen Zusammenhang von Autonomie und Innovation von $r = .27$.

3.4.2 Demands und Ressourcen

Die Demands, also die Beanspruchungen durch die Arbeit, sowie die einhergehenden Ressourcen stehen ebenfalls in einem direkten Zusammenhang mit innovationsrelevanten Variablen. Auf Seiten der Ressourcen lässt sich zunächst von einem positiven Zusammenspiel ausgehen. Je mehr Ressourcen zur Verfügung stehen, desto größer ist das Kreativitäts- und Innovationspotenzial (Shalley und Gilson 2004). Mit Blick auf die bisherigen Ausarbeitungen innerhalb Abschnitt 3.4 lässt sich diese These insgesamt bestätigen. In der Tat lassen sich die Arbeitsmerkmale des JCM gleichermaßen unter der Kategorie Ressourcen zusammenfassen (Amabile und Gryskiewicz 1987). Ressourcen können aber mehr sein als rein a-personale Arbeitsmerkmale. An dieser Stelle überdehnen wir kurz unser in Abschnitt 3.2 eingeführtes Begriffsverständnis hinsichtlich der Charakteristika der Arbeit. Interaktionelle Aspekte sind ebenfalls wichtige Ressourcen bei der täglichen Arbeit, die gleichermaßen auch Einfluss im Innovationskontext haben (Mumford et al. 2002). Unterstützung durch Kolleg*innen (Shalley und Gilson 2004; Tjosvold et al. 2004) oder das Führungsverhalten des Vorgesetzten (Herrmann et al. 2012) sind hier wichtige Einflussvariablen. Da innerhalb dieses Kapitels allerdings eine stärkere a-personale Perspektive auf Charakteristika der Arbeit verfolgt werden soll, reicht hier ein Verweis auf Kap. 2, 9 und 11, in denen interpersonale Einflussgrößen ausführlich behandelt werden.

An der Nahtstelle zwischen Ressourcen und Beanspruchung findet sich die Rolle der Arbeitszeit. Verschiedene Autoren argumentieren, dass insbesondere ausreichende zeitliche Ressourcen wichtige Kreativitäts- und Innovationsprädiktoren sind (Gruber und Davis 1988). Nur wenn tatsächlich die notwendige Zeit bei der täglichen Arbeit zur Verfügung steht, neue Lösungswege und -ansätze auszuprobieren (verbunden mit Trial-und-Error), kann aus einer kreativen Idee tatsächlich auch Innovation hervorgehen. Im Gegenzug gilt gleichermaßen, dass Zeitdruck ein wichtiges Innovationshemmnis darstellt (Amabile et al. 2003).

Allerdings zeigt die Forschung, dass das Zusammenspiel von Zeit(-druck) und Innovation nicht grundsätzlich linear ist. Vielmehr noch, Zeitdruck kann – in bestimmten Situationen – auch positive Innovationseffekte haben. Baer und Oldham (2006) untersuchten dieses Phänomen in einer Studie, in der 161 Mitarbeiter*innen befragt wurden. Die Analysen bestätigen zunächst den einfachen linearen, negativen Zusammenhang zwischen Zeitdruck und Kreativität ($\beta = -0{,}24$; $p < 0{,}01$). Darüber hinaus konnte auch gezeigt werden, dass in Situationen, in denen Mitarbeiter*innen ein innovationsförderliches Arbeitsklima (in Bezug auf Austausch mit Führungskraft und Kolleg*innen) empfinden, Zeitdruck zunächst kreativitätsfördernde Effekte hat. Der wahrgenommene Druck erhöht Konzentration und Zielorientierung und mobilisiert Ressourcen (vgl. Aktivitätstheorie; Scott 1966). Ab einem bestimmten Punkt ist allerdings der positive Effekt ausgereizt. Hat ein*e Mitarbeiter*in das Gefühl, Ziele nicht errei-

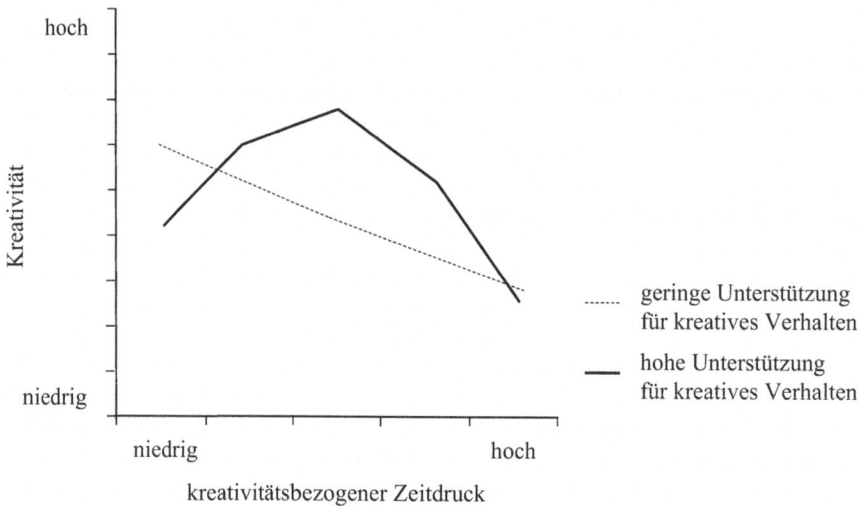

Abb. 3.4 Der kurven-lineare Zusammenhang zwischen Zeitdruck und Kreativität in Anlehnung an Baer und Oldham (2006).

chen zu können, da aus seiner Sicht die notwendigen zeitlichen Kapazitäten fehlen, setzt sich ein negativer kognitiver Prozess in Gang. Abb. 3.4 veranschaulicht den Zusammenhang.

Der Einfluss gewandelter Arbeitsbedingungen wird vielfach diskutiert, wobei insbesondere die zunehmende Digitalisierung als Treiber von Innovation und Kreativität gesehen wird (Hertel et al. 2017). Erste empirische Untersuchungen fanden einen bivariaten Zusammenhang von zunehmender Digitalisierung (Nutzung von Informations- und Kommunikationstechnologie) und Kreativität. Weiterhin zeigten sich Zusammenhänge mit Flexibilisierung und Entgrenzung von Arbeit, wobei im Vergleich mit weiteren Einflussfaktoren sich nur die Entgrenzung positiv auf Kreativität auswirkte (Poethke et al. 2019).

Der Zusammenhang von arbeitsbezogenen Ressourcen und Innovation wurde anhand einiger Primärstudien beleuchtet. Auch in der Meta-Analyse von Hammond et al. (2011) konnte gezeigt werden, dass Ressourcen mit innovativem Verhalten in Bezug stehen.

3.4.3 Unterscheidung Kreativität und Innovation

Bei den bisherigen Ausführungen zu den Einflüssen der Arbeitscharakteristika auf Innovationskriterien wurde im Hinblick auf letztere keine gesonderte Unterteilung vorgenommen. Innovationsrelevante Merkmale, Einstellungen und Verhaltensweisen wurden gleichermaßen diskutiert. Dass es allerdings sinnvoll ist, zwischen Kreativität – der Ideengenerierung – und Innovation – der Ideenumsetzung – zu unterscheiden (Amabile 1996), wurde im einführenden Kapitel dieses Lehrbuches bereits dargelegt. In Bezug auf das vorliegende Kapitel schließt sich entsprechend die Frage an, ob die vorgestellten Charakteristika der Arbeit gleichermaßen auf Kreativität und Innovation wirken, oder sich ihr Einfluss auf einen der beiden Aspekte beschränkt. Bisher wurden Effekte auf Kreativität und Innovation gleichermaßen aufgeführt. Es gab keine explizite Differenzierung zwischen beidem.

Insgesamt ist vergleichende empirische Forschung kaum vorhanden. Eine Ausnahme stellt die Studie von Axtell et al. (2000) dar. Hier wurde explizit zwischen der Ideengenerierung (= Kreativität) und Umsetzung (= Innovation) unterschieden. Der Auswertung lagen Daten von 148 Mitarbeiter*innen eines britischen Industrieunternehmens zugrunde. Tatsächlich weisen die Ergebnisse darauf hin, dass einzelne Charakteristika der Arbeit unterschiedliche Aspekte im Innovationsprozess beeinflussen. Autonomie hängt stärker zusammen mit der Ideengenerierung ($r = 0{,}28$, $p < 0{,}01$) als mit der Implementierung ($r = 0{,}04$, ns). Ein ähnliches Bild zeigt sich bei der erlebten Verantwortung (als Teil der Ganzheitlichkeit einer Arbeit). Hier besteht kein Zusammenhang zur Ideenumsetzung ($r = -0{,}07$, ns), wohl aber zur Ideengenerierung ($r = 0{,}25$, $p < 0{,}01$). Stärkeren Einfluss auf die Ideenumsetzung, die Innovation im engeren Sinn, haben (interaktionale) Team-Level Variablen, wie z. B. Unterstützung durch Kolleg*innen und den Vorgesetzten. Axtell und Kollegen liefern mit ihrer Studie sicherlich erste spannende Einblicke, die vermuten lassen, dass a-personale Merkmale der Arbeit stärker (oder ausschließlich) die Ideengenerierung beeinflussen. Abschließende Schlussfolgerungen sollten hier allerdings erst auf Grundlage einer breiteren empirischen Basis getroffen werden.

3.4.4 Moderierende Einflüsse der Charakteristika der Arbeit im Innovationsprozess

Die vorherigen Ausführungen haben wichtige Zusammenhänge zwischen unterschiedlichen Merkmalen einer Arbeitstätigkeit und innovationsfördernden Aspekten offenbart. Als Abschluss soll nun betrachtet werden, ob neben diesen direkten Einflüssen auch indirekte vorliegen. Transformational Führende könnten z. B. noch so darauf bedacht sein, ihre Mitarbeiter*innen durch den Führungsstil der intellektuellen Anregung zu veränderungsbereiten und kreativen Verhaltensweisen anzuleiten (Kap. 12). Wenn die Mitarbeiter*innen allerdings mangels Zeit oder Ressourcen keine Möglichkeiten haben, neue oder alternative Lösungswege auszuprobieren, sind positive Effekte von Führungsverhalten nur schwer vorstellbar. Unterschiedliche Studien haben diese Interaktion genauer erforscht.

Herrmann et al. (2012) untersuchten das Zusammenspiel zwischen transformationalem Führungsverhalten und Merkmalen der Arbeit vor dem Hintergrund der Veränderungsbereitschaft der Mitarbeiter*innen. Letztere ist eine wichtige Voraussetzung für Innovationsleistungen im organisationalen Kontext (Gebert 2002). Die Auswertung der Befragungsdaten von 404 Verwaltungsmitarbeiter*innen zeigte einerseits einen direkten Effekt von transformationaler Führung auf die Veränderungsbereitschaft ($\beta = 0{,}18$, $p < 0{,}01$). Darüber hinaus konnten die Autoren auch zeigen, dass Führung besonders wirksam ist, wenn ein gutes Verhältnis unter den Mitarbeiter*innen herrscht und viel Handlungsspielraum gegeben ist. Abb. 3.5 und 3.6 veranschaulichen die Zusammenhänge für beide Moderatoren.

Man kann also erkennen, dass transformationale Führung dann besonders erfolgreich ist, wenn bestimmte Ressourcen wie Kollegialität unter Mitarbeiter*innen oder Handlungsspielraum bei der Arbeit gegeben sind. Fehlen diese beiden Aspekte, bleibt auch Führung ohne Erfolg.

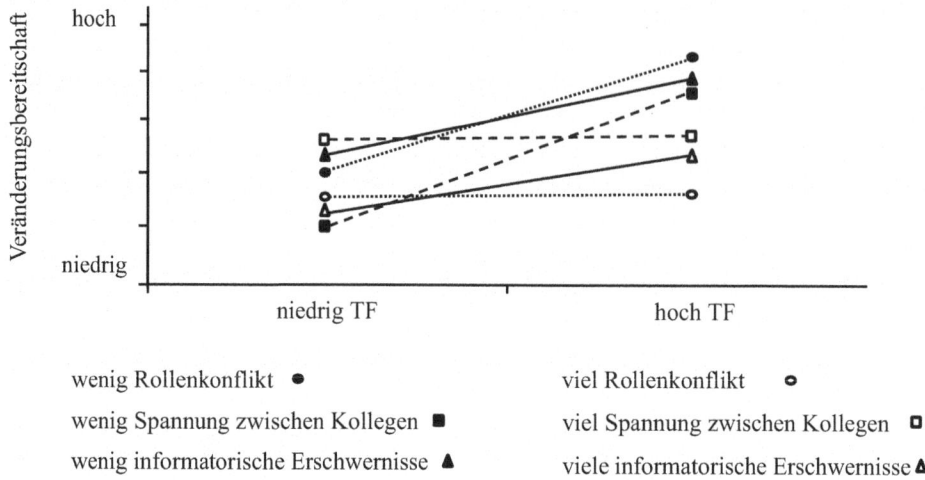

Abb. 3.5 Der Zusammenhang zwischen transformationaler Führung (TF) und Veränderungsbereitschaft; Spannungen zwischen Kollegen als Moderator in Anlehnung an Herrmann et al. (2012).

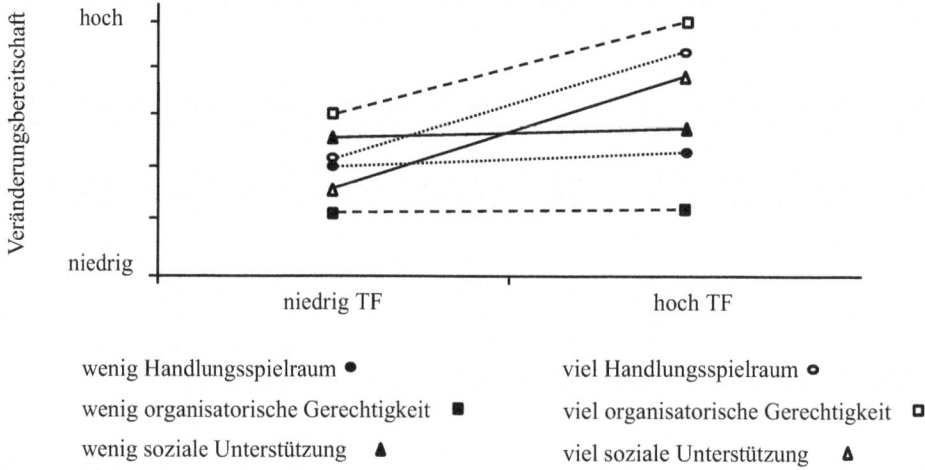

Abb. 3.6 Der Zusammenhang zwischen transformationaler Führung (TF) und Veränderungsbereitschaft; Handlungsspielraum als Moderator in Anlehnung an Herrmann et al. (2012).

Ein ähnliches Bild liefern Wang und Cheng (2010). Neben den bereits beschriebenen Effekten von Autonomie auf die Mitarbeiterkreativität zeigt ihre Studie auch, dass Autonomie den Zusammenhang zwischen Führungsverhalten (hier sog. benevolent/paternalistic leadership; Cheng et al. 2000) und Kreativität beeinflusst. Abb. 3.7 veranschaulicht, dass Führung dann die Mitarbeiterkreativität steigert, wenn Autonomie bei der Arbeit gegeben ist.

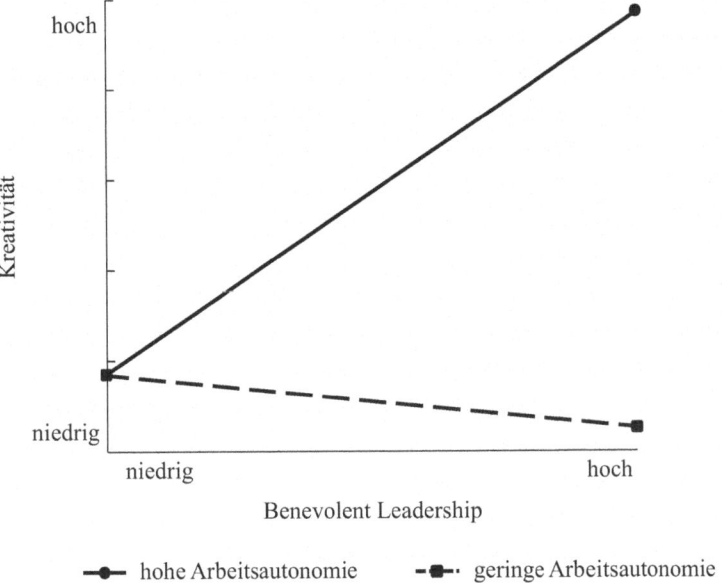

Abb. 3.7 Der Zusammenhang zwischen Führung und Kreativität; Autonomie als Moderator in Anlehnung an Wang und Cheng (2010).

Beraterstory
Die Engineering AG ist ein klassisches, traditionelles und mittelständisches Unternehmen, dessen Mitarbeiter*innen nach bewährten Methoden ihrer Arbeit nachgehen. Der Unternehmensführung ist aufgefallen, dass die Fluktuation im letzten Jahr angestiegen ist. Die Geschäftsführung holt sich deshalb Frau Dr. Wehmeier zur Hilfe, um eine Erklärung für die Kündigungen der Mitarbeiter*innen zu finden. Während ihrer Beobachtungen fällt der Beraterin auf, dass jede*r Mitarbeiter*in nur für sich arbeitet und kaum ein Austausch unter Kolleg*innen stattfindet. Jede*r Mitarbeiter*in erledigt seine/ihre eigene Teilaufgabe und gibt den Prozess weiter, ohne nachvollziehen zu können, wie sich der weitere Ablauf gestaltet. Frau Dr. Wehmeier schlägt nun eine Umstrukturierung der Arbeit vor, damit die Mitarbeiter*innen mehr in den gesamten Arbeitsprozess eingebunden werden. So werden nun Aufgaben neu strukturiert und Ansprechpartner*innen unter den Kolleg*innen ausgemacht, um Hilfestellungen zu geben und den Austausch anzukurbeln. Zusätzlich treffen sich einmal pro Monat alle Beteiligten, um sich im Rahmen von ca. 2-stündigen Meetings über aktuelle Probleme und Lösungsmöglichkeiten auszutauschen. So ist der/die einzelne Mitarbeiter*in nicht mehr auf sich alleine gestellt, wenn er/sie einer Herausforderung gegenübersteht, sondern kann sich an eine*n Kolleg*inen wenden und ebenfalls Rückmeldung über das Ergebnis seiner Arbeit bekommen. „Ich habe endlich das Gefühl, dass ich weiß, wofür ich meine Arbeit erledige und dass sie ein wichtiger Bestandteil ist", erklärt eine Mitarbeiterin, „und ich kann mich mit Kolleg*innen austauschen, das schafft alles mehr Abwechslung."

> **Anwendungsbeispiel aus der Praxis**
> Die US-amerikanische Firma Tower, die Stand-Up Paddle Boards herstellt, führte bereits vor einigen Jahren eine 30-Stunden-Woche bzw. einen Fünf-Stunden-Tag bei gleichbleibendem Gehalt ein. Neben der Erwartung von besserer Leistung und weniger Fehlern sowie mehr Motivation und weniger Krankheitsausfällen, versprach sich die Geschäftsleitung vor allem eine Steigerung der Kreativität, welche zu echter Innovation führt. Die Idee dahinter war vor allem die, dass mehr Freizeit zu mehr Kreativität führen kann, da innovative Einfälle häufig nicht vor dem Computer-Bildschirm passieren, sondern eher in der Natur oder beim Treffen mit Freunden. Die Maßnahme war erfolgreich und die Anzahl an innovativen Ideen der Mitarbeiter*innen stieg nach Einführung der 30-Stunde-Woche an. Weiter noch nutzten Mitarbeiter*innen ihre Freizeit, um sich freiwillig weiterzubilden und neue Technologien auszutesten (Lambers 2018).
>
> Dies zeigt, dass die Mitarbeiter*innen durch die Maßnahme verstärkt motiviert sind und außerhalb der regulären Arbeitszeit die Möglichkeit nutzen, ihre Kreativität auszuleben und innovative Ideen zu entwickeln. Eine Steigerung der Ressource Freizeit hat in diesem Beispiel demnach eine positive Auswirkung auf den Innovationsprozess in Unternehmen.

Literatur

Amabile TM (1996) Creativity and innovation in organizations. Harvard Business School, Boston

Amabile T, Gryskiewicz SS (1987) Creativity in the R & D laboratory. Center for Creative Leadership, Greensboro

Amabile TM, Mueller JS, Simpson WB, Hadley CN, Kramer SJ, Fleming L (2003) Time pressures and creativity in organizations: a longitudinal field study. HBS working paper 02–073

Axtell CM, Holman D, Unsworth KL, Wall TD, Waterson PE (2000) Shopfloor innovation: facilitating the suggestions and implementation of ideas. J Occup Organ Psychol 73:265–285

Baer M, Oldham GR (2006) The curvilinear relation between experienced creative time pressure and creativity: moderating effects of openness to experience and support for creativity. J Appl Psychol 91(4):963–970

Cheng BS, Chou LF, Farh JL (2000) A triad model of paternalistic leadership: the constructs and measurement. Indig Psychol Res Chin Soc 14(1):3–64

Deci EL, Ryan RM (1987) The support of autonomy and the control of behavior. J Pers Soc Psychol 53(6):1024–1037

Demerouti E, Bakker AB, Nachreiner F, Schaufeli WB (2001) The job demands-resources model of burnout. J Appl Psychol 86:499–512

Dorenbosch L, van Engen ML, Verhagen M (2005) On-the-job innovation: the impact of job design and human resource management through production ownership. Creat Innov Manage 14(2):129–141

Farr JL (1990) Facilitating individual role innovation. In: West MA, Farr JL (Hrsg) Innovation and creativity at work. Psychological and organizational strategies. Wiley, Chichester, S 207–230

Gebert D (2002) Führung und Innovation. Kohlhammer, Stuttgart

George JM, Zhou J (2001) When openness to experience and conscientiousness are related to creative behavior: an interactional approach. J Appl Psychol 86(3):513–524

Gruber HE, Davis SN (1988) Inching our way up Mount Olympus: the evolving-systems approach to creative thinking. In: Sternberg RJ (Hrsg) The nature of creativity. Contemporary psychological perspectives. Cambridge University Press, Cambridge, S 243–270

Hackman JR, Lawler EE (1971) Employee reactions to job characteristics. J Appl Psychol 55:259–286

Hackman JR, Oldham GR (1975) Development of the job diagnostic survey. J Appl Psychol 60:159–170

Hammond MM, Neff NL, Farr JL, Schwall AR, Zhao X (2011) Predictors of individual-level innovation at work: a meta-analysis. Psychol Aesthet Creat Arts 5:90–105

Herrmann D, Felfe J, Hardt J (2012) Transformationale Führung und Veränderungsbereitschaft. Z Arbeits- und Organisations psychol A & O 56(2):70–86

Hertel G, Stone DL, Johnson RD, Passmore J (Hrsg) (2017) The Wiley Blackwell handbook of the psychology of the Internet at work. Wiley, Hoboken

Lambers S (2018) Verkürzte Arbeitszeit – Kann weniger mehr bringen? managerSeminare – Das Weiterbildungsmagazin 240:30–38

McAllister DJ, Kamdar D, Morrison EW, Turban DB (2007) Disentangling role perceptions: how perceived role breadth, discretion, instrumentality, and efficacy relate to helping and taking charge. J Appl Psychol 92(5):1200–1211

Morrison EW, Phelps CC (1999) Taking charge at work: extrarole efforts to initiate workplace change. Acad Manage J 42(4):403–419

Mumford MD, Scott GM, Gaddis B, Strange JM (2002) Leading creative people: orchestrating expertise and relationships. Leadersh Quart 13(6):705–750

Oldham GR, Cummings A (1996) Employee creativity: personal and contextual factors at work. Acad Manage J 39(3):607–634

Poethke U, Klasmeier KN, Rowold J (2018) Herausforderungen und Perspektiven des Human Resource Management in einer digitalisierten Arbeitswelt. In: Surrey H, Tiberius V (Hrsg) Die Zukunft des Personalmanagements 2025: Herausforderungen, Lösungsansätze und Gestaltungsoptionen. vdf Hochschulverlag, Zürich, S 227–240

Poethke U, Klasmeier KN, Diebig M, Hartmann N, Rowold J (2019) Entwicklung eines Fragebogens zur Erfassung zentraler Merkmale der Arbeitswelt 4.0. Zeitschrift für Arbeits- und Organisationspsychologie 63(3):129–151

Ramamoorthy N, Flood PC, Slattery T, Sardessai R (2005) Determinants of innovative work behaviour: development and test of an integrated model. Creat Innov Manage 14(2):142–150

Rousseau DM (1990) New hire perceptions of their own and their employer's obligations: a study of psychological contracts. J Organ Behav 11(5):389–400

Schaufeli WB, Bakker AB (2004) Job demands, job resources, and their relationship with burnout and engagement: a multi-sample study. J Organ Behav 25:293–315

Scott WE (1966) Activation theory and task design. Organ Behavd Hum Perform 1(1):3–30

Shalley CE, Gilson LL (2004) What leaders need to know: a review of social and contextual factors that can foster or hinder creativity. Leadersh Quart 15(1):33–53

Tjosvold D, Tang MML, West M (2004) Reflexivity for team innovation in China: the contribution of goal interdependence. Gr Organ Manage 29(5):540–559

Wang A-C, Cheng B-S (2010) When does benevolent leadership lead to creativity? The moderating role of creative role identity and job autonomy. J Organ Behav 31(1):106–121

Zapf D, Semmer NK (2004) Streß und Gesundheit in Organisationen. In: Schuler H (Hrsg) Enzyklopädie der Psychologie. Serie III – Wirtschafts-, Organisations- und Arbeitspsychologie. Bd. 3: Organisationspsychologie – Grundlagen und Personalpsychologie. Hogrefe, Göttingen, S 1007–1112

Instrumente des Human Resource Managements

4

Kai C. Bormann und Catrin Millhoff

4.1 Einführung

Mit den Begriffen Innovation und Neuerungen verbindet man im betriebswirtschaftlichen Kontext schnell die Entwicklung neuartiger Produkte. Nach diesem Verständnis wäre Innovation eindeutig zu erfassen: die Anzahl der neu eingeführten Produkte oder der angemeldeten Patente müssten einen guten Überblick darüber vermitteln, wie innovativ eine Organisation bzw. die Mitarbeiter*innen dieser sind. Diese einfache Annahme ist vorschnell und falsch. Selbstverständlich sind angemeldete Patente gute Indikatoren für Innovation. Sie stellen dabei aber lediglich einen Bruchteil – die (sichtbarste) Spitze des Eisbergs – von dem dar, was innerhalb eines erfolgreichen Unternehmens in Bezug auf Kreativität und Innovation geschieht.

Wie lässt sich Innovation im Unternehmen nun effizient und umfassend messen? Die Beantwortung dieser Frage in Form eines systematischen Überblicks ist das Ziel dieses Kapitels. Zu Beginn werden in den folgenden beiden Abschnitten die Anforderungen an valide Messinstrumente mit den methodischen wie inhaltlichen Hürden und Herausforderungen gegenübergestellt. Im Anschluss daran wird eine Auswahl vorhandener Messinstrumente vorgestellt und kritisch diskutiert.

K. C. Bormann (✉)
Universität Bielefeld, Bielefeld, Deutschland
E-Mail: kai.bormann@uni-bielefeld.de

C. Millhoff
Zentrum für HochschulBildung, Lehrstuhl für Personalentwicklung und Veränderungsmanagement, Technische Universität Dortmund, Dortmund, Deutschland

© Springer-Verlag GmbH Deutschland, ein Teil von Springer Nature 2020
J. Rowold et al. (Hrsg.), *Innovationsförderndes Human Resource Management*,
https://doi.org/10.1007/978-3-662-61130-2_4

4.2 Hürden und Herausforderungen

Um die Anforderungen an verlässliche Messinstrumente im Innovationsbereich einschätzen zu können, ist es sinnvoll, zunächst einige Gedanken zu den grundsätzlichen Hürden und Herausforderungen festzuhalten. Folgende Kernaspekte sind dabei zu berücksichtigen:

Innovation beschränkt sich nicht auf den Forschungsbereich im Unternehmen (englisch: Research & Development, kurz R&D). Diese triviale Aussage ist ein *erster wichtiger Erkenntnisgewinn*, wenn es um die Auseinandersetzung mit der Messung von Innovation geht. Während innerhalb von Forschungsabteilungen eines Unternehmens die Arbeit an neuartigen und innovativen Produkten und Services den Kern der Tätigkeit ausmachen und für den wirtschaftlichen Erfolg von größter Bedeutung sind, ist Innovation in anderen Bereichen nicht minder wichtig. Ohne Weiterentwicklungen und Neuerungen kann es keine Effizienzsteigerung der Arbeit geben; Arbeitsabläufe bleiben umständlich, aufwendig und können auf die ausführenden Personen demotivierend wirken. Für die empirische Forschung und praktische HR-Arbeit müssen daher Instrumente zur Verfügung stehen, die dieser inhaltlichen Breite entsprechen. Anders ausgedrückt: Innovationen müssen sowohl im Hi-Tech Unternehmen erfassbar und untersuchbar sein als auch in der örtlichen Verwaltungseinrichtung in öffentlicher Hand.

Eine zweite wichtige Hürde bei der Erfassung von Innovation stellt die Verfügbarkeit möglicher und verlässlicher Datenquellen dar. Wie auch in vielen anderen Teilen organisationswissenschaftlicher Forschung, sind objektive Datenquellen sehr selten. Eine die Regel bestätigende Ausnahme ist die Anzahl der angemeldeten Patente, die in verschiedenen Arbeiten als verlässliches, „hartes" Kriterium des Innovationsprozesses angewandt wird. Abgesehen von dieser Ausnahme fehlen allerdings vergleichbare objektive Quellen für andere Unternehmensbereiche. Daher ist ein *zweiter zentraler Erkenntnisgewinn*, dass auf *subjektive Einschätzungen durch die betroffenen Personen(-gruppen) – meist in Form von Fragebogeninstrumenten* – zurückgegriffen werden muss.

Doch wer kann Innovation, Kreativität, etc. am besten beurteilen? Die intuitive Antwort ist: die Fokusperson selbst. Ist es das Ziel, die Kreativität einer Person zu erfassen, kann man diese mithilfe eines Fragebogens direkt befragen. Insbesondere bei inhaltlichen Aspekten, die stärker stabile Personenmerkmale (bspw. Persönlichkeit) betreffen, ist es das etablierte Vorgehen, auf Einschätzungen der- oder desjenigen zurückzugreifen. Allerdings birgt dieses Vorgehen gewisse Risiken. Das vordergründigste Problem ist die soziale Erwünschtheit im Antwortverhalten der Befragten. Personen werden beim Ausfüllen der Fragen das Bedürfnis haben – so die Befürchtung – sich möglichst positiv darzustellen bzw. so, wie sie meinen, es würde von ihnen erwartet. Um dieser Problematik zu entgehen, wird gerade bei Fragestellungen zu Mitarbeiter*innenverhalten versucht, andere Beurteilerquellen zu nutzen. Das gängigste Vorgehen ist der Fokus auf Fremdeinschätzungen durch die Personen bzw. Personengruppe, die gleichermaßen, wenn nicht noch genauer, das zu erfassende Verhalten beobachten können. Verwendet werden in der Regel Einschätzungen des direkten Vorgesetzten oder der Kolleg*innen der Fokusperson. *Der dritte* *wichtige Punkt* bei den Hürden der Erfassung von innovationsrelevanten Merkmalen ist daher *die Wahl der verlässlichsten Beurteilungsquelle*.

Ein vierter und letzter wichtiger Erkenntnisgewinn bezieht sich auf das Begriffsverständnis hinsichtlich Innovation: Letzteres umfasst sämtliche Schritte vom Aufkommen eines Problems, über die Generierung neuartiger Ideen, bis hin zur tatsächlichen Umsetzung. Beließe man es bei dem ausschließlichen Fokus auf der Umsetzung neuartiger Ideen – also der Innovation im engeren Sinn – würden wichtige Teilbeobachtungen herausfallen. Dies wäre fatal, da es für das Analysieren und Verstehen von Innovation(-sprozessen) gerade wichtig ist, vorherige Schritte zu sehen. Nur so ist es möglich, relevante Hindernisse (bspw. Merkmale der Arbeit oder der Person selbst) zu identifizieren, die dazu führen, dass nützliche Ideen bspw. nicht in sichtbaren organisationalen Veränderungen münden.

Das diesem Buch zugrunde liegende Rahmenmodell (vgl. Kap. 1) beschreibt Innovation als das Ergebnis eines Prozesses: Die Umsetzung und Realisierung neuwertiger Ideen basiert auf der Kreativität der beteiligten Personen; Kreativität einer Person wird wiederum von bestimmten personalen Merkmalen beeinflusst; dass bestimmte Merkmale einer Person Einfluss auf die Kreativität nehmen, setzt bestimmte personale und organisationale Bedingungen voraus. Das zweite wichtige Prozessmodell dieses Buches, das eingangs skizziert worden ist, ist das Modell von Amabile (1996). Es legt ein ähnliches Verständnis zugrunde, fokussiert dabei aber stärker auf den/die handelnde*n Akteur*in als auf die relevanten Rahmenbedingungen. Der Innovationsprozess stellt sich dabei – grob skizziert – folgendermaßen dar: Eine bestimmte Problemstellung setzt den Prozess in Gang, es folgt die Generierung und Bewertung von Ideen, der Prozess endet mit der Realisierung einer neuartigen Lösung. Wenn wir Innovation als derartigen Prozess verstehen, muss es der Anspruch an einschlägige Messinstrumente sein, alle diese Aspekte abzudecken bzw. je nach inhaltlichem Schwerpunkt, explizit auf einzelne Aspekte zu fokussieren. Aus diesem Grund wird bei jedem vorgestellten Instrument beschrieben, welcher Aspekt bzw. welche Aspekte innerhalb der beiden relevanten Innovationsprozesse angesprochen werden.

4.3 Beschreibungsmerkmale

Die zuvor geschilderten Hindernisse und Herausforderungen verdeutlichen, dass das Anwendungsfeld möglicher Instrumente ein sehr breites ist. Um ihre Vorstellung im nächsten Kapitel strukturiert zu gestalten, soll die Darstellung anhand einheitlicher Beschreibungsmerkmale erfolgen (s. auch Shalley et al. 2004, für Beschreibungsmerkmale von innovationsbezogenen Messinstrumenten). Diese sind: 1) erfasstes Konstrukt, 2) inhaltliche Anknüpfungspunkte innerhalb des Innovationsprozesses, 3) Umfang des Instruments, 4) kontextuale Adaptionsfähigkeit, 5) Forschungsschwerpunkt und 6) Einsatzfelder in der empirischen Innovationsforschung.

(1) **Erfasstes Konstrukt** In der Regel erfasst jedes vorgestellte Instrument ein zuvor genau definiertes *inhaltliches Konstrukt*. Als Einführung wird das jeweils abgebildete Konstrukt inhaltlich kurz skizziert.
(2) **Inhaltliche Anknüpfungspunkte innerhalb des Innovationsprozesses** Welche *inhaltlichen Phasen des Innovationsprozesses* werden vor dem Hintergrund der anfangs vorgestellten Rahmenmodelle erfasst? Bei manchen Instrumenten wird diese Frage aufgrund des erfassten Konstrukts selbsterklärend sein, in anderen Fällen ist ein ergänzender Gedanke notwendig.
(3) **Umfang des Instruments** Mit der inhaltlichen Darstellung des jeweiligen Konstrukts wird auch deutlich, welchen Umfang das Instrument hat: Ist es ein *Einzelmaß*, erfasst es also einen Einzelaspekt innerhalb des Innovationsprozesses? Oder ist es ein *Gesamtmaß*, mit dem gleich mehrere Phasen des Prozesses entweder in Form unterschiedlicher Sub-Facetten des Instruments erfasst werden oder einen Gesamt-Innovationsfaktor bilden?
(4) **Kontextuale Adaptionsfähigkeit** Lässt sich das jeweilige Instrument auf *unterschiedliche organisationale Kontexte* (intra-organisational, bspw. HRM, Einkauf und Produktion; inter-organisational, bspw. Dienstleistungsunternehmen und Verwaltungseinrichtung) *anwenden*?
(5) **Forschungsschwerpunkt** Welche Forschungsfragen werden mithilfe des Instruments untersucht? Wenn es das Ziel ist, innovationsfördernde und -hemmende Größen zu identifizieren (bspw. Führungsverhalten des Vorgesetzten, stabile Personeneigenschaften), geht es um (empirisch quantitative) *Zusammenhangsfragestellungen*. Geht es demgegenüber um Fragen der Personalauswahl, fällt die Verwendung entsprechender Instrumente in den Bereich der *Personaldiagnostik*.
(6) **Einsatzfelder in der empirischen Innovationsforschung** *In welchen Studien ist das Instrument bereits verwendet worden?* Was war die inhaltliche Fragestellung, die mithilfe des jeweiligen Instruments beantwortet werden konnte? Was waren zentrale Befunde?

4.4 Vorstellung der Instrumente

Nun folgend werden neun Instrumente vorgestellt, die allesamt Aspekte des Innovationsprozesses abdecken. Ein Großteil dieser Erhebungsmethoden sind Fragebogeninstrumente. Selbstverständlich erhebt die präsentierte Auswahl nicht den Anspruch auf Vollständigkeit (für weitere Instrumente siehe bspw.: Goldsmith 1991; Anderson und West 1996). Das wichtigste Kriterium für die Aufnahme in dieses Kapitel lag neben dem inhaltlichen Schwerpunkt insbesondere auf der Güte des Instruments. Es werden nur Instrumente vorgestellt, deren Validität und Reliabilität in früheren Arbeiten bestätigt werden konnte.

4.4.1 Fragebogen zur Erhebung des Taking Charge Behavior nach Morrison und Phelps (1999)

In vielen Fällen des Arbeitsalltags gehen Innovationen – gerade dann, wenn es nicht um den R&D Bereich geht – daraus hervor, dass Probleme bspw. bei der Ausübung bestimmter Arbeitsschritte erkannt und behoben worden sind. Meist beginnt Innovation also mit einer konkreten Problemstellung. Aus Unternehmenssicht ist es hier von zentraler Bedeutung, dass Mitarbeiter*innen die Probleme nicht nur erkennen, sondern auch bereit sind, diese durch den eigenen Einsatz anzugehen und zu lösen. Dies gilt gerade auch dann, wenn dieser Extraeinsatz nicht Teil der eigentlichen Tätigkeit im engeren Sinne ist. Dieser veränderungsorientierte Extraeinsatz bzw. diese Eigeninitiative wird innerhalb organisationswissenschaftlicher Literatur unter anderem mit dem sogenannten „Taking Charge Behavior" diskutiert und erforscht.

Ein erstes wichtiges Instrument, das besagtes Taking Charge Behavior erfasst und daher an dieser Stelle vorgestellt werden soll, ist der Fragebogen von Morrison und Phelps (1999). Tab. 4.1 liefert die wichtigsten Eckdaten zu dem Instrument.

Mit der Erhebung des veränderungsorientierten Extraeinsatzes bildet der Fragebogen ein Einzelmaß. Bezogen auf den Innovationsprozess liegt der Fokus auf der Problemidentifizierung. Taking Charge Behavior lässt sich innerhalb jedes Kontextes eines Unternehmens erfassen. Eine Auswahl an Items, die zur Erfassung des Konstrukts verwendet werden, zeigt Tab. 4.2.

Der vorgestellte Fragebogen wurde bereits in verschiedenen Studien genutzt. So konnte mit dessen Hilfe der Einfluss von Merkmalen der Arbeit (bspw. der Ganzheitlichkeit einer Tätigkeit; McAllister et al. 2007) oder von stabilen Personeneigenschaften (bspw. Selbst-

Tab. 4.1 Eckdaten des Fragebogens zur Erfassung des Taking Charge Behavior

Steckbrief	
Name	Fragebogen zur Erfassung des Taking Charge Behavior
Quelle	Morrison und Phelps (1999)
Art des Instruments	Fragebogen
Mögliche Rater	Selbsteinschätzung durch Mitarbeiter*innen; Fremdeinschätzung durch Vorgesetzte oder Kolleg*innen
Erfasstes Konstrukt	Taking Charge Behavior
Umfang	Einzelmaß
Welche Aspekte des Innovationsprozesses?	Initiation des innovativen Prozesses (Phase I, Amabile 1996)
Kontextuale Adaptionsfähigkeit	Ja
Facetten	–
Anzahl Items	10
Forschungsschwerpunkt	Zusammenhangsfragestellungen

Tab. 4.2 Ausgewählte Items des Fragebogens zur Erfassung des Taking Charge Behavior

Beispielitems (im englischen Original)
This person often tries to eliminate redundant or unnecessary procedures.
This person often tries to adopt improved procedures for doing his or her job.
This person often tries to introduce new structures, technologies, or approaches to improve efficiency.

wirksamkeit; Morrison und Phelps 1999) im Innovationsprozess nachgewiesen werden. Zudem zeigt sich in einer Studie von Burnett, Chiaburu, Shapiro und Li (2015), dass die wahrgenommene organisationale Unterstützung das Taking Charge Behavior bis zu einem gewissen Schwellenwert fördert. Bei zuviel Unterstützung nimmt das Taking Charge Behavior jedoch wieder ab, da die Initiative der Mitarbeiter*innen, Extraeinsatz zu zeigen, abgeschwächt wird.

4.4.2 Proactive Personality Scale nach Seibert et al. (1999); Bateman und Crant (1993)

Menschen reagieren unterschiedlich auf Herausforderungen. Während die einen aktiv nach Lösungen und Verbesserungen suchen, um bestimmte Ziele effizient zu erreichen, tendieren andere dazu, an angestammten Prozessen und Strukturen festzuhalten, um eventuelle Fehler bis zur Erreichung des Ziels möglichst zu vermeiden. Dass diese Unterschiede in gewissem Maße auch auf stabile Merkmale einer Person zurückzuführen sind, verfolgen verschiedene Stränge innerhalb organisationswissenschaftlicher Forschung. Eine relevante Größe für den Innovationsprozess ist entsprechend die sogenannte Proaktivität einer Person. Zeichnet sich jemand durch eine hohe Proaktivität aus, so sucht er/sie aktiv nach Möglichkeiten, sein/ihr arbeitsbezogenes Umfeld positiv zu beeinflussen und Veränderungen auf den Weg zu bringen. Hindernisse motivieren dabei mehr als dass sie abschrecken. Die individuelle Proaktivität wird als Aspekt der Persönlichkeit verstanden (Bateman und Crant 1993), ähnlich den Big Five (vgl. Kap. 2). Tab. 4.3 fasst die wichtigsten Eckdaten der Proactive Personality Scale zusammen, die von Seibert et al. (1999) entwickelt worden ist. Der hier vorgestellte Fragebogen ist eine Kurzversion des Instruments von Bateman und Crant (1993).

In Bezug auf die beiden zentralen Rahmenmodelle stellt der Fragebogen ein Einzelmaß dar. Die Erfassung der Proaktivität einer Person reiht sich in den Bereich der Voraussetzungen für Innovation ein. Eine hohe Ausprägung auf dieser Skala ist eine gute Ausgangsbasis dafür, dass ein Organisationsmitglied tatsächlich kreativ und innovativ handelt. Die Anwendung des Instruments ist in den unterschiedlichsten Organisationsbereichen möglich. Zum besseren Verständnis zeigt Tab. 4.4 Beispielfragen aus dem Fragebogen.

Anders als bspw. das Taking Charge Behavior stellt die Proaktivität ein stabiles Merkmal einer Person dar. Entsprechend findet es innerhalb empirischer Innovationsforschung eher als unabhängige Variable denn als Kriterium Anwendung. Crant (1996) zeigte, dass

Tab. 4.3 Eckdaten zur Proactive Personality Scale nach Seibert et al. (1999)

Steckbrief	
Name	Proactive Personality Scale
Quelle	Kurzversion: Seibert et al. (1999); Original Version: Bateman und Crant (1993)
Art des Instruments	Fragebogen
Mögliche Rater	Selbsteinschätzung durch Organisationsmitglieder
Erfasstes Konstrukt	Proaktivität als Persönlichkeitsmerkmal
Umfang	Einzelmaß
Welche Aspekte des Innovationsprozesses?	Voraussetzung für Innovation; Ideengenerierung (Phase I und III, Amabile 1996)
Kontextuale Adaptionsfähigkeit	Ja
Facetten	–
Anzahl Items	10
Forschungsschwerpunkt	Zusammenhangsfragestellungen und Diagnostik

Tab. 4.4 Ausgewählte Items der Proactive Personality Scale

Beispielitems (im englischen Original)
I am constantly on the lookout for new ways to improve my life.
Nothing is more exciting than seeing my ideas turn into reality.
If I believe in an idea, no obstacle will prevent me from making it happen.

Studierende mit hoch ausgeprägter Proaktivität stärkere Ambitionen als Unternehmer*innen haben, als solche Studierende, bei denen Proaktivität geringer ausgeprägt ist. In der Tat setzt sich diese Orientierung auch im späteren Berufsleben durch. Kickul und Gundry (2002) untersuchten den Zusammenhang zwischen proaktiver Persönlichkeit von Unternehmenseigner*innen und der Innovationsorientierung der Unternehmen. Ihre Analysen bestätigen den angenommenen positiven Zusammenhang zwischen Proaktivität und verschiedenen Innovationsindikatoren (bspw. Anzahl neuer Märkte, neue Produkte, neue Distributionswege, etc.). Fuller et al. (2009) konnten in ihrer Meta-Analyse über 109 Studien zur proaktiven Persönlichkeit bestätigen, dass proaktive Persönlichkeit positiv mit unternehmerischen Kenntnissen zusammenhängt. Zudem zeigte sich in ihrer Meta-Analyse, dass die beiden Messinstrumente in der Original- und Kurzversion gute interne Konsistenzen aufweisen sowie, dass die proaktive Persönlichkeit ein stabiler Prädiktor für proaktive Verhaltensweisen ist. Es zeigten sich signifikante Zusammenhänge mit den Konstrukten Taking Charge Behavior, Voice, Kreativität und Networking. Zudem hängt Proaktivität positiv mit subjektiven Karriereerfolgskriterien, wie Karrierezufriedenheit, Arbeitszufriedenheit, wahrgenommenem Karriereerfolg und objektiven Karriereerfolgskriterien, wie Gehalt und Beförderung, zusammen. Desweiteren hängt Proaktivität mit Arbeitsleistung, arbeitsbezogenen Variablen, wie Karriere-Selbstwirksamkeit oder Zielorientierung, und mit drei der Big-Five-Persönlichkeitsmerkmale (Extraversion, Offenheit für Erfahrungen, Gewissenhaftigkeit) positiv und negativ mit Neurotizismus zusammen.

4.4.3 Kirton Adaption-Innovation Inventory nach Kirton (1976)

Ähnlich wie schon die Proactive Personality Scale, setzt auch der Kirton Adaption-Innovation Inventory (KAI) an stabilen Personenmerkmalen als innovationsfördernd- bzw. hemmend an. Menschen unterscheiden sich in ihrer grundlegenden Veranlagung, wie sie Aufgaben angehen. Der theoretischen Basis des Instruments folgend, gibt es zwei Extreme: Zum einen den/die *Innovator*in*, der/die jede Aufgabe auf neue und unterschiedliche Art und Weise bearbeitet und löst und zum anderen den/die *Adaptor*in*, der/die sich bei der Bearbeitung von Aufgaben möglichst auf vergangene Erfahrungen verlässt und auch neue Probleme mit angestammten Lösungswegen zu meistern versucht (Bobic et al. 1999; Kirton 1976). Während eine gewisse Nähe zu dem Konstrukt der Proaktivität einer Person und dem entsprechenden Messinstrument durchaus gegeben ist, hebt sich der KAI gerade durch seine Multidimensionalität ab. Es werden die drei voneinander unabhängigen Facetten a) Regel und Gruppenkonformität, b) Effizienz und c) Drang nach Neuem unterschieden.

Regel und Gruppenkonformität beschreibt, inwieweit Personen gewillt sind, sich innerhalb bestehender Strukturen konform zu verhalten (Adaptor*in) oder dazu zu neigen, bestehende Regularien und Annahmen zu übergehen (Innovator*in).

Effizienz beschreibt Aspekte wie Präzision und Zuverlässigkeit in der Erledigung der Arbeit.

Drang nach Neuem (im englischen Original: Sufficiency vs. proliferation of originality) beschreibt inwieweit eine Person neuartige Ideen generiert.

Tab. 4.5 fasst die wesentlichen Informationen zum KAI zusammen.

Auch wenn im Fragebogen unterschiedliche Facetten erfasst werden, stellt der KAI in Bezug auf die beiden Rahmenmodelle ein Einzelmaß dar, da sich der inhaltliche Fokus auf die personalen Voraussetzungen bzw. die Ideengenerierung beschränkt. Die Anwendung

Tab. 4.5 Eckdaten zum Kirton Adaption-Innovation Inventory nach Kirton (1976)

Steckbrief	
Name	Kirton Adaption-Innovation Inventory (KAI)
Quelle	Kirton (1976)
Art des Instruments	Fragebogen
Mögliche Rater	Selbsteinschätzung durch Organisationsmitglieder
Erfasstes Konstrukt	Persönliche Veranlagung zur Innovation bzw. Adaption
Umfang	Einzelmaß
Welche Aspekte des Innovationsprozesses?	Voraussetzung für Innovation; Ideengenerierung (Erstes Element, Rahmenmodell aus Kapitel 1; Phase I und III, Amabile 1996)
Kontextuale Adaptionsfähigkeit	Ja
Facetten	(1) Konformität, (2) Effizienz, (3) Originalität
Anzahl Items	32
Forschungsschwerpunkt	Zusammenhangsfragestellungen und Diagnostik

Tab. 4.6 Ausgewählte Items des Kirton Adaption-Innovation Inventory

Facette bzw. Dimension	Beispielitem (im englischen Original)
Regel und Gruppenkonformität	I am a person who prefers colleagues who never rock the boat.
	I am a person who likes the protection of precise instructions.
Effizienz	I am a person who is thorough.
	I am a person who is consistent.
Drang nach Neuem	I am a person who has original ideas.
	I am a person who is stimulating.

des Instruments ist wiederum nicht auf einzelne Bereiche einer Organisation beschränkt. In Tab. 4.6 sind Beispielitems, zugeordnet zu den Facetten, zu sehen.

Bobic et al. (1999) konnten zeigen, dass Teams dann die beste Leistung erbringen, wenn in ihrer Zusammensetzung die Veranlagung zu Innovation und Adaption unter den Mitgliedern ausgeglichen ist.

4.4.4 Fragebogen zur Erhebung von Kreativität nach Zhou und George (2001)

Die zuvor vorgestellten Instrumente erfassen Aspekte, die den Beginn des Innovationsprozesses beschreiben. Nun gehen wir einen Schritt weiter. Eine notwendige Bedingung für die Umsetzung von Innovationen ist die Generierung neuartiger Ideen. Ohne sie kann es nicht zu Innovation kommen. Ob Personen in der Lage sind, Lösungswege für neuartige Probleme zu finden, hängt von ihrer Kreativität ab. In Kap. 12 wird daher das Thema Kreativität ausführlich beschrieben. Auch dort werden Instrumente vorgestellt. Der Unterschied zum aktuellen Kapitel liegt darin, dass hier Instrumente beschrieben werden, die es ermöglichen, Kreativität zu messen, während in Kap. 12 Instrumente zur Förderung der individuellen Kreativität thematisiert werden.

In der einschlägigen Forschung findet man verschiedene Instrumente, die Kreativität über wenige Items als Gesamtkonstrukt erheben. Eines ist der Fragebogen von Zhou und George (2001). Tab. 4.7 fasst die zentralen Informationen zusammen.

In den Eigenschaften ähnelt der Fragebogen den zuvor behandelten Instrumenten. Er ist mit der Betrachtung der Kreativität ein Einzelmaß und ermöglicht den Einsatz in sämtlichen organisationalen Kontexten. Tab. 4.8 zeigt einzelne Items als Beispiel.

Der Vorteil einer solch kurzen Skala liegt in dem Potenzial zur Anwendung in der empirischen Forschung. So konnte mit Hilfe des Fragebogens der Einfluss von Arbeitsunzufriedenheit (Zhou und George 2001) oder von Führungsverhaltensweisen der Führungskraft (Gumusluoglu und Ilsev 2009) auf die Kreativität der Mitarbeiter*innen gezeigt werden. In einer Studie von Kark, Van Dijk und Vashdi (2018) zeigten sich zum Beispiel die gegensätzlichen Effekte von transformationaler und transaktionaler Führung auf die Mitarbeiter*innenkreativität. Und zwar untersuchten die Autoren die Wirkung der Führungsstile anhand der Regulationsfokustheorie, die die Entstehung motivierten Verhaltens anhand zweier unterschiedlicher

Tab. 4.7 Eckdaten zum Fragebogen zur Erfassung von Kreativität nach Zhou und George (2001)

Steckbrief	
Name	Fragebogen zur Erfassung der Kreativität
Quelle	Zhou und George (2001)
Art des Instruments	Fragebogen
Mögliche Rater	Selbsteinschätzung durch Mitarbeiter*innen; Fremdeinschätzung durch Vorgesetzte oder Kolleg*innen
Erfasstes Konstrukt	Kreativität
Umfang	Einzelmaß
Welche Aspekte des Innovationsprozesses?	Kreativität; Ideengenerierung (Drittes Element, Rahmenmodell aus Kapitel 1; Phase III, Amabile 1996)
Kontextuale Adaptionsfähigkeit	Ja
Facetten	–
Anzahl Items	13
Forschungsschwerpunkt	Zusammenhangsfragestellungen

Tab. 4.8 Ausgewählte Items des Fragebogens zur Erfassung von Kreativität nach Zhou und George (2001)

Beispielitems (im englischen Original)
Often has a fresh approach to problems.
Comes up with new and practical ideas to improve performance.
Suggests new ways of performing work tasks.

Fokusse erklärt. Es zeigte sich, dass transformationale Führung über den Promotionsfokus eines/r Mitarbeiters*in, das heißt dem Anstreben von positiven Ergebnissen, positiv auf Kreativität wirkt. Die transaktionale Führung hingegen wirkt über den Präventionsfokus, das heißt dem Vermeiden negativer Ergebnisse, negativ auf die Kreativität von Mitarbeiter*innen.

4.4.5 Torrance Tests of Creative Thinking (TTCT) nach Torrance (1966, 1990)

Kreativität als Gesamtmaß erheben lässt sich mit dem Fragebogen von Zhou und George (2001). Der Informationsverlust, den die Autoren aber in Kauf nehmen, bezieht sich auf die von ihnen gewählte Eindimensionalität von Kreativität. Dass sich Kreativität durchaus als facettenreich darstellt, hebt Torrance (1990) hervor. Insgesamt unterscheidet er fünf (Teil-)Aspekte der Kreativität (siehe auch Kim 2006).

(a) Leichtigkeit (engl. fluency) bei der Ideengenerierung beschreibt die grundsätzliche Fähigkeit, neue Ideen – zunächst unabhängig von konkretem Nutzen – zu generieren.
(b) Originalität (engl. originality) meint hier insbesondere die Originalität von Ideen. Ist eine Person in der Lage, neben offensichtlicheren Lösungswegen auch ungewöhnliche und einzigartige Wege einzuschlagen?

(c) Ausarbeitung (engl. elaboration) beschreibt das Maß, mit dem eine Person eigene Ideen nicht nur generiert, sondern auch weiterentwickelt.
(d) Abstraktionsfähigkeit (engl. abstractness of titles) ist ein weiterer Bestandteil der Kreativität. Abstraktion erleichtert es, das „große Ganze" einer Problemstellung zu erkennen. So werden Anknüpfungspunkte für Lösungswege offengelegt.
(e) Widerstandsfähigkeit gegen vorschnelle Schlussfolgerungen (engl. resistance to premature closure) beschreibt die Offenheit einer Person. Wichtig ist es demnach, nicht nur viele, sondern auch sehr unterschiedliche Informationen zu verarbeiten und zu kombinieren.

Um diese Multidimensionalität der Kreativität abbilden zu können, hat Torrance den nach ihm benannten Torrance Test of Creative Thinking (TTCT) entwickelt (1966, 1990). Dieses Instrument unterscheidet sich erheblich von den bisher vorgestellten. Das wichtigste Unterscheidungsmerkmal ist der Umstand, dass es sich beim TTCT nicht um ein klassisches Fragebogeninstrument handelt. Die Probanden werden vielmehr quasi-experimentell mit einer zeichnerischen Aufgabenstellung konfrontiert. Sie erhalten vorgegebene Zeichnungen und Bilder und müssen diese bspw. vervollständigen oder neu kombinieren (siehe Funke 2000 für konkrete Beispielaufgaben aus dem Test). Auf Grundlage der eigenen Zeichnungen lässt sich anschließend auf Basis eines Punktesystems ein Kreativitätswert hinsichtlich der einzelnen Dimensionen errechnen. Tab. 4.9 fasst die wesentlichen Informationen zum TTCT zusammen.

4.4.6 Anzahl angemeldeter Patente

Obwohl im Zuge dieses Kapitels wiederholt darauf hingewiesen worden ist, dass Innovation nicht mit der Anzahl angemeldeter Patente gleichzusetzen ist, soll letzterer Aspekt nicht vollständig außer Acht gelassen werden. Ohne Zweifel stellt die Anzahl

Tab. 4.9 Eckdaten zum Torrance Tests of Creative Thinking

Steckbrief	
Name	Fragebogen zur Erfassung der Kreativität
Quelle	Torrance (1966, 1990)
Art des Instruments	Quasi-Experiment
Erfasstes Konstrukt	Kreativität
Umfang	Einzelmaß
Welche Aspekte des Innovationsprozesses?	Kreativität; Ideengenerierung (Drittes Element, Rahmenmodell aus Kapitel 1; Phase III, Amabile 1996)
Kontextuale Adaptionsfähigkeit	Ja
Facetten	(1) Leichtigkeit, (2) Originalität, (3) Ausarbeitung, (4) Abstraktionsfähigkeit, (5) Offenheit
Forschungsschwerpunkt	Diagnostik

Tab. 4.10 Eckdaten zur Erhebung von Innovation mittels der Anzahl angemeldeter Patente

Steckbrief	
Art des Instruments	Objektives quantitatives Kriterium
Erfasstes Konstrukt	Innovationsleistung
Umfang	Einzelmaß
Welche Aspekte des Innovationsprozesses?	Innovation im engeren Sinn; Ideenimplementation (Viertes Element, Rahmenmodell aus Kapitel 1)
Kontextuale Adaptionsfähigkeit	Nein
Forschungsschwerpunkt	Zusammenhangsfragestellungen

angemeldeter Patente ein objektives Maß umgesetzter Innovation dar. Bei der Betrachtung als Instrument zur Erfassung von Innovation müssen allerdings gewisse Limitationen in der Anwendung zwingend bedacht werden: Nur in sehr bestimmten Kontexten bietet sich dieses Maß an. Das klassischste Beispiel ist die Untersuchung von innovationsfördernden bzw. -hemmenden Aspekten im Bereich Forschung und Entwicklung. Die Anzahl angemeldeter Patente bildet nur einen kleinen Teil der Innovationsleistung ab und kann sinnvoll mit weiteren Instrumenten verbunden werden (vgl. Achilladelis et al. 1987; Griliches 1998). Tab. 4.10 stellt die zentralen Merkmale dieser Form der Innovationserfassung dar.

Eine Studie, in der Innovation erfolgreich über die Anzahl angemeldeter Patente erfasst worden ist, stammt von Ahuja (2000). Er untersuchte den Einfluss der Vernetzung von Unternehmen auf die Innovationsfähigkeit. Der Problematik bezüglich der Validität von Patenten als Innovationsindikator bewusst, wurden ausschließlich Unternehmen der Chemieindustrie betrachtet. Gerade in dieser Branche kommt dem Schutz der eigenen Ideen eine besondere Bedeutung zu. Die Patentierung eigener Ideen ist daher branchenweit der zentrale Innovations- und entsprechend Erfolgsfaktor (Levin et al. 1987).

4.4.7 Diagnose berufsbezogener Kreativität (DBK-PG) von Schuler et al. (2013)

Sämtliche bisher vorgestellten Instrumente haben gemein, dass sie ausschließlich Einzelaspekte des Innovationsprozesses ansprechen. Bei anderen Instrumenten ist das Erfassungsspektrum ein sehr viel größeres. Diese Gesamtmaße erfassen den vollständigen Innovationsprozess, d. h. von Problemstellung, über Ideengenerierung bis hin zur Implementierung. Die folgend vorgestellten Instrumente unterscheiden sich je nach inhaltlichem Fokus. Bspw. können sie innerhalb des Innovationsprozesses eine strikte Fokusperson-bezogene Sichtweise wählen, d. h. es werden ausschließlich Merkmale einer Person berücksichtigt, während äußere Einflussfaktoren (wie z. B. Kolleg*innenverhalten) außen vor bleiben. Andere Gesamtmaße wiederum schließen diese externe Perspektive explizit mit ein.

Tab. 4.11 Eckdaten zum DBK-PG nach Schuler et al. (2013)

Steckbrief	
Name	Diagnose berufsbezogener Kreativität (DBK-PG)
Quelle	–
Art des Instruments	Fragebogen
Mögliche Rater	Selbsteinschätzung durch Organisationsmitglieder
Erfasstes Konstrukt	Berufsbezogene Kreativität
Umfang	Gesamtmaß
Welche Aspekte des Innovationsprozesses?	Abdeckung des gesamten Innovationsprozesses; ausgenommen sind externe Einflüsse (wie Merkmale der Arbeit, Einfluss durch Kolleg*innen und Vorgesetzte)
Kontextuale Adaptionsfähigkeit	Ja
Facetten	(1) Problementdeckung, (2) Informationssuche, -aufnahme und -bewertung, (3) Kombination von Konzepten, (4) Ideenfindung, (5) Ausarbeitung und Entwicklung eines Lösungsansatzes, (6) Ideenbewertung, (7) Anpassung und Umsetzung, (8) Implementierung
Anzahl Items	49 Aufgaben
Forschungsschwerpunkt	Diagnostik

Ein Instrument, das den Innovationsprozess komplett umfasst und sich dabei ausschließlich auf die Berücksichtigung der Fokusperson selbst beschränkt, ist der Fragebogen zur Diagnose berufsbezogener Kreativität (DBK-PG) von Schuler et al. (2013). Im Unterschied zu den bisherigen Fragebogen-Instrumenten liegt das Hauptanwendungsfeld des DBK-PG weniger in großflächiger quantitativer Forschung als vielmehr auf Aspekten der Personalauswahl und -entwicklung (Diagnostik). Dies erklärt auch den wesentlich größeren Umfang des Instruments (42 Aufgaben, Bearbeitungszeit über 30 min). Tab. 4.11 zeigt alle wichtigen Eckdaten.

4.4.8 Fragebogen zum Innovationsklima (INNO) von Kauffeld et al. (2004)

Der Fragebogen zum Innovationsklima von Kauffeld et al. (2004) kombiniert Aspekte des Innovationsprozesses wie kontinuierliche Reflexion von Strukturen und Prozessen bzw. der konsequenten Implementierung von Ideen mit flankierenden Einflussgrößen, die den Innovationsprozess im engeren Sinne unterstützen (bspw. Führungsverhalten und Dokumentation). Das Gesamtbild, das so entsteht, wird von den Autor*innen unter dem Oberbegriff Innovationsklima zusammengefasst. Es geht hier also insgesamt um die Voraussetzungen für Innovation, nicht aber um Innovation selbst. Theoretische Referenz des Fragebogens ist insbesondere der sogenannte Center-of-Excellence-Ansatz von Frey und Kollegen, dessen

Absicht es ist, Kernmerkmale innovativer Unternehmen (im Gegensatz zu stagnierenden Unternehmen) zu identifizieren (Frey 1998; Frey und Schulz-Hardt 2000). Insgesamt werden vier Dimensionen des Innovationsklimas unterschieden: aktivierende Führung, kontinuierliche Reflexion, konsequente Implementation und professionelle Dokumentation.

Aktivierende Führung: Der Führungskraft kommt im Innovationsprozess eine zentrale Rolle zu. Ihre Aufgabe ist es, Mitarbeiter*innen wertzuschätzen, sie zu fordern und zu fördern.

Kontinuierliche Reflexion: Nach Höchstleistung strebende Unternehmen sind ferner von einer Firmenphilosophie geprägt, die die ständige Verbesserung von Prozessen und Strukturen hervorheben. Im Vordergrund stehen bspw. eine konstruktive Fehler- und Lernkultur sowie eine Improvisations- und Experimentalkultur.

Konsequente Implementierung: Veränderungsprozesse müssen nicht nur angestoßen, sondern auch umgesetzt werden. Dies setzt voraus, dass sich Mitglieder der Organisation zur Umsetzung entwickelter Neuerungen verpflichtet fühlen.

Professionelle Dokumentation: Professionalitätskultur ist ein weiteres wichtiges innovationsförderndes Merkmal. Durch die systematische Dokumentation von Mängeln oder Reklamationen kann ein hoher Level an Transparenz und Verlässlichkeit erreicht werden.

Tab. 4.12 fasst die wichtigsten Informationen zum INNO zusammen.

Die Erhebung sowohl der vier Facetten als auch des Gesamtwertes des Innovationsklimas ist in den verschiedensten Kontexten möglich, was den INNO zu einem sehr adaptiven Instrument macht. Die Anwendung wird durch die Kürze mit nur 21 Fragen zusätzlich vereinfacht. Tab. 4.13 zeigt Beispielfragen zugeordnet zu den Teildimensionen.

Tab. 4.12 Eckdaten des Fragebogens zum Innovationsklima

Steckbrief	
Name	Fragebogen zum Innovationsklima (INNO)
Quelle	Kauffeld et al. (2004)
Art des Instruments	Fragebogen
Mögliche Rater	Einschätzung durch Organisationsmitglieder
Erfasstes Konstrukt	Innovationsklima
Umfang	Gesamtmaß
Welche Aspekte des Innovationsprozesses?	Voraussetzung für Innovation; Ideengenerierung und -bewertung; nicht aber Innovation selbst (Erstes Element, Rahmenmodell aus Kapitel 1; Phasen I bis IV, Amabile, 1996)
Kontextuale Adaptionsfähigkeit	Ja
Facetten	(1) Aktivierende Führung, (2) Kontinuierliche Reflexion, (3) Konsequente Implementation, (4) Professionelle Dokumentation
Anzahl Items	21
Forschungsschwerpunkt	Zusammenhangsfragestellungen

Tab. 4.13 Ausgewählte Items des INNO

Facette bzw. Dimension	Beispielitem
Aktivierende Führung	Mein Vorgesetzter interessiert sich für meine Verbesserungsvorschläge.
Kontinuierliche Reflexion	Es ist wichtig, dass jeder Mitarbeiter Verbesserungsvorschläge macht.
Konsequente Implementation	Wir haben viele Ideen, aber wir setzen sie nicht um (invertiert).
Professionelle Dokumentation	Umgesetzte Verbesserungsvorschläge werden veröffentlicht (z. B. in einer Werkszeitung, am schwarzen Brett etc.).

Die naheliegende Annahme ist, dass das Innovationsklima als Voraussetzung für Innovation tatsächlich auch zu dieser führt. In der Validierungsstudie konnten Kauffeld et al. (2004) ebendies bestätigen und zeigen, dass sowohl die Produkt- als auch die Prozessinnovation positiv durch das Innovationsklima beeinflusst werden.

4.4.9 Creative Climate Questionnaire (CCQ) nach Ekvall (1990, 1996)

Eine ähnliche Herangehensweise wie beim INNO, wird beim Creative Climate Questionnaire gewählt. Hier liegt der Fokus auf der Betrachtung des Kreativitätsklimas. Wie schon beim INNO, werden auch hier Aspekte thematisiert, die als Voraussetzung für die letztendliche Innovation gelten. Was den CCQ besonders macht, ist die Vielfältigkeit der abgebildeten Inhalte. Insgesamt werden hier zehn Dimensionen des Kreativitätsklimas ausgemacht.

(a) Challenge: Ein herausforderndes Klima herrscht dann, wenn Mitglieder der Organisation Freude an und Bedeutung in ihrer Arbeit finden und sich entsprechend stärker engagieren.
(b) Freedom: Freiheit und Unabhängigkeit bei der Arbeit zeigt sich in Form von Entscheidungsfreiheit oder in der Freiheit, Informationen eigenständig zu geben und einzufordern.
(c) Idea Support: Dieser Aspekt thematisiert die Art und Weise, wie mit neuen Ideen umgegangen wird. Hier ist ein innovationsförderliches Klima durch Begeisterungsfähigkeit und gegenseitige Unterstützung geprägt. Es herrscht eine positive und konstruktive Atmosphäre.
(d) Trust/Openness: Vertrauen in zwischenmenschliche Beziehungen ist eine wichtige Voraussetzung für das Vorbringen neuer Ideen. Kommunikation und Meinungsaustausch erfolgen offen und ehrlich.
(e) Dynamism/Liveliness: Ein weiterer wichtiger Aspekt ist das Ausmaß, wie ereignisreich der organisationale Alltag ist. In Organisationen, in der die Arbeit sehr schnell-

lebig und turbulent ist, herrscht mehr Potenzial für Kreativität und Innovationen als in anderen Organisationen, die stärker durch Stagnation geprägt sind.
(f) Playfulness/Humour: Auch Leichtigkeit und Spontaneität im organisationalen Alltag sind wichtige Einflussfaktoren. Eine hohe Ausprägung steht für eine ausgelassene und heitere Atmosphäre.
(g) Debates: Diskussionsfreude ist ein weiterer förderlicher Aspekt. Treffen häufig unterschiedliche Meinungen und Erfahrungen sowie unterschiedliches Wissen aufeinander, entstehen schneller und häufiger neuartige Ideen.
(h) Conflicts: Während ein ausgeprägtes Diskussionsklima förderlich ist, sind zwischenmenschliche Konflikte hinderlich. Diese beeinträchtigen diverse der oben beschriebenen interaktionalen Klimaaspekte.
(i) Risk Taking: Dieser Aspekt beschreibt, wie gewünscht es ist, Unsicherheiten in Kauf zu nehmen. Eine höhere Toleranz ermöglicht schnellere und unbürokratischere Umsetzungen von neuartigen Initiativen.
(j) Idea Time: Neue Ideen brauchen Zeit. Daher beschreibt der letzte Klimaaspekt die zeitlichen Ressourcen, die die Organisationsmitglieder zur Verfügung haben, neuen Ideen und Initiativen nachzugehen.

Tab. 4.14 liefert einen Überblick zu den Eckdaten des Fragebogens.

Der hohe Differenzierungsgrad des Fragebogens führt dazu, dass der Fragebogen mit 50 Items vergleichsweise lang ist. Tab. 4.15 zeigt Beispielitems der unterschiedlichen Facetten.

> **Beraterstory**
> Der Engineering AG ist seit der Zusammenarbeit mit Frau Dr. Wehmeier die Bedeutsamkeit des Arbeitsumfeldes und die Gestaltung der Arbeitsprozesse bewusst geworden. Die Mitarbeiter*innen scheinen seit der letzten Umstrukturierung zufriedener zu sein, aber den Geschäftsführer*innen noch nicht kreativ genug. Für die nächste Mitarbeiterbefragung soll deshalb ein geeignetes Instrument zur Erfassung des Kreativitätsklimas entwickelt werden, um im Anschluss geeignete Maßnahmen zur Optimierung daraus ableiten zu können.
>
> Frau Dr. Wehmeier soll dafür wieder eingebunden werden. Sie stößt nach gründlicher Literaturrecherche auf den Fragebogen zum Innovationsklima. In Absprache mit der Geschäftsführung trifft sie eine Auswahl an unternehmensspezifisch-relevanten Facetten, um eine ökonomische Umsetzung zu ermöglichen. Nachdem sie die Durchführung der Mitarbeiterbefragung begleitete, wertete sie die Daten in SPSS aus und verglich diese mit Normwerten anderer Unternehmen. Im Rahmen einer mündlichen Ergebnispräsentation in Kombination mit einem Feedbackbericht, berichtete Frau Dr. Wehmeier dem Unternehmen letztlich den aktuellen Stand des Kreativitätsklimas und leitete konkrete Maßnahmen zur Optimierung ab, die sie gemeinsam in Zukunft durchführen wollen.

Tab. 4.14 Eckdaten zum Creative Climate Questionnaire

Steckbrief	
Name	Creative Climate Questionnaire (CCQ)
Quelle	Ekvall (1990, 1996)
Art des Instruments	Fragebogen
Mögliche Rater	Einschätzung durch Organisationsmitglieder
Erfasstes Konstrukt	Kreativitätsklima
Umfang	Gesamtmaß
Welche Aspekte des Innovationsprozesses?	Voraussetzung für Innovation; Ideengenerierung und -bewertung; Kreativität; nicht aber Innovation selbst (Erstes Element, Rahmenmodell aus Kapitel 1; Phasen I bis IV, Amabile, 1996)
Kontextuale Adaptionsfähigkeit	Ja
Facetten	(1) Challenge, (2) Freedom, (3) Idea Support, (4) Trust/Openness, (5) Dynamism/Liveliness, (6) Playfulness/Humour, (7) Debates, (8) Conflicts, (9) Risk Taking, (10) Idea Time
Anzahl Items	50
Forschungsschwerpunkt	Zusammenhangsfragestellungen

Tab. 4.15 Ausgewählte Items des Creative Climate Questionnaire

Facette bzw. Dimension	Beispielitem
Challenge	How challenged, emotionally involved, and committed are employees to the work?
Freedom	How free is the staff to decide how to do their job?
Idea Support	Are there resources to give new ideas a try?
Trust/Openness	Do people feel safe speaking their minds and offering different points of view?
Dynamism/Liveliness	The eventfulness of life in the organization.
Playfulness/Humour	How relaxed is the workplace, is it okay to have fun?
Debates	To what degree do people engage in lively debates about the issues?
Conflicts	To what degree do people engage in interpersonal conflicts?
Risk Taking	The promptness of response to emerging opportunities and fear of failure.
Idea Time	Do employees have time to think things through before having to act?

Literatur

Achilladelis B, Schwarzkopf A, Cines M (1987) A study of innovation in the pesticide industry: analysis of the innovation record of an industrial sector. Res Policy 16(2–4):175–212

Ahuja G (2000) Collaboration networks, structural holes, and innovation: a longitudinal study. Adm Sci Q 45(3):425

Amabile TM (1996) Creativity and innovation in organizations. Harvard Business School, Boston

Anderson N, West MA (1996) The team climate inventory: development of the tci and its applications in teambuilding for innovativeness. Eur J Work Organ Psy 5(1):53–66

Bateman TS, Crant JM (1993) The proactive component of organizational behavior: a measure and correlates. J Organ Behav 14(2):103–118

Bobic M, Davis E, Cunningham R (1999) The Kirton adaptation-innovation inventory: validity issues, practical questions. Rev Public Pers Adm 19(2):18–31

Burnett MF, Chiaburu DS, Shapiro DL, Li N (2015) Revisiting how and when perceived organizational support enhances taking charge: an inverted U-shaped perspective. J Manag 41(7):1805–1826

Crant JM (1996) The proactive personality scale as a predictor of entrepreneurial intentions. J Small Bus Manag 34:42–49

Ekvall G (1990) Idéer, organisationsklimat och ledningsfilosofi. FArådet, Norstedt

Ekvall G (1996) Organizational climate for creativity and innovation. Eur J Work Organ Psy 5(1):105–123

Frey D (1998) Center of Excellence – ein Weg zu Spitzenleistungen. In: Weber PW (Hrsg) Leistungsorientiertes Management. Leistungen steigern statt Kosten senken. Campus-Verl, Frankfurt am Main, S 199–233

Frey D, Schulz-Hardt S (2000) Zentrale Führungsprinzipien und Center of Excellence-Kulturen als notwendige Bedingung für ein funktionierendes Ideenmanagement. In: Frey D (Hrsg) Vom Vorschlagswesen zum Ideenmanagement. Zum Problem der Änderungen von Mentalitäten, Verhalten und Strukturen, Schriftenreihe Psychologie für das Personalmanagement. Verl. für Angewandte Psychologie, Göttingen, S 15–46

Fuller JR, Marler B, Marler LE (2009) Change driven by nature: a meta-analytic review of the proactive personality literature. J Vocat Behav 75(3):329–345

Funke J (2000) Psychologie der Kreativität. In: Holm-Hadulla RM (Hrsg) Kreativität, Heidelberger Jahrbücher, Bd 44. Springer Berlin Heidelberg, Berlin, S 283–300

Goldsmith RE (1991) The validity of a scale to measure global innovativeness. J Appl Bus Res 7(2):89–97

Griliches Z (1998) Patent statistics as economic indicators: a survey. In: Griliches Z (Hrsg) R & D and productivity: the econometric evidence. University of Chicago Press, Chicago, S 287–343

Gumusluoglu L, Ilsev A (2009) Transformational leadership, creativity, and organizational innovation. J Bus Res 62(4):461–473

Kark R, Van Dijk D, Vashdi DR (2018) Motivated or demotivated to be creative: the role of self-regulatory focus in transformational and transactional leadership processes. Appl Psychol 67(1):186–224

Kauffeld S, Jonas E, Grote S, Frey D, Frieling E (2004) Innovationsklima – Konstruktion und erste psychometrische Überprüfung eines Messinstrumentes. Diagnostica 50(3):153–164

Kickul J, Gundry L (2002) Prospecting for strategic advantage: the proactive entrepreneurial personality and small firm innovation. J Small Bus Manag 40(2):85–97

Kim KH (2006) Can we trust creativity tests? A review of the Torrance Tests of Creative Thinking (TTCT). Creat Res J 18(1):3–14

Kirton M (1976) Adaptors and innovators: a description and measure. J Appl Psychol 61(5):622–629

Levin RC, Klevorick AK, Nelson RR, Winter SG, Gilbert R, Griliches Z (1987) Appropriating the returns from industrial research and development. Brook Pap Econ Act 1987(3):783

McAllister DJ, Kamdar D, Morrison EW, Turban DB (2007) Disentangling role perceptions: how perceived role breadth, discretion, instrumentality, and efficacy relate to helping and taking charge. J Appl Psychol 92(5):1200–1211

Morrison EW, Phelps CC (1999) Taking charge at work: extrarole efforts to initiate workplace change. Acad Manag J 42(4):403–419

Schuler H, Gelléri P, Winzen J, Görlich Y (2013) Diagnose berufsbezogener Kreativität. Hogrefe, Göttingen

Seibert SE, Crant JM, Kraimer ML (1999) Proactive personality and career success. J Appl Psychol 84(3):416–427

Shalley CE, Zhou J, Oldham GR (2004) The effects of personal and contextual characteristics on creativity: where should we go from here? J Manag 30(6):933–958

Torrance EP (1966) Torrance tests of creative thinking. Personal Pr, Princeton

Torrance EP (1990) Torrance tests of creative thinking. Scholastic Testing Service, Bensenville

Zhou J, George JM (2001) When job dissatisfaction leads to creativity: encouraging the expression of voice. Acad Manag J 44(4):682–696

Gesundheit und Innovation – Grundlagen

5

Catrin Millhoff

5.1 Einführung

Die Gesundheit der Mitarbeiter*innen stellt für Organisationen eine wichtige Grundlage ihrer Leistungs- und Wettbewerbsfähigkeit dar, denn „gesunde" Mitarbeiter*innen sind nicht nur zufriedener und leistungsfähiger, sondern auch kreativer (Glaser und Herbig 2012). Dass Mitarbeiter*innen jedoch häufig unter gesundheitlichen Beeinträchtigungen leiden, verdeutlicht der Fehlzeitenreport (Meyer et al. 2018), demzufolge der Krankenstand im Jahr 2017 ähnlich wie in den Vorjahren bei 5,3 % mit einer durchschnittlichen Krankschreibungsdauer von 19,4 Kalendertagen (2011: 18,1 Tage) liegt. Volkswirtschaftlich bedeuten die Fehlzeiten z. B. für das Jahr 2016 einen Verlust von 75 Mrd. € durch Produktionsausfälle. Dabei nimmt die Bedeutung psychischer Erkrankungen im Gegensatz zu körperlichen, wie Muskel- und Skeletterkrankungen, kontinuierlich zu, sodass diese seit dem Jahr 2008 um fast 67,5 % gestiegen sind (Meyer et al. 2018). Die Dauer psychischer Erkrankungen fällt dabei durchschnittlich doppelt so lang aus wie die bei anderen Erkrankungen. Arbeitsbezogene Gründe hierfür sind: 1) die Entwicklung des Arbeitsmarktes weg von einer Produktions- und hin zu einer Dienstleistungsgesellschaft, infolgedessen schwere körperliche Arbeit abnimmt, während psychosoziale Belastungen ansteigen (Glaser und Herbig 2012). 2) der gestiegene wahrgenommene Stress im Berufsleben durch z. B. zunehmenden Leistungsdruck und permanente Erreichbarkeit und 3) der daraus resultierende Konflikt, Privat- und Berufsleben zu vereinbaren. Vor dem Hintergrund der Entwicklung des Arbeitsmarktes in Zeiten der Industrie 4.0 gaben Expertinnen und Experten in einer qualitativen Studie zur Gefährungsbeurteilung zudem an, dass sie

---

C. Millhoff (✉)
Zentrum für HochschulBildung, Lehrstuhl für Personalentwicklung und Veränderungsmanagement, Technische Universität Dortmund, Dortmund, Deutschland
E-Mail: Catrin.millhoff@tu-dortmund.de

insbesondere eine Zunahme der psychischen Belastung in den folgenden sechs Bereichen sehen: 1) neue Formen der Mensch-Maschine-Arbeit, 2) beschleunigte Arbeitswelt und erhöhter Arbeitsdruck, 3) zunehmende Entgrenzung der Arbeit und Unausgewogenheiten in der Work-Life-Balance, 4) gestiegene Qualifikationsanforderungen an die Mitarbeiter*innen, 5) Änderungen der Arbeitsorganisation und 6) Zunahme der Kontrolle und Überwachung der Beschäftigten (Diebig et al. 2018).

Die Beziehung zwischen Gesundheit und Innovation spiegelt sich auch im „klassischen" Prozessmodell zur Kreativität von Amabile (1996) wider, indem ein stabiler Gesundheitszustand und somit ein Gleichgewicht zwischen Anforderungen und Ressourcen einer Person zu den Voraussetzungen für kreatives Mitarbeiter*innenverhalten zählt. Die Wirkung von Gesundheit und der Work-Life-Balance wurde bisher jedoch kaum im organisationalen Kontext in Zusammenhang mit Kreativität oder Innovation untersucht. In diesem Kapitel soll daher der Zusammenhang zwischen Gesundheit und Innovation näher betrachtet und Fragen geklärt werden, was genau unter Gesundheit zu verstehen ist, wie Stress entsteht und welche Bedeutung die Gesundheit einer Person für ihr kreatives Verhalten hat. Zunächst werden hierfür die Begriffe Gesundheit, Work-Life-Balance, Stress und Resilienz erläutert. Im Anschluss werden zwei klassische Modelle zum Verständnis von Gesundheit und zur Entstehung von Stress, sowie ein innovativer Modellansatz, der den Einfluss des Beruf-Familie-Konflikts bei der Entstehung von Stress berücksichtigt, vorgestellt. Ein integratives Modell zum Zusammenhang zwischen Gesundheit, Innovation und Arbeit baut schließlich auf den zuvor dargestellten Modellen auf und stellt diese in Beziehung zueinander.

5.2 Begriffsverständnis

Gesundheit wird von der WHO als „der Zustand des vollständigen körperlichen, geistigen und sozialen Wohlbefindens und nicht nur des Freiseins von Krankheit und Gebrechen" (WHO 1946, § 1) definiert. Mit dieser Definition wird der Gesundheitsbegriff erstmals positiv und nicht wie in vorherigen pathogenen Definitionen über die reine Abwesenheit von Krankheit definiert. Zudem werden soziale und psychische Gegebenheiten berücksichtigt (Bengel et al. 1999).

Unumstritten ist die Defintion der WHO allerdings nicht. So werden eine Reihe von Ergänzungen zum Gesundheitsbegriff als nötig empfunden, um ein umfassendes Gesundheitsverständnis zu ermöglichen. Zum einen sollte die Gesundheit als ein dynamischer Prozess betrachtet werden, der nicht fortwährend besteht, sondern immer wieder neu hergestellt und aufrechterhalten werden muss (Lippke und Renneberg 2006). Und zum anderen handelt es sich bei dem „vollständigen Wohlbefinden" einer Person um einen relativen Zustand, da das Wohlbefinden subjektiv wahrgenommen wird und nicht bei jeder Person in dieser Vollständigkeit erreicht werden kann. Das zeigt sich beispielsweise darin, dass eine Person mit einem gebrochenen Arm sich zwar gesund fühlt, aber dennoch eine Beeinträchtigung verspürt. Ebenso sollte neben der körperlichen und psychischen Gesundheit auch die Leistungsfähigkeit, Selbstverwirklichung und Sinnfindung einer Person mit in die Betrachtung der Gesundheit integriert werden (Lippke und Renneberg 2006).

Der Begriff der *Work-Life-Balance* hat sich als beliebte, jedoch vage Bezeichnung für ein Themenfeld rund um die Vereinbarkeit von Familie und Erwerbsarbeit herausgebildet. Dabei wird die Komponente „Work", welche in der Regel für die Erwerbsarbeit steht, der „Life"-Komponente, die die Lebensbereiche Familie, Freundschaften, Gesundheit bzw. Gesundheitsverhalten, soziales und kulturelles Engagement umfasst, gegenübergestellt (Wiese 2007). Die Erwerbsarbeit als Teil des Lebens dem Leben gegenüberzustellen erscheint jedoch verwirrend (Resch und Bamberg 2005). So stellt die Arbeit nicht ausschließlich eine Belastung dar, ebenso wie andersherum auch in der Freizeit z. B. eine ehrenamtliche Tätigkeit durchaus belastend wirken kann. Die dem Begriff zugrunde liegende Balance zwischen den Lebensbereichen ist daher vielmehr als eine Verzahnung beider Bereiche zu verstehen, da sowohl die Arbeit als auch die Freizeit belastend und auch erfüllend auf die Ressourcen eines Menschen wirken können. Um eine reibungslose Verzahnung der Lebensbereiche zu erreichen, gelten zwei wichtige Grundsätze: Zum einen sollte darauf geachtet werden, dass die Anforderungen in einem ausgewogenen Verhältnis zu den vorhandenen Ressourcen stehen (Mohr und Rigotti 2009) und zum anderen, dass in sämtlichen Lebensbereichen die positiven Erlebnisse maximiert und die negativen minimiert werden (Wiese 2007). Auf diese Weise kann Rollenkonflikten zwischen den einzelnen Lebensbereichen vorgebeugt werden, die bspw. dann entstehen können, wenn durch eine Vielzahl an Überstunden sämtliche Ressourcen in Anspruch genommen werden, sodass familiären Pflichten nicht mehr nachgekommen werden kann (Beruf-Familie-Konflikt) (Wiese 2007).

Stress wird nach Zapf und Semmer (2004, S. 1011) als „subjektiv unangenehmer Spannungszustand, der aus der Befürchtung entsteht, eine aversive Situation nicht ausreichend bewältigen zu können" definiert. Allgemeiner formulieren Lazarus und Folkman (1987) die Ursache für Stress als ein Ungleichgewicht zwischen vorhandenen Ressourcen und den arbeitsbedingten Anforderungen. Die arbeitsbedingten Anforderungen oder Bedrohungen werden als Stressoren bezeichnet, die auf unterschiedliche Quellen zurückzuführen sind (zur Übersicht: Krisor und Rowold 2013b). In Hinblick auf die Wirkung und die Folgen ist zwischen kurzfristigem und chronischem, das heißt über einen längeren Zeitraum andauernden, Stress zu unterscheiden. Treten Belastungen kontinuierlich wiederkehrend auf, lösen sie Stress aus, der auf lange Sicht als chronischer Stress gesundheitliche Beeinträchtigungen verursacht. Einzelne Ursachen für chronischen Stress können jedoch kaum benannt werden, da die Entstehung von Stress von multiplen Faktoren abhängt (Rowold und Heinitz 2008). Die Konsequenzen von chronischem Stress für Unternehmen sind Fehlzeiten aufgrund psychischer Erkrankungen, Unfälle oder Muskel- und Skeletterkrankungen (Zapf und Semmer 2004). Ebenso wird das Immunsystem geschwächt (Cohen und Herbert 1996), die Konzentration nimmt ab und der Konsum von Suchtmitteln, wie Nikotin und Alkohol, steigt (Litzcke et al. 2013). Kurzfristiger Stress hingegen ist nicht zwangsläufig negativ, da durch ihn Ressourcen aktiviert werden, die zu einer erhöhten Leistung führen. Nach Litzcke et al. (2013) ist für die Leistungsanregung ein mittleres Stressniveau am besten geeignet, da ein zu niedriges oder ein zu hohes Stresslevel zu Unter- bzw. Überforderung führt und somit die Leistung reduziert. Hierbei sollte die subjektive Wahrnehmung des Stressniveaus berücksichtigt werden, da jeder Mensch Belastungen unterschiedlich bewältigt. Die Bewältigung von Stress ist abhängig von der Verfügbarkeit von Ressourcen, die in interne und externe Ressourcen unterteilt werden (Zapf und Semmer 2004). Als externe Ressource kann bspw. der Einfluss der Führungskraft auf die soziale Unterstützung betrachtet werden, während eine interne Ressource zum Beispiel die Resilienz eines Menschen darstellt. Stress oder Stressvariablen werden in Studien verwendet, um die psychische Beeinträchtigung abzubilden. Ein häufig eingesetztes Messinstrument stellt die Irritationsskala von Mohr et al. (2005) dar, die eine Anspannung oder Gereiztheit ausdrückt und somit eher für kurzfristiges Stresserleben steht. Zur Messung von chronischem Stress stellt die Kurzversion des Trierer Inventars zum Chronischen Stress (TICS-K) von Schulz et al. (2004) ein valides Instrument dar. Um chronischen Stress objektiv zu messen, wird häufig der Cortisolgehalt durch Mundspeichel- oder Urinproben verwendet, da Cortisol ein Stresshormon ist, das bei erhöhtem Stress ausgeschüttet wird. Eine neuartige Methode, die zudem das Stresslevel über einen lägeren Zeitraum misst, stellt die Untersuchung von Haarsträhnen dar, da sich Cortisol in Haaren anreichert.

Unter dem Begriff *Resilienz* versteht man im Allgemeinen die „psychische Widerstandsfähigkeit" einer Person gegenüber Belastungen, Risiken und gesundheitsbeeinträchtigenden Lebensumständen (Rutter 1995). Resilienz stellt somit den Faktor dar, der dafür verantwortlich ist, dass manche Menschen trotz schwerer und anhaltender Belastung sowohl physisch als auch psychisch gesund bleiben bzw. nach Beeinträchtigungen relativ schnell wieder zu Kräften kommen, während andere mit ähnlichen Bedingungen wesentlich stärker zu kämpfen haben und schneller unter gesundheitlichen Problemen leiden (vgl. Rutter 1995; Schumacher et al. 2004). Resilienz kann demnach als Gegensatz zur Vulnerabilität verstanden werden, wobei mit Resilienz jedoch weniger eine *absolute* Unverwundbarkeit als vielmehr ein *relativer* Zustand im Sinne einer „elastischen" Widerstandsfähigkeit gemeint ist, da sie sich über die Zeit verändern bzw. verschiedenen Umständen und Situationen anpassen kann (Bender und Lösel 1998).

Hinsichtlich der Definition und Konzeptualisierung des Resilienzbegriffs herrscht weiterhin Uneinigkeit (Luthar et al. 2000). So wird u. a. diskutiert, ob es sich bei der Resilienz um ein *stabiles* Merkmal der Persönlichkeit eines Individuums handelt oder ob sie eher einen *relationalen* Faktor darstellt, der seine Natur in bestimmten Konstellationen aus Beeinträchtigungen und Ressourcen (sog. Resilienzkonstellationen) zeigt (Schumacher et al. 2004), sowie ob Resilienz vielmehr den Anpassungsprozess an riskante bzw. negative Umstände oder Ereignisse in biologischer, psychologischer und sozialer Hinsicht beschreibt (z. B. Kumpfer 1999). In Bezug auf die Abgrenzung zu verwandten Konstrukten lässt sich eine starke Nähe des Resilienzbegriffes zum Konzept der Salutogenese (z. B. Antonovsky 1987, s. 5.3.1) feststellen; beide fragen nach einer gesunden Entwicklung der Psyche des Menschen und den diesen Prozess unterstützenden schützenden Ressourcen (Schumacher et al. 2004). Dies führt mitunter auch dazu, dass eine Abgrenzung zu zentralen salutogenetischen Begriffen wie z. B. dem Kohärenzsinn (Antonovsky 1987, s. 5.3.1) schwierig ist. Um einen Konsens für den Resilienzbegriff zu schaffen, schlug Hammelstein (2006, S. 18) eine breitgefasste Definition vor: „Mit Resilienz werden Prozesse oder Phänomene beschrieben, die eine positive Anpassung des Individuums trotz vorhandener Risikofaktoren widerspiegeln." Risikofaktoren stellen solche Faktoren und Einflüsse dar, die tendenziell negative psychische oder physische Konsequenzen hervorrufen können. Somit ist auch der Resilienzbegriff nach Hammelstein (2006) grundsätzlich immer im Kontext zu betrachten.

5.3 Modelle

Der Gesundheitsbegriff wird im Folgenden durch das Modell der Salutogenese weitergehend erklärt. Zum Verständnis der gegenseitigen Beeinflussung von Arbeit und Gesundheit und der Entstehung von Stress werden zunächst das Job Demand Control Model von Karasek (1979) sowie ein innovativer Ansatz, der das Effort-Reward-Imbalance-Modell (ERI-Modell) von Siegrist (1996) (genaue Beschreibung s. Krisor und Rowold 2013b) um den Beruf-Familie-Konflikt erweitert (Krisor und Rowold 2013a), vorgestellt. Die beiden Modelle werden abschließend in ein integriertes Modell zur Arbeit, kreativer Leistung und Gesundheit in Anlehnung an Glaser und Herbig (2012) überführt.

5.3.1 Salutogenese-Modell

Das Modell der Salutogenese von Antonovsky (1979, 1997) stellt ein ressourcenorientiertes Konzept zum Verständnis der Gesundheit dar. Es integriert dabei zwei gegensätzliche Betrachtungsweisen der Gesundheit zu einem Kontinuum: zum einen die pathogene, d. h. krankheitserzeugende, Perspektive und zum anderen die salutogene, d. h. gesundheitsförderliche, Perspektive. Dabei baut die salutogene Perspektive auf der von der WHO aufgestellten Definition von Gesundheit (siehe s. 5.2) als einen Zustand des vollständigen Wohlbefindens auf, der durch Schutzfaktoren vor Beeinträchtigungen durch belastende Ereignisse bewahrt werden soll. Das Salutogenesekonzept erweitert damit die diagnostische Forschung um die Frage, warum oder aufgrund welcher Faktoren oder Bedingungen manche Menschen trotz extremer Belastungen gesund bleiben. Zu dieser zentralen Fragestellung gelang Antonovsky (1979), nachdem er in einer seiner Studien den Einfluss des Klimakteriums als Belastung auf die psychische Gesundheit von Frauen gleichen Alters, die den Holocaust überlebten, untersuchte. Dabei verglich er Frauen, die im Krieg deportiert wurden, mit nicht deportierten Frauen. Das Ergebnis zeigte, dass sich 51 % der nicht deportierten Frauen körperlich und emotional gesund fühlten, während dies nur auf 29 % der deportierten Frauen zutraf. Die extremen psychischen und körperlichen Belastungen der Deportation sind also auch noch 30 Jahre nach Ende des Krieges bei den Frauen zu spüren gewesen. Dennoch gaben aber rund zwei Drittel der Frauen trotz dieser so negativen

Erfahrung an, sich gesund zu fühlen, sodass Antonovsky (1979) hieraus seine Frage ableitete: Was hält Menschen trotz widriger Umstände gesund? In seiner Konzeption zur Salutogenese kommt dabei zwei Komponenten, den generellen Widerstandsressourcen und dem Kohärenzsinn, eine zentrale Bedeutung zu. Die von Antonovsky (1979) als *generelle Widerstandsressourcen* bezeichneten Faktoren stellen Ressourcen dar, die einen Menschen in die Lage versetzen, Belastungen zu bewältigen ohne gesundheitliche Schädigungen davonzutragen. Dabei unterscheidet er zwischen internen Ressourcen, die einem Menschen innewohnen und für u. a. Fähigkeiten, Bedürfnisse, Ängste stehen und externen Ressourcen. Letztere stellen zum Beispiel soziale Unterstützung, materielle Zuwendungen oder beruflicher/sozialer Status einer Person dar. Nach Antonovsky (1979) werden diese generellen Widerstandsressourcen bereits in der Kindheit und im Jugendalter gebildet. Unter dem *Kohärenzsinn* kann die Lebensorientierung eines Menschen verstanden werden. Der Kohärenzsinn – häufig auch als Kohärenzgefühl oder -empfinden bezeichnet – gibt nach Antonovsky (1997) ein übergreifendes Maß dafür an, wo sich Menschen auf dem Kontinuum zwischen Gesundheit und Krankheit (engl. ease/disease continuum) befinden. Er definiert es als andauerndes, aber dynamisches Gefühl des Vertrauens in die Vorhersag- und Erklärbarkeit der eigenen Umwelt und auch darin, dass sich zukünftige Dinge mit hoher Wahrscheinlichkeit so entwickeln, wie es erwartet werden kann (Antonovsky 1997). Da die Ausprägung des Kohärenzsinns mit der Ausprägung vorhandener Widerstandsressourcen verknüpft ist, kann davon ausgegangen werden, dass eine Person mit stark ausgeprägtem Kohärenzsinn in der Lage ist, sich flexibel in ihrer Art der Bewältigung von Anforderungen anzupassen und dabei eigene Ressourcen optimal auszuschöpfen. Nach Antonovsky (1979) zeichnet sich der Kohärenzsinn durch folgende drei wesentliche Komponenten aus, die auch die Skala zur Messung bilden: Verstehbarkeit (comprehensibility), Handhabbarkeit (manageability) und Bedeutsamkeit (meaningfulness). Verstehbarkeit bezieht sich auf die kognitive Ebene und bedeutet, dass die Umwelt und auch zukünftige Ereignisse als versteh- und erklärbar sowie strukturiert wahrgenommen werden. Die Bewältigung von Anforderungen aufgrund vorhandener interner und externer Ressourcen fällt unter den Begriff der Handhabbarkeit. Und letztlich steht die Bedeutsamkeit für eine emotionale Bindung in Lebensbereichen, die als besonders bedeutsam empfunden und erlebt werden. Aus diesen Bindungen resultieren Ziele, die zu bestimmten Handlungen veranlassen.

5.3.2 Job Demand Control Model

Das Job Demand Control Model von Karasek (1979) zählt neben dem Effort-Reward-Imbalance-Modell (ERI-Modell) von Siegrist (1996) zu den empirisch am besten belegten Modellen zur Erklärung und Entstehung von arbeitsbedingten Erkrankungen. Mit Hilfe des in Abb. 5.1 dargestellten Modells wird untersucht, wie Arbeitsanforderungen (Job Demands) und der Entscheidungsspielraum bzw. die Autonomie am Arbeitsplatz zur Entstehung von psychischen Belastungen führen. Als psychologische Belastungen werden bspw. hoher Zeit-

5 Gesundheit und Innovation – Grundlagen

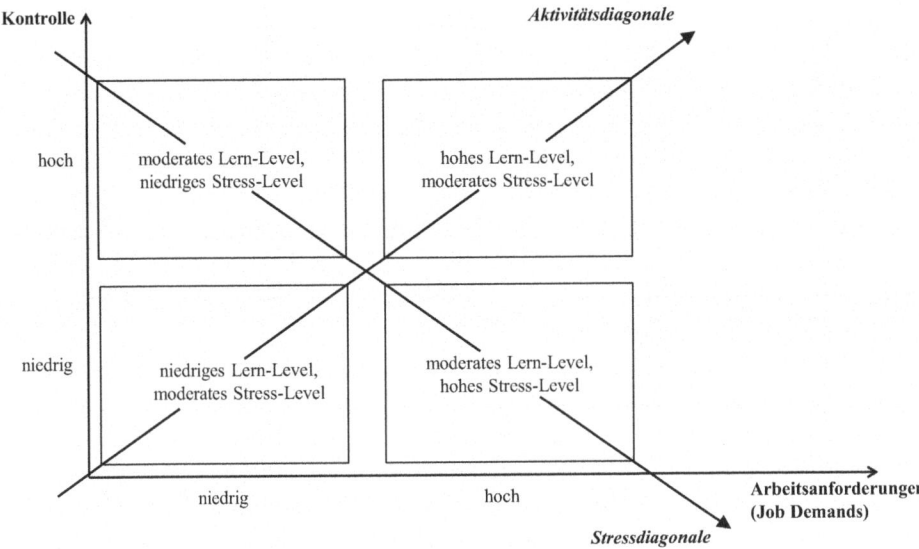

Abb. 5.1 Job Demand Control (JDC) Model (nach Karasek 1979)

druck, ein hohes Arbeitspensum oder auch widersprüchliche Anforderungen aufgefasst. Der Entscheidungsspielraum ergibt sich aus den beiden Faktoren Qualifikationsanforderungen und Entscheidungsverantwortung. Unterscheidet man die beiden Faktoren Beanspruchung und Entscheidungsspielraum hinsichtlich ihrer Ausprägung in niedrig und hoch, so ergibt sich eine Vier-Felder-Matrix, anhand derer sich Tätigkeiten in vier unterschiedliche Typen einteilen lassen. Dem Modell liegt dabei die Annahme zugrunde, dass starke Belastungen am Arbeitsplatz vorliegen, wenn die Arbeitsanforderungen hoch ausgeprägt sind und ein eingeschränkter Entscheidungsspielraum vorliegt. Demnach führen hohe Arbeitsanforderungen zu einem hohen Aktivitätslevel entlang der Aktivitätsdiagonalen. Kann diese Aktivitätsenergie aber aufgrund fehlender Autonomie nicht freigesetzt werden, so geht sie in ein Stresssymptom über. Die Diagonalen der Matrix stellen also zum einen die Bewegung Richtung Aktivität und zum anderen das ansteigende Stresslevel dar. Entlang der Aktivitätsdiagonale ist das Stresslevel als moderat einzustufen und sie bildet die Entwicklung von einer passiven zu einer aktiven Tätigkeit ab. Diese Entwicklung wird als Lern-Hypothese bezeichnet, da davon ausgegangen wird, dass hohe Anforderungen bei hoher Autonomie leistungssteigernd wirken. In einer Studie von Kauffeld et al. (2004) konnte diese deutlich seltener untersuchte Lern-Hypothese empirisch gestützt werden. In der Studie zeigte sich, dass Mitarbeiter*innen mit flexiblen Arbeitszeiten und somit höherer Arbeitsautonomie bei höheren Arbeitsanforderungen arbeitszufriedener waren und ihre persönliche Entwicklung sowie Lernmöglichkeiten höher einschätzten als Mitarbeiter*innen mit geringer Arbeitszeitautonomie. Die Stressdiagonale beschreibt hingegen die grundsätzlich zu vermeidende Entwicklung von einer wenig belastenden Tätigkeit hin zu einer stark belastenden. Die der Stressdiagonalen zugrunde liegende Anspannungs-Hypothese, dass die Gesundheit bei hohen Arbeitsanforderungen und einem geringen Entscheidungsspielraum beeinträchtigt wird, wird auch in einer Meta-Analyse von Asif et al. (2018) bestätigt. In der Studie wurde die Wirkung von geringem Entscheidungsspielraum und hohen Arbeitsanforderungen auf die gesundheitsbezogenen Indikatoren Arbeitszufriedenheit und arbeitsbezogene Angst untersucht. In den 19 Studien, die in die Analyse einflossen, zeigte sich, dass ein positiver Zusammenhang zwischen Arbeitszufriedenheit und Entscheidungsspielraum bzw. Kontrolle besteht und ein negativer Zusammenhang zwischen Arbeitszufriedenheit und Arbeitsanforderungen. Auf der anderen Seite wirkt Kontrolle negativ auf arbeitsbezogene Angst, während hohe Arbeitsanforderungen diese verstärken. Die Arbeitsbedingungen haben demnach einen mittleren Einfluss auf die Gesundheit der Mitarbeiter*innen.

Das JDC-Modell wurde im Laufe der Jahre weiterentwickelt und um eine soziale Komponente, nämlich die soziale Unterstützung (support), zum *Job Demand Control Support Model* ergänzt (Karasek und Theorell 1990). Um weitere Schwächen des JDC-Modells zu beheben, konzipierten Demerouti et al. (2001) das *Job Demand Resources Model*. Im Gegensatz zum JDC-Modell unterscheidet dieses Modell zwischen Ressourcen und Anforderungen, die breiter definiert sind und flexibel an organisationale Kontexte angepasst werden können.

5.3.3 Modellansatz zur Integration des Beruf-Familie-Konflikts in das ERI-Modell

Als innovativer Modellansatz kann die Integration des Beruf-Familie-Konflikts in das ERI-Modell (Krisor und Rowold 2013a) betrachtet werden. Dabei wurde ausgehend von den drei Komponenten – eingebrachte Arbeitsleistung (effort), Belohnung (reward) und übermäßige Bindung an das Unternehmen (overcommitment) – des ERI-Modells (zur ausführlichen Beschreibung s. Krisor und Rowold 2013b) die mediierende Wirkung des Konflikts zwischen dem Berufs- und Familienleben auf die Reizung (Irritation) als Indikator für das wahrgenommene Stressniveau untersucht. Dem ERI-Modell liegen nach Siegrist (1996) die folgenden zwei Annahmen zugrunde: 1) Gesundheitliche Beeinträchtigungen entstehen durch ein Ungleichgewicht zwischen der eingebrachten Arbeitsleistung und der dafür erhaltenen Belohnung. 2) Eine übermäßige Verausgabung aufgrund einer sehr intensiven Bindung an das Unternehmen führt ebenfalls zu einer gesundheitlichen Beeinträchtigung. Diese beiden Annahmen werden als die extrinsische und die intrinsische ERI-Hypothese beschrieben. Ziel der Integration des Beruf-Familie-Konflikts in das klassische ERI-Modell ist es, das bisherige Verständnis der psychischen Gesundheit genauer erklären zu können, indem die soziale und persönliche Ebene in die Betrachtung miteinbezogen werden. Fehlt nämlich eine ausgewogene Balance zwischen Arbeit und Familie, kann sich auch der Beruf-Familie-Konflikt negativ auf die Gesundheit auswirken (Greenhaus und Allen 2011). Dem vorliegenden Modellansatz zur Folge führt bspw. eine extreme Bindung an das Unternehmen zu einem verstärkten Beruf-Familie-Konflikt. Der Konflikt erfordert zusätzliche Ressourcen und begünstigt auf diese Weise das Auftreten einer erhöhten

5 Gesundheit und Innovation – Grundlagen

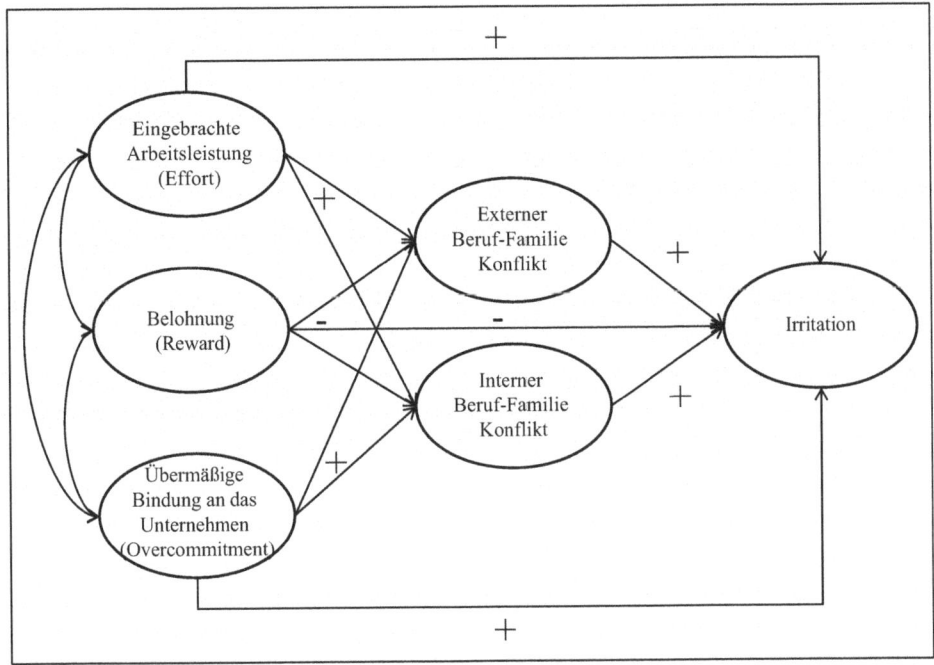

Abb. 5.2 Modellansatz nach Krisor und Rowold (2013a) zur Integration des Beruf-Familie-Konflikts in das ERI-Modell

Irritation. In Abb. 5.2 lassen sich die angenommenen Zusammenhänge sowie ihre jeweilige Wirkrichtung im Rahmen des Modellansatzes ablesen. Ähnlich zur Wirkungsweise der übermäßigen Bindung an das Unternehmen wird ein positiver Zusammenhang zwischen der erbrachten Arbeitsleistung und der Irritation angenommen, während eine Belohnung direkt stress- und konfliktmindernd wirkt.

5.3.4 Integriertes Modell zur Arbeit, kreativer Leistung und Gesundheit

Besonders interessant für die Untersuchung des Zusammenhangs zwischen Gesundheit und Kreativität ist das integrierte Modell zur Arbeit, kreativer Leistung und Gesundheit in Anlehnung an Glaser und Herbig (2012). Das Modell stellt im unteren Teil der Abb. 5.3 eine Wirkungskette zur Früherkennung von gesundheitlichen Beeinträchtigungen dar. Den Ausgangspunkt bilden unzureichende psychosoziale Merkmale der Tätigkeit, die kurzfristig zu Beeinträchtigungen des Wohlbefindens (Irritation) und zu einer Erholungsunfähigkeit führen können. Mittelfristig können Zustände der Erschöpfung und psychosomatische Beschwerden bis hin zu beobachtbaren Erkrankungen folgen, die sich durch Fehlzeiten äußern. Im Gegensatz dazu ergibt sich aus der gesundheitsförder-

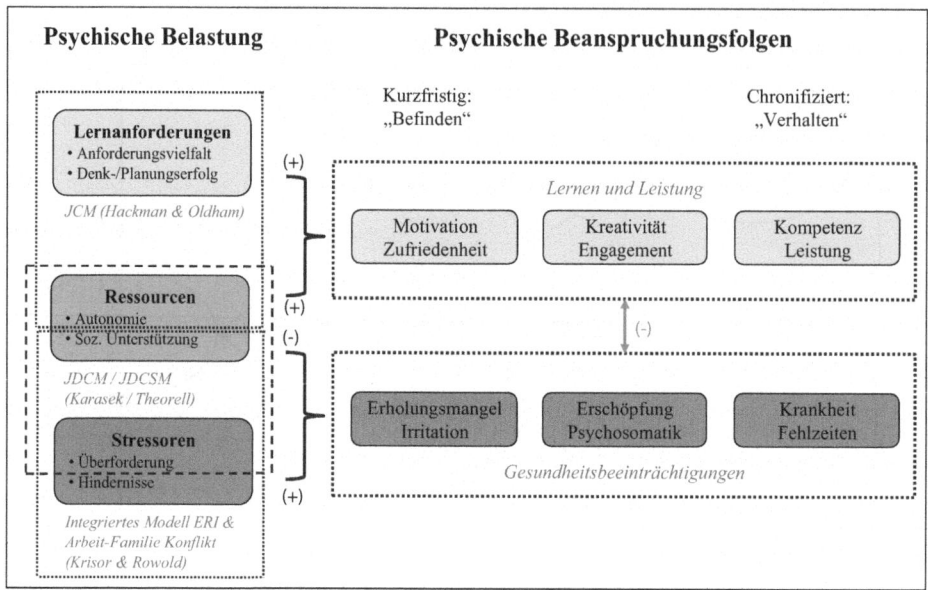

Abb. 5.3 Integriertes Modell zur Arbeit, (kreativer) Leistung und Gesundheit in Anlehnung an Glaser und Herbig (2012)

lichen Gestaltung der Arbeitsmerkmale eine Wirkungskette, die sich positiv auf die Persönlichkeit und Leistung auswirkt. Bei der Erklärung der positiven Wirkung von Lernanforderungen und teilweise auch Ressourcen in der Arbeit auf die Kompetenzentwicklung, Motivation und Leistung beziehen sich Glaser und Herbig (2012) auf das Job Characteristics Model von Hackman und Oldham (1975). Es konnte empirisch bestätigt werden, dass sich eine vollständige Tätigkeit, d. h. Aufgaben werden von der Planung bis zur anschließenden Kontrolle der Durchführung ausgeführt, positiv auf die Arbeitszufriedenheit, Arbeitsengagement, Arbeitsleistung und Gesundheit auswirkt und zu weniger Fehlzeiten und Fluktuation führt (Hacker 2005; Büssing und Glaser 1993). Bei der Einordnung von Kreativität gehen Glaser und Herbig (2012) davon aus, dass es sich neben Engagement um eine mittelfristige Folge der positiven Arbeitsplatzgestaltung handelt. Eine eindeutige Zuordnung der kurz-, mittel- und langfristigen Leistungsindikatoren ist allerdings empirisch noch nicht abschließend erfolgt. Auf Seite der Belastungen unterscheidet das Modell neben den förderlich wirkenden Lernanforderungen zwischen ebenfalls förderlichen Ressourcen und beeinträchtigenden Stressoren in der Arbeit. Dabei werden exemplarisch häufig in der Forschung verwendete Modelle, wie das Job Demand Control Model (Karasek 1979) bzw. das Job Demand Control Support Model (Karasek und Theorell 1990), angeführt, um die positive Wirkung der Ressourcen auf die Gesundheit zu erläutern. Hinsichtlich der Stressoren kann der oben dargestellte Modellansatz zur Integration des Beruf-Familie-Konflikts in das ERI-Modell genannt werden. Dieser erklärt, wie gesundheitliche Beeinträchtigungen in Form kurzfristiger Irritation als Folge einer Beanspruchung auftreten können. Das Modell von Glaser und Herbig (2012) unterstellt darüber hinaus, dass im Bereich der Beanspruchungsfolgen ein negativer Zusammenhang zwischen der positiven und der negativen Folgenkette besteht.

Um ein umfassendes Modell von Arbeit, kreativer Leistung und Gesundheit abbilden zu können, sollte das in Abb. 5.3 vorgestellte integrierte Modell jedoch um weitere Faktoren ergänzt werden. Dabei führen Herbig und Glaser (2013) auf Ebene der Person/Persönlichkeit an, dass diese um Faktoren wie kreative Selbstwirksamkeit und Offenheit für Erfahrungen ergänzt werden sollte. Hinsichtlich der Merkmale der Arbeitsgruppe nennen sie als Beispiele Teamklima und Diversität sowie Führung und Arbeitsumgebung als zu ergänzende Merkmale auf Ebene der Organisation. Gerade in Hinblick auf die Förderung von Kreativität erscheint die Ergänzung um die genannten Faktoren von Bedeutung, da sich diese auch in den Kreativitätsmodellen von Amabile (1990, 1996, 1997) oder West (2002) wiederfinden und ihre kreativitätsförderliche Wirkung in diesem Rahmen empirisch belegt wurde (Herbig et al. 2008).

5.4 Empirische Befunde

Der Zusammenhang zwischen Arbeit und Gesundheit wurde bereits umfassend untersucht. So sind die wichtigsten beruflichen Prädiktoren für psychische Störungen, wie Arbeitsüberlastung und Arbeitsdruck, widersprüchliche Arbeitsanforderungen, mangelnde Kontrolle über die Arbeit und unzureichende Partizipationsmöglichkeiten, geringe soziale Unterstützung, Probleme in der Führungs- und Rollendefinition, zwischenmenschliche Konflikte und Konflikte zwischen Arbeit und Privatleben, bekannt (Michie und Williams 2003). Bisher gibt es jedoch nur wenige Studien, die sich bei ihrer Betrachtung des Zusammenhangs zwischen Arbeit und Gesundheit auch mit Innovationen bzw. Kreativität befassen. So beschäftigen sich die drei Studien von van Dyne et al. (2002), Wright und Walton (2003) und Jansen (2004), die im Folgenden ausführlicher dargestellt werden, genau mit dieser Thematik. In einer vierten Studie von West und Anderson (1996) wird eine andere Operationalisierung der Variablen verwendet. Die Gesundheit der Mitarbeiter*innen wird in dieser Studie nicht einzeln, sondern integriert als eine von sechs Dimensionen der Innovation dargestellt. Eine getrennte Betrachtung der Ergebnisse dieser vierten Studie in Hinblick auf die Gesundheit ist deshalb nicht möglich (Herbig et al. 2008).

Die Studie von van Dyne et al. (2002) untersucht im Längsschnittdesign über einen Zeitraum von sechs Monaten hinweg die Belastungen im Arbeits- und Privatleben in Zusammenhang mit der Arbeitsleistung. Die Arbeitsleistung wird anhand von Verkaufszahlen und der Kreativität gemessen. Die Stichprobe der Studie setzt sich aus Hairstylist*innen, die in direktem Kundenkontakt stehen, zusammen. Die Autoren legen ihrer Studie die folgenden Zusammenhänge in Bezug auf die Kreativität zugrunde: Der/die Mitarbeiter*in ist durch eine psychische Beanspruchung in seinem/ihrem Handlungsspielraum eingeschränkt und weniger motiviert. Das bedeutet, dass der/die Mitarbeiter*in in diesem Fall eher in routinierten Arbeitsabläufen und entsprechend weniger kreativ handelt. Die Ergebnisse zeigen, dass die nicht-arbeitsbezogene Beanspruchung negativ mit Kreativität und positiv mit der Verkaufsleistung zusammenhängt. Es liegt jedoch kein signifikanter Zusammenhang zwischen arbeitsbezogener Beanspruchung und Kreativität vor, nur zur Verkaufsleistung besteht ein positiver Zusammenhang. Als moderierende Variable wurde der Leader-Member-Exchange (LMX), der eine positive, vertrauensvolle Beziehung zwischen Führungskraft und Mitarbeiter*in beschreibt, untersucht. LMX steht positiv in Beziehung zur Kreativität und schwächt sowohl den negativen Effekt von arbeitsbezogener als auch den von nicht-arbeitsbezogener Belastung auf Kreativität ab. Ein Anstieg der Kreativität zeigt sich nur bei gleichzeitig vorliegender hoher Ausprägung von LMX und arbeitsbezogener Belastung. Eine niedrige Ausprägung von LMX verstärkt den negativen Zusammenhang zwischen nicht-arbeitsbezogener Belastung und der Kreativität. In einer weiteren explorativen Analyse untersuchten die Autoren, ob sich Unterschiede in der Stärke der Beziehungen zwischen Belastungen und Leistungsmerkmalen feststellen lassen. Es zeigte sich, dass der Zusammenhang zwischen nicht-arbeitsbezogener Belastung und Kreativität stärker ist als die Beziehung zwischen arbeitsbezogener Belastung und Kreativität sowie, dass die Beziehung zwischen nicht-arbeitsbezogener Belastung und Kreativität stärker ist als jene zwischen nicht-arbeitsbezogener Belastung und der Verkaufsleistung. Demnach ist die Art der psychologischen Belastung in ihrer Wirkung auf das kreative Verhalten zu unterscheiden. Ebenso sollte die Art der Arbeitsleistung, ob kreative oder nicht-kreative Leistung, in ihrer Wirkung auf die nicht-arbeitsbezogene Belastung unterschieden werden. Bei der Interpretation der Ergebnisse ist zu berücksichtigen, dass LMX und Kreativität nur einseitig in der Fremdeinschätzung durch die Führungskraft erhoben wurden.

Im Unterschied zur vorherigen Studie untersucht Jansen (2004) den Einfluss von Gerechtigkeitswahrnehmung auf die Stress auslösende Wirkung von innovativem Verhalten. Hierzu wurden Daten im Querschnitt von 118 Mitarbeiter*innen mit Führungsbefugnis aus unterschiedlichen Pflegeeinrichtungen erhoben. Unter innovativen Verhaltensweisen wird ein Verhalten verstanden, das zur Generierung, zum Vorantreiben oder zum Realisieren von Ideen bzw. einer Kombination dieser Verhaltensweisen führt. Zur Erhebung des innovativen Verhaltens verwendet Jansen (2004) ein von ihm selbstentwickeltes Instrument (Jansen 2000, 2001). Es wird angenommen, dass innovatives Verhalten tendenziell immer auch Stress auslösend wirkt, da Innovationen häufig auf Widerstand stoßen und die Umsetzung daher schwierig ist. Jansen (2004) geht weiter davon aus, dass insbesondere dann Stress ausgelöst wird, wenn Ungerechtigkeiten in der Organisation wahrgenommen werden. Hierbei wird zwischen distributiver und prozeduraler Gerechtigkeit unterschieden. Distributive Gerechtigkeit bezieht sich auf die gerechte Verteilung von Geld und Verantwortung, während prozedurale Gerechtigkeit das Gefühl oder die Wahrnehmung beschreibt, Einfluss auf oder Kontrolle über die Verteilung nehmen zu können. Es wurde untersucht, ob der Zusammenhang zwischen innovativem Verhalten und der Beanspruchung der Mitarbeiter*innen durch die Wahrnehmung von Gerechtigkeit moderiert wird. Diese angenommene Interaktion von innovativen Verhaltensweisen und der wahrgenommenen Fairness innerhalb einer Organisation auf die Beanspruchung von Mitarbeiter*innen konnte in der Studie bestätigt werden. Zudem konnte gezeigt werden, dass innovatives

Verhalten nur dann positiv mit Stress zusammenhängt, wenn gleichzeitig distributive und prozedurale Gerechtigkeit niedrig ausgeprägt sind. Andersherum bedeutet dies, dass das innovative Verhalten bei hoch ausgeprägter Gerechtigkeit nicht zu Belastungen in Form von Unbehagen oder langfristig zu Burnout führt. Aus der Studie lässt sich daher implizieren, dass innovative Mitarbeiter*innen gerechte Arbeitsbedingungen brauchen, damit sie innovatives Verhalten ohne erhöhte Belastung ausleben können.

In der Studie von Wright und Walton (2003) wurde direkt die Beziehung zwischen psychologischem Wohlbefinden und der Kreativität der Mitarbeiter*innen untersucht. Kreativität wurde als abhängige Variable erhoben, die durch die Prädiktoren allgemeine affektive Disposition, die situative affektive Stimmung und das psychologische Wohlbefinden hervorgesagt werden soll. Die Datenerhebung erfolgte im Querschnitt und basiert auf einer aufwendigen Erhebungsmethode, bei der Mitarbeiter*innen des öffentlichen Dienstes (Bewährungshelfer*innen) schriftlich Vorschläge abgeben sollten, wie sie ihre Arbeit, ihre Organisation und allgemein ihren Beruf verbessern können. Diese Vorschläge wurden von der jeweiligen Führungskraft bewertet und durch Gruppendiskussionen validiert. Die Autoren konnten feststellen, dass eine hohe Ausprägung von psychologischem Wohlbefinden positiv mit der Kreativität der Mitarbeiter*innen zusammenhängt. Dies trifft auch auf eine positive affektive Stimmung zu, jedoch nicht auf die affektive Disposition, welche für die generelle gefühlsbedingte Veranlagung einer Person steht. Zudem konnte gezeigt werden, dass das psychologische Wohlbefinden einen signifikanten Anteil zur Erklärung der kreativen Arbeit beiträgt, wenn die beiden Variablen affektive Disposition und Stimmung kontrolliert werden.

Empirische Befunde zum Kohärenzsinn und seiner Beziehung zur Gesundheit fassen Eriksson und Lindström (2006) in einem Review über 456 wissenschaftliche Studien und 13 Doktorarbeiten aus den Jahren 1992 bis 2003 zur salutogenen Forschung zusammen. Die Ergebnisse verdeutlichen den starken Zusammenhang zwischen dem Kohärenzsinn und der wahrgenommenen Gesundheit, insbesondere der psychischen Gesundheit. Je höher die Ausprägung des Kohärenzsinns ist, desto besser ist der allgemeine Gesundheitszustand unabhängig von Alter, Geschlecht, ethnischem Hintergrund, der Nationalität und dem Forschungsdesign sowie den verwendeten Messinstrumenten der Studien. Neben einem direkten Einfluss auf die Gesundheit kommt dem Kohärenzsinn auch eine mediierende und moderierende Funktion bei der Erklärung des Gesundheitszustandes zu. Der Kohärenzsinn stellt demzufolge einen Prädiktor der Gesundheit dar, anhand dessen Ausprägung der Gesundheitszustand zu einem Teil vorhersagbar zu sein scheint. Allerdings stellt der Kohärenzsinn keinen alleinigen Faktor zur Erklärung der Gesundheit dar. Es bestehen starke Zusammenhänge zwischen dem Kohärenzsinn und Faktoren der psychischen Gesundheit, wie Optimismus, Widerstandsfähigkeit, erlerntem Einfallsreichtum, der Akzeptanz von Behinderungen, Beherrschung, Kontrollüberzeugung, Sozialkompetenz, Selbstwertschätzung und Selbstwirksamkeit. Darüber hinaus weist der Kohärenzsinn stark negative Zusammenhänge zu Angst, Zorn, Burnout, Demoralisierung, Feindseligkeit, Hoffnungslosigkeit, Depression, wahrgenommenen Stressoren und posttraumatischen Belastungssyndromen auf (Eriksson und Lindström 2006). Psychische Gesundheit und der Kohärenzsinn stellen aber trotz der hohen Korrelationen zwei voneinander abzugrenzende Konstrukte dar, sodass der Zusammenhang wie folgt angenommen wird: Personen mit einem stark ausgeprägten Kohärenzsinn können besser stressige Situationen bewältigen und bleiben länger gesund als Personen mit einem schwach ausgeprägten Kohärenzsinn (Eriksson und Lindström 2006).

Außerdem kann der Kohärenzsinn als eine Variable angesehen werden, die die Resilienz von Personen fördert. Für Resilienz selbst konnten ebenfalls positive Zusammenhänge mit Variablen der Gesundheit belegt werden. So steht sie in einem positiven Verhältnis zu psychischer und physischer Gesundheit sowie in einem negativen Verhältnis zu traumatisch bedingten Belastungen und der Schwere posttraumatischer Belastungsstörungen (Connor et al. 2003).

Die im Modellansatz von Krisor und Rowold (2013a) getroffenen Annahmen konnten in einer empirischen Untersuchung weitestgehend gestützt werden. So bestätigte sich die Annahme, dass eine übermäßige Bindung des/der Mitarbeiters*in an das Unternehmen zu einem Beruf-Familie-Konflikt führt und positiv mit Stress zusammenhängt. Zudem zeigte sich, dass der (interne) Beruf-Familie-Konflikt einen Prädiktor der Irritation darstellt und den Zusammenhang zwischen der übermäßigen Bindung an das Unternehmen und Irritation mediiert. Ebenso zeichnete sich in einer ersten Querschnittsstudie zur Prüfung des integrierten Modells von Glaser und Herbig (2012) ab, dass die Wirkketten sowohl auf positiver als auch auf negativer Seite, wie vermutet, durch verschiedene Kombinationen der Lernanforderungen, Ressourcen und Stressoren ausgelöst werden. Als sinnvoll stellte sich nach Herbig und Glaser (2013) auch die zeitliche Einteilung der Belastungen in kurz- und langfristig heraus, demzufolge Irritation ein Frühwarnsignal zu sein scheint.

5.5 Umsetzung in der Praxis

Die Gesunderhaltung der Mitarbeiter*innen als Grundlage einer kreativen Arbeitsleistung stellt das Ziel des betrieblichen Gesundheitsmanagements (BGM) in Organisationen dar. Im Rahmen der Präventionsmaßnahmen unterscheidet man zwischen Verhaltens- (Ebene der Mitarbeiter*innen) und Verhältnisprävention (organisationale Ebene). Des Weiteren wird hinsichtlich der Zielsetzung zwischen korrektiven und prospektiven Maßnahmen differenziert. Korrektive Maßnahmen dienen dem Abbau oder der Verhinderung von negativen Einflüssen, während prospektive Maßnahmen auf die Förderung und Verstärkung gesundheitsförderlicher Einflüsse abzielen.

Anknüpfend an die integrierte Betrachtung von Arbeit, Gesundheit und Kreativität in dem Modell von Glaser und Herbig (2012) stellt sich die Frage, wie sowohl die Gesundheit als auch die Kreativität durch das BGM gestärkt werden können. Herbig und Glaser (2013, S. 107) schlagen eine Kombination verhaltens- und verhältnispräventiver Maßnahmen in Form eines „CreateHealth-Zirkels" vor. Dabei werden Kreativitätstrainings mit Gesundheitszirkeln kombiniert, indem Mitarbeiter*innen gemeinsam Möglichkeiten der Tätigkeitsgestaltung zur Steigerung der Kreativität und Gesundheit im Unternehmen erarbeiten. Dies sollen sie mithilfe zuvor erlernter Kreativitätstechniken tun (Herbig und Glaser 2013).

5 Gesundheit und Innovation – Grundlagen

Exkurs: Umgang mit Suchterkrankungen in der Arbeitswelt

Suchterkrankungen richten in der Volkswirtschaft einen erheblichen Schaden an. Alleine die Alkoholsucht verursacht jährliche Kosten von 26,7 Mrd. € durch Arbeitsunfähigkeit, Frühberentung, Produktionsausfälle und Rehabilitation (Bartsch und Meifert-Diele 2013). Gründe für Suchterkrankungen rühren auch hier neben belastenden Lebenssituationen, der familiären Prägung und individuellen Persönlichkeitseigenschaften aus der konkreten Arbeitssituation her. Am Arbeitsplatz, so vermutet Ducki (2013), treiben Leistungs- und Erfolgsdruck, Erwartungen an Schnelligkeit und dauerhafte Erreichbarkeit viele Erwerbstätige in ungesunde Bewältigungsmechanismen, die sie anfällig für Suchtverhalten machen. In einem Berliner Stadtreinigungsbetrieb wurde aus diesem Grund ein Suchtpräventionsprogramm ins Leben gerufen und eine Dienstvereinbarung geschlossen: Es herrscht im gesamten Betrieb absolutes Alkoholverbot und es wurde ein klarer Handlungsrahmen für Führungskräfte und Beschäftigte zum Umgang mit Alkohol- und Suchtauffälligkeiten festgelegt. Zudem wurde parallel dazu eine betriebliche Beratungsstelle aufgebaut, die offene Türen für sämtliche Sucht- und weitere Problematiken bietet (Seele und Janecke 2013). Auch bei der Deutschen Bahn (DB) wird ein ganzheitlicher Ansatz zur Suchtprävention im Einklang zur gelebten Sicherheitskultur des Unternehmens verfolgt. Dabei werden Schulungen zum Thema Sucht durchgeführt, medizinische Kontrollen vorgenommen und eine intensive Sozialbetreuung für erkrankte Mitarbeiter*innen zur Verfügung gestellt. Darüber hinaus wurde das Suchtmittelverbot erweitert, sodass sich der/die Arbeitnehmer*in sowohl innerhalb als auch außerhalb des Betriebes so zu verhalten hat, dass er/sie seine/ihre Arbeit zweifellos ausführen kann. Vor allem darf er/sie seine/ihre Arbeit infolge des Genusses alkoholischer Getränke oder anderer berauschender Mittel weder antreten noch fortsetzen (Gravert 2013).

Beraterstory

Herr Möllmann ist das, was man einen *Workaholic* nennt. Er arbeitet sehr gerne für sein Unternehmen und macht freiwillig Überstunden, um mehr Leistung zeigen zu können. Er erhofft sich dadurch die Anerkennung von seiner Vorgesetzten. Doch leider lobt diese eher selten. Herr Möllmann ist morgens der erste im Büro und abends der letzte, was seiner Frau mit der Zeit immer weniger gefällt und es immer häufiger zu Streit kommt. Die viele Arbeit und der familiäre Stress beeinflussen die Gesundheit von Herrn Möllmann, sodass er vermehrt unter Schlaf- und Konzentrationsstörungen leidet, was er sich selbstverständlich auf der Arbeit nicht anmerken lassen will. Allerdings beeinträchtigt dies seine Leistung und es passieren ihm immer mehr Fehler, was seiner Vorgesetzten Frau Michels nicht verborgen bleibt. Als diese Herrn Möllmann darauf anspricht, weicht er nur aus und behauptet gereizt, dass alles in

Ordnung sei. Frau Michels fällt mit der Zeit auf, dass die Fehlerquote mehrerer Mitarbeiter*innen anzusteigen scheint und sich das Verhalten von Herrn Möllman verbreitet.

Da die Vorgesetzte nicht weiß, wie sie die Situation ändern kann und auf die gute Arbeitsleistung von ihren Mitarbeitern*innen angewiesen ist, wendet sie sich an Frau Dr. Wehmeier und schildert ihr die Situation. Die Beraterin vereinbart unter anderem einen Termin mit Herrn Möllmann, der nach einigem Zögern bereit ist, ihr von seinen Problemen zu berichten. „Das viele Arbeiten ist eine Sache, aber der Stress mit meiner Frau zerrt sehr an meinen Nerven", erklärt er. „Außerdem habe ich immer das Gefühl meine Arbeit ist nicht gut genug. Ich arbeite mehr als jeder andere und bekomme sehr selten mal ein Lob oder Anerkennung, das frustriert mich zusätzlich zur Belastung." Nachdem Frau Dr. Wehmeier ähnliche Aussagen anderer Mitarbeiter*innen erhalten hat und diese der Vorgesetzten geschildert hat, ist diese sehr erstaunt über das Empfinden ihrer Mitarbeiter*innen. „Ich dachte immer, Mitarbeiter wie z. B. Herr Möllmann wissen, dass ich ihre Arbeit sehr schätze, ohne dass ich es häufig sagen muss. Da habe ich mich wohl sehr geirrt." In einem gemeinsamen Gespräch macht die Beraterin klar, wie wichtig a) das regelmäßige Loben (transaktionale Führung, vgl. Kap. 8) sowie b) eine vertrauensvolle Beziehung zwischen Vorgesetzten und Mitarbeitern*innen ist. Die Führungskraft steht auch in der Verantwortung, dass die Mitarbeiter*innen nicht durch die Arbeit überlastet werden und ein betriebliches Gesundheitsmanagement wichtig ist, um solchen negativen Folgen vorzubeugen. Das Beratungsgespräch schließt mit einer konkreten Zielsetzung, sodass Frau Michels konkret festhält, welches Verhalten sie gegenüber welchem*r Mitarbeiter*in wann und wie häufig in den nächsten 3 Monaten zeigen wird.

Anwendungsbeispiel aus der Praxis
Um speziell Führungskräfte im Umgang mit beruflichen Veränderungen und Herausforderungen zu fördern, entwickelte der Konzern der Sportmarke Puma ein zweitägiges Resilienz-Training. Dabei sollten die Führungskräfte lernen, die individuellen Grenzen ihrer Belastbarkeit zu erkennen und auf diese zu achten. Ein weiteres Ziel des Trainings war es, die psychische Widerstandsfähigkeit zu stärken. Dafür wurde ein persönliches Resilienz-Profil erstellt, aus dem sich anschließend Handlungsvorschläge ableiten ließen. Außerdem erhielten die Teilnehmer*innen Unterstützung dabei, Führungsverhaltensweisen zu entwickeln, die eine unterstützende Wirkung auf die psychische Gesundheit ihrer Mitarbeiter*innen haben (Kohtes und Rosmann 2015).

Durch die unterstützenden Maßnahmen sollen die Fehlzeiten der Mitarbeiter*innen reduziert werden, sodass diese mehr Ressourcen zur Verfügung haben und die Kreativität durch eine positive Arbeitsgestaltung gefördert wird. Des Weiteren kann die Beziehung zwischen Führungskraft und den Mitarbeitern*innen positiv gestärkt werden, sodass kreatives Verhalten der Mitarbeiter*innen gefördert wird.

Literatur

Amabile TM (1990) Within you, without you: the social psychology of creativity, and beyond. In: Runco MA, Albert RS (Hrsg) Theories of creativity. Sage, Newbury Park, S 61–91

Amabile TM (1996) Creativity and innovation in organizations. Harvard Business School, Boston

Amabile TM (1997) Motivating creativity in organizations: on doing what you love and loving what you do. Calif Manage Rev 40(1):39–58

Antonovsky A (1979) Health, stress, and coping: new perspectives on mental and physical well-being. Jossey-Bass, San Francisco

Antonovsky A (1987) Unraveling the mystery of health. How people manage stress and stay well. Jossey-Bass, San Francisco

Antonovsky A (1997) Salutogenese: Zur Entmystifizierung der Gesundheit. dgvt- Verlag, Tübingen

Asif F, Javed U, Janjua SY (2018) The job demand-control-support model and employee wellbeing: a meta-analysis of previous research. Pak J Psychol Res 33(1):203–221

Bartsch G, Meifert-Diele C (2013) Alkoholabhängigkeit und riskanter Alkoholkonsum. In: Badura B, Ducki A, Schröder H, Klose J, Meyer M (Hrsg) Fehlzeiten-Report 2013. Verdammt zum Erfolg – die süchtige Arbeitsgesellschaft? Springer, Berlin, S 67–74

Bender D, Lösel F (1998) Protektive Faktoren der psychisch gesunden Entwicklung junger Menschen: Ein Beitrag zur Kontroverse um saluto- vs. pathogenetische Ansätze. In: Margraf J, Siegrist J, Neumer S (Hrsg) Gesundheits- oder Krankheitstheorie? Saluto- versus Pathogenetische Ansätze im Gesundheitswesen. Springer, Berlin, S 117–145

Bengel J, Strittmatter R, Willmann H (1999) Was erhält Menschen gesund? Antonovskys Modell der Salutogenese – Diskussionsstand und Stellenwert. Erw. Neu Aufl. 2001. Bundeszentrale für gesundheitliche Aufklärung (BZgA), Köln

Büssing A, Glaser J (1993) Qualifikationserfordernisse und -möglichkeiten als gesundheits- und persönlichkeitsförderliche Merkmale in der Arbeitstätigkeit. Z Arb Organisationspsychol 37(4):154–162

Cohen S, Herbert TB (1996) Health psychology: psychological factors and physical disease from the perspective of human psychoneuroimmunology. Annu Rev Psychol 47:113–142

Connor KM, Davidson JRT, Lee LC (2003) Spirituality, resilience, and anger in survivors of violent trauma: a community survey. J Trauma Stress 16(5):487–494

Demerouti E, Bakker AB, Nachreiner F, Schaufeli WB (2001) The job demands-resource model of burnout. J Appl Psychol 86(3):499–512

Diebig M, Jungmann F, Müller A, Wulf IC (2018) Inhalts- und prozessbezogene Anforderungen an die Gefährdungsbeurteilung psychischer Belastung im Kontext Industrie 4.0. Z Arb Organisationspsychol A&O 62(2):53–67

Ducki A (2013) Verdammt zum Erfolg – die süchtige Arbeitsgesellschaft? In: Badura B, Ducki HA, Schröder JK, Meyer M (Hrsg) Fehlzeitenreport 2013. Verdammt zum Erfolg – die süchtige Arbeitsgesellschaft? Springer, Berlin, S 3–10

Eriksson M, Lindström B (2006) Antonovsky's sense of coherence scale and the relation with health: a systematic review. J Epidemiol Commun Health 60:376–381

Glaser J, Herbig B (2012) Modelle der psychischen Belastung und Beanspruchung. In: DIN Deutsches Institut für Normierung e.V. (Hrsg) Psychische Belastung und Beanspruchung am Arbeitsplatz – Inklusive DIN EN ISO 10075-1 bis – 3. Beuth Verlag, Berlin, S 17–27

Gravert C (2013) Suchtprävention in Verkehrsunternehmen am Beispiel der Deutschen Bahn. In: Badura B, Ducki A, Schröder H, Klose J, Meyer M (Hrsg) Fehlzeiten-Report 2013. Springer, Berlin, S 243–250

Greenhaus JH, Allen TD (2011) Work-family balance: a review and extension of the literature. In: Quick JC, Tetrick LE (Hrsg) Handbook of occupational health psychology, 2. Aufl. American Psychological Association, Washington, DC, S 165–183

Hacker W (2005) Allgemeine Arbeitspsychologie: psychische Regulation von Wissens-, Denk- und körperlicher Arbeit. Huber, Bern

Hackman JR, Oldham GR (1975) Development of the job diagnostic survey. J Appl Psychol 60(2):159–170

Hammelstein P (2006) Resilienz. In: Renneberg B, Hammelstein P (Hrsg) Gesundheitspsychologie. Springer, Berlin, S 18–23

Herbig B, Glaser J (2013) Kreativität und Gesundheit im Arbeitsprozess – Bestandsaufnahme, Intervention und Evaluation. Bundesanstalt für Arbeitsschutz und Arbeitsmedizin, Dortmund

Herbig B, Glaser J, Gunkel J (2008) Kreativität und Gesundheit im Arbeitsprozess. Bedingungen für eine kreativitätsförderliche Arbeitsgestaltung im Wirtschaftsleben. Bundesanstalt für Arbeitsschutz und Arbeitsmedizin, Dortmund

Jansen O (2000) Job demands, perceptions of effort – reward fairness and innovative work behavior. J Occup Organ Psychol 73:287–302

Jansen O (2001) Fairness perceptions as a moderator in the curvilinear relationships between job demands, and job performance and job satisfaction. Acad Manage J 44(5):1039–1050

Jansen O (2004) From persistence to pursuit: a longitudinal examination of momentum during the early stages of strategic change. Organ Sci 15(3):276–294

Karasek RA (1979) Job demands, job decision latitude and mental strain: implications for job redesign. Adm Sci Q 24:285–308

Karasek RA, Theorell T (1990) Healthy work: stress, productivity and the reconstruction of working life. Basic Books, New York

Kauffeld S, Jonas E, Frey D (2004) Effects of a flexible work-time design on employee- and company-related aims. Eur J Work Organ Psy 13(1):79–100

Kohtes PJ, Rosmann N (2015) Verordnetes Nichtstun – Meditation in Unternehmen. managerSeminare – Das Weiterbildungsmagazin 203:62–68

Krisor S, Rowold J (2013a) Effort-reward imbalance theory and irritation: the important role of internal and external work-family conflict. J Bus Med Psychol 4(2):1–10

Krisor S, Rowold J (2013b) Organizational health und work-life-balance. In: Rowold J (Hrsg) Human resource management. Springer, Berlin, S 111–121

Kumpfer KL (1999) Factors and processes contributing to resilience: the resilience framework. In: Glantz MD, Johnson JL (Hrsg) Resilience and development. Positive life adaptations. Kluwer, New York, S 179–224

Lazarus RS, Folkman S (1987) Transactional theory and research on emotions and coping. Eur J Personal 1(3):141–170

Lippke S, Renneberg B (2006) Konzepte von Gesundheit und Krankheit [Concepts of health and illness]. In: Renneberg B, Hammelstein P (Hrsg) Gesundheitspsychologie. Springer, Berlin, S 7–12

Litzcke S, Schuh H, Pletke M (2013) Stress, mobbing, burn-out am Arbeitsplatz, 6. Aufl. Springer, Heidelberg

Luthar SS, Cicchetti D, Becker D (2000) The construct of resilience: a critical evaluation and guidelines for future work. Child Dev 71(3):543–562

Meyer M, Wenzel J, Schenkel A (2018) Krankheitsbedingte Fehlzeiten in der deutschen Wirtschaft im Jahr 2017. In: Badura B, Ducki A, Schröder H, Klose J, Meyer M (Hrsg) Fehlzeiten-Report 2018. Springer, Berlin, S 331–387

Michie S, Williams S (2003) Reducing work-related psychological ill health and sickness absence: a systhematic literature review. J Occup Environ Med 60:3–9

Mohr G, Rigotti T (2009) Berufliche Bedingungen. In: Bengel J, Jerusalem M (Hrsg) Handbuch der Gesundheitspsychologie und medizinischen Psychologie Handbuch der Psychologie, Bd 12. Hogrefe, Göttingen, S 156–163

Mohr G, Rigotti T, Müller A (2005) Irritation – ein Instrument zur Erfassung psychischer Beanspruchung im Arbeitskontext. Skalen und Itemparameter aus 15 Studien. Z Arb Organspsychol 49(1):44–48

Resch M, Bamberg E (2005) Work-Life-Balance – Ein neuer Blick auf die Vereinbarkeit von Berufs- und Privatleben. Z Arb Organspsychol 49(4):171–175

Rowold J, Heinitz K (2008) Führungsstile als Stressbarrieren – Zum Zusammenhang zwischen transformationaler, transaktionaler, mitarbeiter- und aufgabenorientierter Führung und Indikatoren von Stress bei Mitarbeitern. Z Personalpsychol 7(3):129–140

Rutter M (1995) Psychosocial adversity: risk, resilience and recovery. South Afr J Child Adolesc 7(2):75–88

Schulz P, Schlotz W, Becker P (2004) Trierer Inventar zum Chronischen Stress (TICS). Hogrefe, Göttingen

Schumacher J, Leppert K, Gunzelbaum T, Strauß B, Brähler E (2004) Die Resilienzskala – Ein Fragebogen zur Erfassung der psychischen Widerstandsfähigkeit als Personmerkmal. Z Klin Psychol Psychiatr Psychother 53:16–39

Seele S, Janecke A (2013) Betriebliche Suchtprävention bei der Berliner Stadtreinigung. In: Badura B, Ducki A, Schröder H, Klose J, Meyer M (Hrsg) Fehlzeiten-Report 2013. Springer, Berlin, S 251–259

Siegrist J (1996) Adverse health effects of high- effort/low reward conditions. J Occup Health Psychol 1(1):27–41

Van Dyne L, Jehn KA, Cummings A (2002) Differential effects of strain on two forms of work performance: individual employee sales and creativity. J Organ Behav 23:57–74

West MA (2002) Sparkling fountains or stagnant ponds: an integrative model of creativity and innovation in work groups. Appl Psychol Int Rev 51(3):355–386

West MA, Anderson NR (1996) Innovation in top management teams. J Appl Psychol 81(6):680–693

WHO (1946) Verfassung der Weltgesundheitsorganisation, § 1

Wiese BS (2007) Work-life-balance. In: Moser K (Hrsg) Wirtschaftspsychologie. Springer, Berlin, S 245–263

Wright TA, Walton AP (2003) Affect, psychological well- being and creativity: results of a filed study. J Bus Manage 9(1):21–32

Zapf D, Semmer N (2004) Stress und Gesundheit in Organisationen. In: Schuler H (Hrsg) Enzyklopädie der Psychologie, Themenbereich D, Serie III, Bd. 3 Organisationspsychologie, 2. Aufl. Hogrefe, Göttingen, S 1007–1112

Gesundheit und Innovation – Mindfulness-based Stress Reduction

Jens Rowold und Sarah Lange

6.1 Einführung

Wie im bereits beschrieben Rahmenmodell zur Kreativität und Innovation gezeigt wurde, sind grundlegende emotionale und kognitive Prozesse bei der Kreativität beteiligt. Die moderne Arbeitswelt stört jedoch oft dieses konzentrierte (Kognition) und längerfristige (Emotion und Kognition) Arbeiten, sodass kreative Leistungen stark erschwert werden. Eine Möglichkeit besteht darin, dass Mitarbeiter*innen in Organisationen ein festes Zeitkontingent bekommen, um darin ausschließlich und ungestört an Innovationen zu arbeiten. Diese Praxis ist bei einigen Unternehmen (z. B. 3M) anzutreffen. Andere Unternehmen nutzen aktuelle Erkenntnisse aus den Kognitions- und Gesundheitswissenschaften, um Mitarbeiter*innen bei emotional und kognitiv anspruchsvollen Leistungen (wie z. B. Kreativität) zu unterstützen. In den letzten Jahren hat sich hier insbesondere das Konstrukt Mindfulness (zu Deutsch etwa „Achtsamkeit") durchgesetzt, welches sich durch eine hohe Relevanz für die organisationale Arbeitspraxis auszeichnet (Glomb et al. 2011). Da zahlreiche Studien die Wirksamkeit von Mindfulness bestätigen und auch positive Evaluationsstudien zur Trainierbarkeit von Mindfulness vorliegen, wird im Folgenden der Nutzen von Mindfulness für das Human Resource Management dargestellt.

J. Rowold (✉)
Zentrum für HochschulBildung, Lehrstuhl für Personalentwicklung und Veränderungsmanagement, Technische Universität Dortmund, Dortmund, Deutschland
E-Mail: jens.rowold@tu-dortmund.de

S. Lange
MHP – A Porsche Company, Essen, Deutschland

6.2 Begriffsverständnis

Nach Kabat-Zinn (2009) ist Mindfulness definiert als das bewusste, nicht-urteilende Aktivieren – und Verweilen in – der Aufmerksamkeit in der Gegenwart. Damit geht Mindfulness über alltägliche, „typische" Bewusstseinszustände hinaus, die sich i. d. R. durch ein hohes Ausmaß an Unbewusstheit und ein starkes Maß an (Ver-)Urteilen (z. B. Abwerten von anderen, Aufwerten von positiven Gefühlen) auszeichnen.

Durch die bewusste Wahrnehmung von kognitiven und emotionalen Bewusstseinsinhalten wird eine reflektierte und unabhängige Betrachtung von alltäglichen Sachverhalten gefördert. Tab. 6.1 stellt die wesentlichen Unterschiede zwischen „typischen", alltäglichen Bewusstseinszuständen und Mindfullness gegenüber.

Diese Übersicht zeigt, dass Mindfulness stark auf die menschliche Wahrnehmung, Gefühle und Informationswahrnehmung fokussiert. Damit ist Mindfulness unabhängig von religiösen Systemen oder Dogmen, auch wenn sich inhaltliche Ähnlichkeiten zu buddhistischen Konzepten aufzeigen lassen (Kabat-Zinn 2009).

Die moderne Arbeitswelt fördert durch hohen Arbeitsdruck und schnelle Arbeitsabläufe diejenigen Bewusstseinszustände, die in Tab. 6.1 auf der linken Seite aufgeführt sind. Durch Training und Übung kann jedoch Mindfulness erlernt und verstärkt werden. Als Konsequenz davon ergeben sich eine Reihe von positiven Ressourcen (s. unten), die sich nicht zuletzt auf die Kreativität auswirken können.

6.3 Modelle

Coffey und Hartman (2008) schlugen ein Prozessmodell zur Verbindung zwischen Mindfulness und geringem Stresserleben vor. Darin beeinflusst Mindfulness zunächst die Regulation von Gefühlen (z. B. werden negative Gefühle als weniger belastend erlebt, da sie

Tab 6.1 Abgrenzung von „typischen" versus achtsamen (mindful) Bewusstseinsinhalten

„typische" Bewusstseinszustände	Mindfulness
Bewertung („X ist gut, Y ist schlecht")	Keine Bewertung oder Urteil, Trennung von Wahrnehmung und subjektiv gefärbter Bewertung
Ergebnisorientierung: Gedanken kommen schnell hintereinander, Lösungen werden schnell erwartet und aktiv gesucht	„Seinsorientierung": Geduld, Akzeptieren von Unsicherheit
Gedanken haben Priorität gegenüber Gefühlen und körperlichen Wahrnehmungen	Offene Achtsamkeit gegenüber Gedanken, Gefühlen, und körperlichen Wahrnehmungen
Starke Anhaftung an persönliche Sichtweisen	Wenig Anhaftung
Priorisierung von Eigeninteressen	Mitgefühl, Empathie
Überschätzung der eigenen kognitiven Kompetenz, (Handeln nach „Schema F")	Selbstreflektion, Neugier, Offenheit für unbekannte Erfahrungen und Sichtweisen

akzeptiert werden) und verringert die Anhaftung (indem z. B. unterschieden wird zwischen der beobachtenden Funktion des Bewusstseins und der bewertenden Funktion der Kognitionen). Aus der verbesserten Gefühlsregulation lässt sich direkt ein geringeres Maß an wahrgenommenem Stress ableiten. Aus der verminderten Anhaftung ergeben sich zunächst positive Effekte im Bereich Rumination (also z. B. dem Grübeln über Probleme).

Dieser Effekt führt anschließend zu einem geringeren Stresserleben. Zudem konnte anhand von zwei Studien nachgewiesen werden, dass Mindfulness auch direkt (z. B. durch Verlagerung des kognitiven Fokus weg von negativen Gedanken und hin zu positiven oder neutralen Gedanken) das Stresserleben verringert. Insgesamt verdeutlicht das Modell von Coffey und Kollegen die verschiedenen, stressmindernden Effekte von Mindfulness.

Glomb et al. (2011) erarbeiteten ein erweitertes, differenzierteres und arbeitsbezogenes Prozessmodell der Wirkung von Mindfulness. Darin wird zwischen drei Hauptkategorien und sieben Nebenkategorien der Wirkung von Mindfulness unterschieden. Insgesamt resultieren aus Mindfulness vier Kategorien von positiven Konsequenzen, die allesamt im Bereich der verbesserten Regulationsfähigkeiten angesiedelt sind. In Abb. 6.1 sind die wesentlichen Bestandteile dieses Prozessmodells dargestellt.

Zunächst bewirkt Mindfulness, dass das Selbst von Erfahrungen und Gedanken entkoppelt wird. Mindfulness trainiert die bewusste Unterscheidung zwischen der Wahrnehmung von Gedanken und Erfahrungen und dem eigenen Selbst bzw. des „aufmerksamen

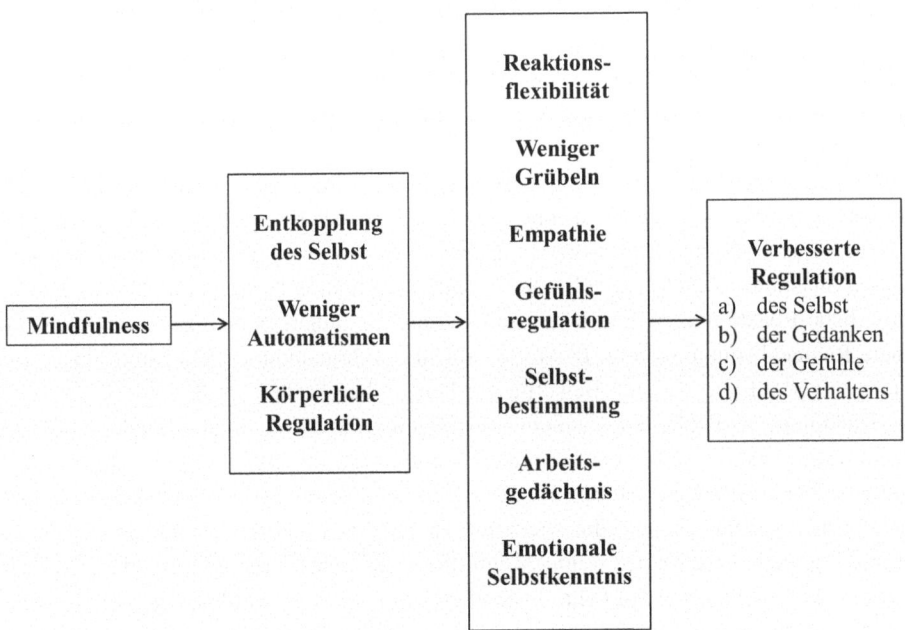

Abb. 6.1 Prozessmodell von Glomb et al. (2011).

Beobachters". Bei einer Person, die sich bei der Arbeit über eine*n Kolleg*inen ärgert, könnte Mindfulness dazu verhelfen, folgende Gedanken zu bekommen: „Nicht ich bin ärgerlich, sondern ich beobachte das Gefühl des Ärgerlich-Seins". Es geht darum, die genannten Gefühle und Gedanken wahrzunehmen, zu benennen, aber sie nicht zu bewerten und sich nicht mit ihnen zu identifizieren. Es findet also eine Trennung von Selbst und Bewusstseinsinhalten statt. Dadurch werden das Selbst und auch das Selbstwertgefühl von Erfahrungen und Gedanken nicht angegriffen, obwohl Gedanken und Gefühle genauso intensiv wahrgenommen werden wie ohne Mindfulness.

Die zweite direkte Wirkung von Mindfulness ist der geringere Nutzen von automatischen Gedankengängen und Gefühlsreaktionen. Gewöhnlicherweise handeln Menschen, die bei der Arbeit Stress erleben, nach ihren bisherigen Erfahrungen („Schema F"). Dies hat den Vorteil, dass Handlungen schnell vollzogen werden können, jedoch den Nachteil, dass nicht immer die besten Handlungen ausgeführt werden. Mindfulness hilft hier, indem die Situation zunächst bewusster, vollständiger und (selbst-)reflektierter wahrgenommen wird. Danach können mehrere Handlungsoptionen gegeneinander abgewägt und die beste ausgeführt werden. Die Person kann flexibler auf komplexe Situationen reagieren.

Schließlich führt Mindfulness drittens zu einer besseren körperlichen Reaktion, in dem auch körperliche Prozesse (z. B. die Atmung) aufmerksam beobachtet, aber nicht bewertet werden. Dies führt zu einem besseren Gleichgewicht zwischen dem aktivierenden (Sympathikus) und dem regenerierenden (Parasympathikus) Teil des autonomen Nervensystems, so dass eine Ursache von körperlichem Stress abgebaut wird. Denn gerade eine zu hohe gleichzeitige Aktivierung der beiden Anteile des autonomen Nervensystems führt zu psychischen (z. B. Wut) und körperlichen (z. B. Verdauungsbeschwerden) Problemen. Insgesamt gleicht Mindfulness die beiden Anteile aus und bietet die Möglichkeit, bereits frühzeitig Warnsignale des Körpers (z. B. muskuläre Anspannung) zu erkennen.

Der nächste Schritt im Prozessmodell von Glomb et al. (2011) bilden sieben Nebenkategorien der Wirkung von Mindfulness. Erstens führt das Beobachten der Situation und der darauffolgenden eigenen Bewusstseinsinhalte (Entkopplung des Selbst, s. o.) zu einem inneren Innehalten, welches erlaubt, flexibel auf die Situation zu reagieren. Ohne negative körperliche Reaktionen (wie z. B. Stress) werden die äußere Situation sowie mögliche innere Rahmenbedingungen (z. B. Werte) in Ruhe wahrgenommen. Da Mindfulness zudem weniger auf vorgefassten Bewertungsschemata beruht, können besonders gut mehrere Handlungsmöglichkeiten gegeneinander abgewägt und es kann anschließend flexibel darauf reagiert werden. Zweitens verhindert Mindfulness unnötiges Grübeln. Grübeln tritt häufig bei hoher Arbeitsbelastung auf und ist durch teilweise passive und wiederholte Gedankengänge gekennzeichnet, die wiederum zu negativen und unproduktiven Gedanken führen. Wie oben beschrieben trennt Mindfulness das Selbst und die Gedanken, so dass Grübeln unterbrochen werden kann. In Studien konnte gezeigt werden, dass Mindfulness zu mehr Konzentration führt (Ingram und Smith 1984) und zu weniger depressiven Verstimmungen (Nolen-Hoeksema und Morrow 1991).

Viertens fördert Mindfulness die Empathie, also die Fähigkeit, das Leben aus der Perspektive von anderen zu betrachten. Dies ist für Mitarbeiter*innen in Organisationen sehr wichtig, da so die Bedürfnisse von Kund*innen und Kolleg*innen verstanden werden können, wodurch insgesamt die Performanz steigen kann. Wie oben beschrieben führt Mindfulness zu einer Entkopplung von Selbst und Bewusstseinsinhalten. Dies führt auch dazu, dass die Sichtweise von anderen überhaupt berücksichtigt werden kann, da mehr Raum für andere und deren spezifische Situation geschaffen wird. Durch Mindfulness werden wir unseres Selbst und unserer eigenen Informations- und Gefühlsverarbeitung mehr bewusst und können diese optimieren. Zahlreiche Autoren beschreiben, dass dadurch meistens auch erreicht wird, dass wir andere, die nicht ihre eigenen Gedanken und Handlungsmuster reflektieren (z. B. durch die oben genannte Entkopplung) besser verstehen können und uns ihnen daher empathisch zuwenden. Es entsteht ein sich selbst verstärkender Kreislauf von vermehrtem intraindividuellen Verständnis (durch Mindfulness) und vermehrter interindividueller Empathie (Siegel 2010). Echte Empathie setzt zudem voraus, dass auch negative Gefühle bei sich selbst und bei anderen wahrgenommen und akzeptiert werden. Da diese Wahrnehmungs- und Akzeptanzprozesse im „typischen Alltag" sehr selten auftreten, kann Mindfulness dazu verhelfen, sie zu kultivieren. Zahlreiche Studien belegen den Wert der Empathie für erfolgreiche Organisationen: Mitarbeiter*innen, die empathisch sind, zeigen mehr Organizational Citizenship Behavior (Kamdar et al. 2006). Führungskräfte bewirken durch ihre Empathie, dass ihre jeweiligen Mitarbeiter*innen weniger psychosomatische Beschwerden (z. B. Bluthochdruck) haben (Scott et al. 2010).

Mindfulness führt fünftens zu einer verbesserten Regulation der eigenen Gefühle, da die oben beschriebene Entkopplung verhindert, dass negative Gefühle das Selbst erreichen. Zudem wird eine größere Kontrolle erlebt, was wiederum positive Gefühle aufbaut. In einer medizinischen Studie konnte nachgewiesen werden, dass die Gehirnregion, die für die Regulation von Gefühlen zuständig ist (u. a. Stirnlappen des Großhirns), durch Mindfulness stimuliert wird (Urry et al. 2004). Über die Zeit hinweg verbessert die Gefühlsregulation die Motivation und Resilienz.

Sechstens fördert Mindfulness die Selbstbestimmung, d. h. das autonome Arbeiten. Zudem fördert die beschriebene Entkopplung das Bewusst werden von persönlichen Werten, die anschließend mit einer höheren Wahrscheinlichkeit bei der Arbeit berücksichtigt werden. Mindfulness fördert auch die Persistenz bei der Arbeit, da Herausforderungen bei der Zielerreichung neutraler wahrgenommen werden, wenn Mindfulness vorhanden ist, und weil verstärkt nach persönlichen Werten gehandelt wird. Es konnte empirisch nachgewiesen werden, dass Mindfulness unter schwierigen Arbeitsbedingungen dabei hilft, den Fokus auf die Zielerreichung zu halten (Chambers et al. 2009). Die beschriebenen Prozesse verhelfen Mitarbeiter*innen dazu, zufriedener mit ihrer Arbeit, motivierter und leistungsfähiger zu sein (Bono und Judge 2003).

Siebentens verbessert Mindfulness das Arbeitsgedächtnis, in dem für eine begrenzte Zeit eine bestimmte Menge von Informationen abrufbar gehalten wird. Stress schränkt – u. a. durch die Ausschüttung des Hormons Cortisol – das Arbeitsgedächtnis ein, so dass Mitarbeiter weniger Leistung zeigen können. Mindfulness hingegen gleicht das autonome Nervensystem aus (s. o.) und führt damit zu einem gut funktionierenden Arbeitsgedächtnis. Schließend fördert Mindfulness die emotionale Selbsterkenntnis, also unter anderem die Fähigkeit, zukünftige emotionale Reaktionen zu antizipieren und entsprechend zu handeln (regulieren). Aufgrund der oben beschriebenen Entkopplung und dem verringerten Auftreten von Automatismen können sich Mitarbeiter*innen, die in Mindfulness geschult sind, emotional realistischer einschätzen. Dies hat zwei wichtige Effekte bei der Arbeit: erstens werden Enttäuschungen vermieden, und zweitens werden Entscheidungen besser getroffen.

Die beschriebenen Kategorien von positiven Konsequenzen von Mindfulness führen insgesamt dazu, dass Mitarbeiter*innen sich selbst (z. B. Zeitmanagement), ihre Gedanken (z. B. Konzentration), ihre Gefühle (z. B. Unterstützung von Kolleg*innen im Team) und ihr Verhalten (z. B. Überstunden für ein wichtiges Projekt) besser regulieren können als Kollegen, die nicht in Mindfulness geübt sind. Tab. 6.2 fasst in Anlehnung an Glomb et al. (2011) wesentliche arbeitsbezogene Effekte zusammen. Insgesamt verdeutlicht diese Auflistung, dass Mindfulness nicht zuletzt die Kreativität direkt und indirekt (z. B. über positive Gefühle) fördert.

Die diskutierten Kategorien der Konsequenzen von Mindfulness lassen auch erkennen, wie die einzelnen Phasen des Modells der Kreativität nach Kuhlthau (Kuhlthau 1993) durch Mindfulness unterstützt werden können. So unterstützt z. B. die Entkopplung das Fokussieren auf lösungsorientierte Kognitionen. Als zweites Beispiel kann angeführt werden, dass in der Phase der „Erkundung" Mindfulness helfen kann, Grübeln zu unterbinden und dadurch in kürzerer Zeit zu Lösungen zu gelangen. Schließlich unterstützt Empathie den Zusammenhalt zwischen einzelnen Mitarbeitern*innen? in Organisationen. Für die Förderung von Kreativität sind gut funktionierende, soziale Beziehungen zwischen Mitarbeiter*innen unerlässlich, da so am besten Informationen, die für Projekte und Arbeitsabläufe benötigt werden, a) unter den Mitarbeiter*innen offen ausgetauscht und b) arbeitsbezogenen angemessen verwertet werden.

6.4 Empirische Befunde

Mehrere empirische Studien belegen die positiven Wirkungen von Mindfulness. So konnten Davidson et al. (2003) zeigen, dass das Praktizieren von Mindfulness zu mehr positiven Gefühlen und im weiteren zeitlichen Verlauf auch zu einem besseren Immunsystem führt. In einem Call-Center wurde das klassische Programm „Mindfulness-based Stress Reduction" (MBSR, s. u.) durchgeführt, welches Mindfulness trainiert. In einer begleitenden Evaluationsstudie zeigte sich, dass die Teilnehmer*innen am MBSR verbesserte Möglichkeiten entwickelt hatten, mit Stress umzugehen (Walach et al. 2007). Zudem sagten 82 % der Teilnehmer*innen aus, ihre persönlichen Ziele durch das MBSR erreicht zu haben. In einer weiteren Studie mit chinesischen Studierenden zeigte sich, dass nach dem Erlernen von Mindfulness das Stresshormon Cortisol schneller abgebaut wurde als in der Kontrollgruppe (Tang et al. 2007). Dieses Ergebnis legt nahe, dass das Erlernen von Mindfulness zu einer verbesserten Stressregulation führt (vgl. Tab. 6.2). In einer weiteren Stu-

Tab 6.2 Effekte von Mindfulness

Konsequenzen von Mindfulness	Beispiel für positive Auswirkungen auf die Arbeit
Reaktionsflexibilität	Verbesserte Entscheidungen
Weniger Grübeln	Besseres Problemlösen
Empathie	Vermehrtes Organizational Citizenship Behavior
Gefühlsregulation	Verbesserter Umgang mit Stress
Selbstbestimmung	Verbesserte Leistung und Kreativität
Arbeitsgedächtnis	Verbesserter Umgang mit und höhere Leistung unter Stress
Emotionale Selbstkenntnis	Verbesserte Entscheidungen

die konnte Herndon (2008) zeigen, dass Mindfulness mit einer geringeren Anzahl von kognitiven Fehlern bei der Arbeit in Beziehung steht. Da Fehler bei der Arbeit negativ mit der Arbeitsleistung zusammenhängen, ist diese Studie wichtig für die Bedeutung von Mindfulness. Anhand einer Studie mit Führungskräften des Unternehmens General Mills konnte nachgewiesen werden, dass teilnehmende Führungskräfte durch Mindfulness-Training ihre kommunikativen Kompetenzen (z. B. Zuhören) und ihre Entscheidungsqualität verbessern konnten (Bostelmann und Overby 2018).

Darüber hinaus zeigten Lange et al. (2018), dass achtsamere Führungskräfte auf der einen Seite weniger destruktiv und auf der anderen Seite eher als transformational von ihren Mitarbeitenden wahrgenommen werden. Besonders die Facetten Innovation (Intellektuelle Anregung), das Aufzeigen einer Vision und der Individualitätsfokus stehen in direktem Zusammenhang mit der Achtsamkeit der Führungskräfte. Carleton et al. (2018) bestätigten den direkten Zusammenhang zwischen der Achtsamkeit von Führungskräften und transformationaler Führung und fanden zusätzlich heraus, dass der positive Affekt und die Führungs-Selbstwirksamkeit der Führungskräfte hier als Mediatoren fungieren.

Reb et al. (2014) fanden außerdem heraus, dass die Mitarbeiter*innen achtsamer Führungskräfte weniger emotional erschöpft sind und bessere Leistungen erzielen.

6.5 Umsetzung in der Praxis

Für die Messung von Mindfulness liegen zahlreiche Instrumente vor. Für den deutschen Sprachraum wurde insbesondere das Freiburg Mindfulness Inventory (FMI) validiert (Kohls et al. 2009). In mehreren Studien konnte eine zweifaktorielle Struktur des Instruments bestätigt werden. Der erste Faktor misst die Akzeptanz, also die Annahme von allen inneren und äußeren Ereignissen, unabhängig von einer subjektiven Bewertung. Ein Beispiel-Item für diesen Faktor lautet: „Ich erlebe Momente innerer Ruhe und Gelassenheit, selbst wenn äußerlich Schmerzen und Unruhe da sind". Der zweite Faktor wurde Präsenz genannt, womit die Achtsamkeit gegenüber aktuellen Sinnes- und Bewusstseinseindrücken gemeint ist (Beispiel-Item: „Ich bin in Kontakt mit meinen Erfahrungen, hier und jetzt"). In einer empirischen Studie zeigte sich jedoch, dass ausschließlich der Faktor Akzeptanz negativ mit Angst und Depressionen in Beziehung steht (Kohls et al. 2009), und daher wahrscheinlich auch für die organisationale Praxis am relevantesten ist. Für eine noch differenziertere Erfassung eignet sich die deutsche Version des Five Facet Mindfulness Questionaire (FFMQ-D) von Michalak et al. (2016), in dem sich folgende fünffaktorielle Struktur in Anlehnung an die englische Originalversion von Baer et al. (2006) bestätigen ließ: Beobachten, Beschreiben, mit Aufmerksamkeit Handeln, Akzeptieren ohne Bewertung und Nichtreaktivität.

Maßnahmen zur Steigerung von Mindfulness sind bereits seit Jahrzehnten entwickelt und in verschiedenen Kontexten evaluiert worden. Der häufigste Vertreter dieser Maßnahmen ist das sogenannte MBSR. Das Programm wurde vor mehr als 25 Jahren von Prof. Kabat-Zinn entwickelt (Kabat-Zinn 2003) und seitdem von mehr als 15.000 Menschen genutzt. Über den Verlauf von 8 Wochen finden täglich 5 Stunden Mindfulness statt, in denen mehrere Techniken vermittelt werden. Hierzu zählen eine Einführung in die Mindfulness-Meditation, in Yoga, sowie in achtsame Kommunikation. Besonders die letztgenannte Methode hilft, einen Zustand der Mindfulness auch in alltägliche Situationen, wie Gespräche mit Arbeitskollegen, zu übertragen. Zusätzlich werden Übungen für das spätere Praktizieren nach dem Programm vermittelt und eine DVD mit den wichtigsten Infos und Übungen verteilt. MBSR wird in einigen Ländern (z. B. den Niederlanden) bereits von Krankenkassen finanziert. Einer Meta-Analyse zufolge zeigt das Training von Mindfulness positive Effekte auf körperliche (z. B. chronische Rückenschmerzen, Fibromyalgie; $d = 0{,}42$) und psychische Beschwerden (z. B. Angststörungen; $d = 0{,}50$) (Grossman et al. 2004).

Um dem zunehmend starken Ökonomisierungsdruck standhalten zu können, sind viele Unternehmen in Veränderungsprojekte (z. B. Restrukturierung) eingebunden. Diese Restrukturierungen gehen für die Beschäftigten oft mit Veränderungen der individuellen Arbeitsroutinen, neuen Kolleg*innen, und neuen Strukturen einher. Dadurch werden häufig Verunsicherung und weitere negative Gefühle ausgelöst. Gleichzeitig steigt jedoch aufgrund von globalisierten Marktbedingungen der Leistungs- und Innovationsdruck. Beide Herausforderungen, nämlich die Veränderungsprozesse und ein erhöhter Leistungsdruck, können durch die Effekte von Mindfulness anders wahrgenommen und daher in ihrer Wirkung auf die jeweiligen Mitarbeiter*innen abgeschwächt werden. Damit ist zumindest eine Grundlage für eine lösungs- und ressourcenorientierte Sichtweise von arbeitsbezogenen Problemen geschaffen.

Große Unternehmen nutzen Aspekte des MBSR, um ihren Mitarbeiter*innen Mindfulness zugänglich zu machen. So wurde auch das Programm „Search Inside Yourself" von Google ins Leben gerufen und seit 2007 regelmäßig durchgeführt (Boyce 2009). Methoden zur Erhöhung von Mindfulness wurden in das Programm aufgenommen, um Autonomie, Kreativität und Arbeitsfreude der Mitarbeiter*innen aufzubauen.

Anwendungsbeispiel aus der Praxis
Der Konzern der Sportmarke Puma ermöglicht seinen Mitarbeiter*innen die Teilnahme an einem MBSR-Programm, welches eigens für das Unternehmen angepasst und auf die Bedürfnisse der Mitarbeiter*innen zugeschnitten wurde. Da sich viele Mitarbeiter*innen des internationalen Unternehmens häufig auf Geschäftsreise befinden, wurden beispielsweise die gesamte Kursdauer von acht auf sieben Wochen verkürzt sowie die anschließende

selbstständige tägliche Übung auf 20–25 Minuten anstatt der üblicherweise angesetzten 45 Minuten reduziert. Die verkürzten Trainings- und Übungszeiten sollen es den Mitarbeiter*innen ermöglichen, auch außerhalb der gewohnten Arbeitsumgebung Mediationen oder Yoga-Übungen auszuführen. Dabei soll weiterhin gewährleistet sein, dass sich die Mitarbeiter*innen nicht überfordert oder unter Druck gesetzt fühlen, ein gewisses zeitliches Pensum erfüllen zu müssen, um auch bei vermehrter beruflicher Belastung das MBSR-Programm beibehalten zu können (Kohtes und Rosmann 2015).

So wird jedem*r Mitarbeiter*in und jeder Führungskraft des Unternehmens die Möglichkeit gegeben, die eigene Gefühlswahrnehmung und -regulation zu stärken, was kreative Problemlösungsprozesse unterstützen kann, da beispielsweise Grübeln reduziert wird und Reaktionsflexibilität sowie emotionale Selbstkenntnis zu einer verbesserten Entscheidungsfindung führen kann.

Beraterstory

Die Tec-Vision GmbH ist ein sehr schnell gewachsenes, innovatives Start-Up-Unternehmen, welches neue technologische Entwicklungen an den Markt bringt. Das junge Gründer-Team ist hoch motiviert und verlangt von ihren Mitarbeiter*innen höchste Leistungsbereitschaft und Einsatz.

Die Gründer möchten trotz alledem die Gesundheit ihrer Mitarbeiter*innen nicht gefährden und suchen nach einer Lösung, um den entstehenden Stress zu reduzieren oder vorzubeugen.

Hierfür schlägt Frau Dr. Wehmeier die Implementierung eines achtsamkeitsbasierten Programms vor. In Absprache mit dem Gründer-Team soll Mindfulness zunächst als Pilotprojekt auf Akzeptanz und Resonanz der Mitarbeiter*innen geprüft werden. Danach startet die Beraterin mit einem motivierenden Kick-Off, in dem sie alle Mitarbeiter*innen über den Sinn und Zweck des anstehenden achtsamkeitsbasierten Gesundheitsprogramms informiert. Am Ende der Veranstaltung füllen alle Mitarbeiter*innen einen Fragebogen zu ihrem derzeitigen Stresslevel aus, das sich in den nächsten 3 Monaten reduzieren soll. Dafür organisiert die Beraterin einen entsprechenden Trainer, der nun mehrmals die Woche abwechslungsreiche, achtsamkeitsbasierte Trainings anbietet. Im Anschluss an diese 3-monatige Testphase führt Frau Dr. Wehmeier die Befragung erneut durch. Diesmal fragt sie zusätzlich ab, wie häufig die Mitarbeiter*innen das Angebot nutzten, wie zufrieden sie damit im Allgemeinen waren und welche Art von achtsamkeitsbasiertem Verfahren ihnen am besten gefallen hat. Die Beraterin ist zufrieden abschließend präsentieren zu können, dass die Mitarbeiter*innen weniger gestresst sind und die Kurse, insbesondere die Yogaübungen, sehr gut ankamen. Als Fazit des Pilotprojektes haben das Gründer-Team und Frau Dr. Wehmeier letztlich beschlossen, achtsamkeitsbasierte Yogakurse mehrmals die Woche anzubieten.

Durch diese können die Mitarbeiter*innen nun regelmäßig abschalten und wieder neue Kraft und Energie für kreative Prozesse sammeln.

Literatur

Baer RA, Smith GT, Hopkins J, Krietemeyer J, Toney L (2006) Using self-report assessment methods to explore facets of mindfulness. Assessment 13(1):27–45

Bono JE, Judge TA (2003) Self-concordance at work: toward understanding the motivational effects of transformational leaders. Acad Manag J 46(5):554–571

Bostelmann P, Overby S (2018) Leadership: it's all in your mindfulness. Digitalist Magazine (3). https://www.digitalistmag.com/future-of-work/2018/09/12/leadership-its-all-in-your-mindfulness-06183410. Zugegriffen am 15.10.2019

Boyce B (2009) Google searches. Shambala Sun 2(22):34–41

Carleton EL, Barling J, Trivisonno M (2018) Leaders' trait mindfulness and transformational leadership: the mediating roles of leaders' positive affect and leadership self-efficacy. Can J Behav Sci 50(3):185–194

Chambers R, Gullone E, Allen NB (2009) Mindful emotion regulation: an integrative review. Clin Psychol Rev 29(6):560–572

Coffey KA, Hartman M (2008) Mechanisms of action in the inverse relationship between mindfulness and psychological distress. Complement Health Pract Rev 13(2):79–91

Davidson RJ, Kabat-Zinn J, Schumacher J, Rosenkranz M, Muller D, Santorelli SF, Sheridan JF (2003) Alterations in brain and immune function produced by mindfulness meditation. Psychosom Med 65(4):564–570

Glomb TM, Duffy MK, Bono JE, Yang T (2011) Mindfulness at work. Res Pers Hum Resour Manag 30:115–157

Grossman P, Niemann L, Schmidt S, Walach H (2004) Mindfulness-based stress reduction and health benefits. J Psychosom Res 57(1):35–43

Herndon F (2008) Testing mindfulness with perceptual and cognitive factors: external vs. internal encoding, and the cognitive failures questionnaire. Personal Individ Differ 44(1):32–41

Ingram RE, Smith TW (1984) Depression and internal versus external focus of attention. Cogn Ther Res 8(2):139–151

Kabat-Zinn J (2003) Mindfulness-based interventions in context: past, present, and future. Clin Psychol Sci Pract 10(2):144–156

Kabat-Zinn J (2009) Full catastrophe living: Using the wisdom of your body and mind to face stress, pain, and illness. Delta, New York

Kamdar D, McAllister DJ, Turban DB (2006) „All in a day's work": how follower individual differences and justice perceptions predict OCB role definitions and behavior. J Appl Psychol 91(4):841

Kohls N, Sauer S, Walach H (2009) Facets of mindfulness – Results of an online study investigating the Freiburg mindfulness inventory. Personal Individ Differ 46(2):224–230

Kohtes PJ, Rosmann N (2015) Verordnetes Nichtstun – Meditation in Unternehmen. managerSeminare – Das Weiterbildungsmagazin 203:62–68

Kuhlthau CC (1993) A principle of uncertainty for information seeking. J Doc 49(4):339–355

Lange S, Bormann KC, Rowold J (2018) Mindful leadership: mindfulness as a new antecedent of destructive and transformational leadership behavior. Gr Interakt Org 49:139

Michalak J, Zarbock G, Drews M, Otto D, Mertens D, Ströhle G, Schwinger M, Dahme B, Heidenreich T (2016) Erfassung von Achtsamkeit mit der deutschen Version des Five Facet Mindfulness Questionaires (FFMQ-D). Zeitschrift für Gesundheitspsychologie 24:1–12

Nolen-Hoeksema S, Morrow J (1991) A prospective study of depression and posttraumatic stress symptoms after a natural disaster: the 1989 Loma Prieta Earthquake. J Pers Soc Psychol 61(1):115

Reb J, Narayanan J, Chaturvedi S (2014) Leading mindfully: two studies on the influence of supervisor trait mindfulness on employee well-being and performance. Mindfulness 5(1):36–45

Scott BA, Colquitt JA, Paddock EL, Judge TA (2010) A daily investigation of the role of manager empathy on employee well-being. Organ Behav Hum Decis Process 113(2):127–140

Siegel DJ (2010) Mindsight: the new science of personal transformation. Random House Digital, Inc, New York

Tang Y-Y, Ma Y, Wang J, Fan Y, Feng S, Lu Q et al (2007) Short-term meditation training improves attention and self-regulation. Proc Natl Acad Sci 104(43):17152–17156

Urry HL, Nitschke JB, Dolski I, Jackson DC, Dalton KM, Mueller CJ, Davidson RJ (2004) Making a life worth living neural correlates of well-being. Psychol Sci 15(6):367–372

Walach H, Nord E, Zier C, Dietz-Waschkowski B, Kersig S, Schüpbach H (2007) Mindfulness-based stress reduction as a method for personnel development: A pilot evaluation. Int J Stress Manag 14(2):188

Leadership und Innovation – Überblick

Carina Cohrs, Sarah Lange und Julia Nogga

7.1 Einführung

Im Zuge der am Anfang des Kapitels aufgeführten Veränderungen wandelt sich gleichzeitig auch das in Organisationen in den letzten 100 Jahren vorherrschende Menschenbild. Weg von einer rational-ökonomischen Denkweise, bei dem der/die Mitarbeiter*in nur einen kleinen Teil im gesamten Fertigungsprozess übernahm, hin zu einem komplexen Bild, bei dem Partizipation und Selbstverwirklichung eine Rolle spielen. Demzufolge sind die Mitarbeiter*innen eines Unternehmens viel stärker in verschiedenen Arbeitsprozessen eingebunden und haben darüber hinaus die Möglichkeit, auch eigene Ideen aktiv einzubringen und umzusetzen. Mitarbeiter*innen wollen Teil des Wandels sein. Dies kann durch aktives Führungsverhalten, wie z. B. durch die transformationale Führung, gefördert werden. Darüber hinaus haben viele Unternehmen mittlerweile ganze Abteilungen, die sich mit dem Thema Ideenmanagement auseinandersetzen.

Amabile (1996) zufolge findet Kreativität auf der individuellen Ebene statt, wohingegen Innovation sich stärker auf die organisationale Ebene bezieht. Diese Annahme spiegelt sich auch in dem Modell von Hauschildt (2004) wider. Darüber hinaus gibt es verschiedene Faktoren, die die Entstehung von Innovation bzw. innovatives Verhalten von Mitarbeiter*innen begünstigen. So konnte beispielsweise gezeigt werden, dass sich die Motiva-

---

C. Cohrs
TÜV Nord Meditüv GmbH, Essen, Deutschland

S. Lange
MHP – A Porsche Company, Essen, Deutschland

J. Nogga (✉)
Zentrum für HochschulBildung, Lehrstuhl für Personalentwicklung und Veränderungsmanagement, Technische Universität Dortmund, Dortmund, Deutschland
E-Mail: julia.nogga@tu-dortmund.de

© Springer-Verlag GmbH Deutschland, ein Teil von Springer Nature 2020
J. Rowold et al. (Hrsg.), *Innovationsförderndes Human Resource Management*,
https://doi.org/10.1007/978-3-662-61130-2_7

tion des/der Mitarbeiters*in (Tierney et al. 1999), die Struktur der Aufgabe (Amabile et al. 1996) oder auch der Führungsstil des Vorgesetzten (Jung 2001) positiv auf die Entwicklung von Innovation auswirken. Insbesondere für die transformationale Führung als auch in bedingtem Umfang für die transaktionale Führung zeigten sich positive Effekte (Jung 2001; Elenkov und Manev 2005; Khalili 2016).

7.2 Begriffsverständnis

Im Folgenden werden die für dieses Kapitel relevanten Begriffe der transaktionalen und transformationalen Führung sowie Innovation erläutert.

Transaktionale Führung. Die transaktionale Führung bezeichnet einen Führungsstil, bei dem die Führungskraft klar kommuniziert, was das Ziel der Aufgabe ist und welche Belohnung der/die Mitarbeiter*in bei Zielerreichung erhalten kann. Belohnungen können dabei materieller Art sein, wie beispielsweise Bonuszahlungen, oder immatriell, z. B. in Form eines Lobes. Demzufolge ist die transaktionale Führung durch eine Austauschbeziehung zwischen Führungskraft und Mitarbeiter*innen gekennzeichnet (Bass 1985).

Transformationale Führung. Die transformationale Führung geht in ihrer Wirkungsweise über die transaktionale Führung hinaus. Dieser Effekt wird auch als „Augmentationseffekt" bezeichnet (Antonakis und House 2004). Transformational führende Vorgesetzte motivieren ihre Mitarbeiter*innen zu Leistungen, die über die normale Leistung hinausgehen. Dies geschieht durch sechs Verhaltensweisen: Erstens werden „Ziele höherer Ordnung" (Rowold und Streich 2007, S. 95) kommuniziert. So werden Werte und Ideale in Form einer Zukunftsvision oder auch durch das vorbildhafte Vorleben durch die Führungskraft an die Mitarbeiter*innen weitergegeben. Zweitens werden Gruppenziele gefördert und damit ein Wir-Gefühl im Team erzeugt. Die einzelnen Mitarbeiter*innen identifizieren sich mit dem Team und der übergeordneten, durch die Vision kommunizierten Aufgabe. Im Idealfall unterstützen sich die Mitarbeiter*innen bei der Erreichung der Vision daher gegenseitig. Die dritte Facette der transformationalen Führung ist die hohe Leistungserwartung. Neben der Kommunikation von hohen Leistungszielen an die Mitarbeiter*innen achten transformationale Führungskräfte auch darauf, dass diese von einzelnen Mitarbeiter*innen aufgrund ihrer aktuellen Selbstwirksamkeit, Motivation und Qualifikation erreicht werden können. Fünftens sind sich transformational Führende ihrer Vorbildfunktion bewusst: Wenn sie selbst die Vision und z. B. die hohe Leistungserwartung (durch z. B. Überstunden) verkörpern, sind diese für die Mitarbeiter*innen glaubwürdiger und daher motivierender. Transformational Führende motivieren ihre Mitarbeiter*innen sechstens durch Individuelle Unterstützung, indem sie auf individuelle Werte und Ziele bei der Planung der Arbeit und Ressourcen (z. B. Urlaubs- und Vertretungsregeln) Rücksicht nehmen. Durch Intellektuelle Anregung fordern und fördern transformational Führende schließlich ihre Mitarbeiter*innen, neue Wege bei der Bewältigung von arbeitsbezogenen Herausforderungen aufzuzeigen und umzusetzen. Insgesamt werden somit durch transformationale Führung die Ziele jedes*r einzelnen Mitarbeiters*in transformiert, sodass auf längere Sicht die Ziele der Organisation oder der Arbeitsgruppe zu den Zielen des/der Mitarbeiters*in werden und die Motivation zur Erreichung dieser gemeinsamen Ziele steigt (Rowold und Streich 2007, S. 95).

Innovation. In der Literatur werden verschiedene Definitionen für den Begriff Innovation aufgeführt. Eine Differenzierung des Innovationsbegriffes stammt von Hauschildt (2004). Er unterscheidet zwischen der inhaltlichen, der subjektiven, der prozessualen und der normativen Dimension (Abb. 7.1).

Die *inhaltliche Dimension* beschäftigt sich mit der zentralen Fragestellung „Was ist neu?" (Hauschildt 2004). Dabei kann zwischen der Art der Innovation und dem Grad der Innovation unterschieden werden. Hinsichtlich der Art der Innovation kann beispielsweise wiederum in Produkt- und Prozessinnovationen unterteilt werden (Hauschildt 2004). Unter Produktinnovationen werden einerseits völlig neue Leistungen zusammengefasst und andererseits bereits vorhandene Leistungen, die aber in einer völlig neuen Art und Weise angewendet werden können (Hauschildt 2004). Beispielsweise konnten Mobiltelefone zunächst nur zum Telefonieren verwendet werden und heutzutage kann man mit dem Smartphone im Internet surfen oder über Apps verschiedene Aktionen vornehmen. Unter Prozessinnovationen versteht man hingegen die Optimierung bereits vorhandener Abläufe, um beispielsweise die Produktion von Gütern oder Dienstleistungen effizienter zu gestalten (Hauschildt 2004). Neuartigkeit alleine würde allerdings als Beschreibung zu kurz sein. Darüber hinaus ist es spannend, den Grad der Innovation zu bestimmen bzw. objektiv messbar zu machen (Hauschildt 2004). Ähnlich wie bei der Definition des Innovationsbegriffes sind die Dimensionen von Innovation schwer zu erfassen (Garcia und Calantone 2002). Eine Möglichkeit besteht beispielsweise durch die Bildung eines Scores (Hauschildt 2004). Dazu können Checklisten genutzt werden, die verschiedene Aspekte wie z. B. die Beschaffung oder den Produktionsprozess abbilden. Diese können dann mit

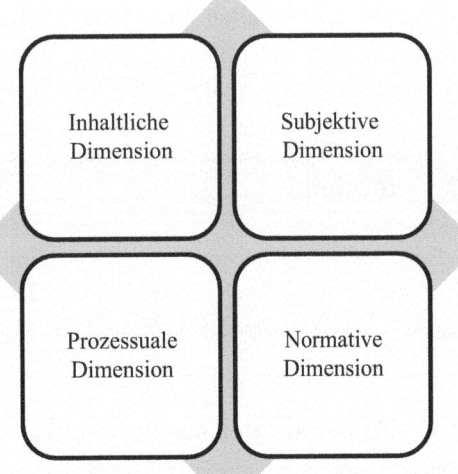

Abb. 7.1 Dimensionen des Innovationsbegriffes nach Hauschildt (2004).

Hilfe von Likert-Skalen beurteilt werden. Wird nach Aufsummierung der einzelnen Einschätzungen ein bestimmter Wert überschritten, kann das Produkt oder der Prozess als innovativ eingestuft werden.

Weiterhin hängt die Einstufung eines Produktes oder Prozesses als Innovation davon ab, wer diese Einschätzung vornimmt (Hauschildt 2004). Dies entspricht der *subjektiven Dimension* von Innovation. Dabei gibt es zwei verschiedene Sichtweisen, die rein betriebliche und die industrieökonomische (Hauschildt 2004). Gemäß der ersten Sichtweise gelten alle Prozesse und Produkte als innovativ, die neu innerhalb der Organsiation sind und zum ersten Mal genutzt werden. Aus industrieökonimscher Sicht sind Prozesse und Produkte nicht nur innovativ, wenn sie zum ersten Mal in einer Organisation eingeführt werden, sondern darüber hinaus auch, wenn sie in der gesamten Branche zum ersten Mal eingeführt werden (Hauschildt 2004).

Die *prozessuale Dimension* beschreibt den Prozess von einer anfänglichen Idee hin zu der laufenden Nutzung des Produktes oder Prozesses im Alltag (Hauschildt 2004). Gemäß dieser Definition, gilt ein Prozess oder Produkt erst dann als Innovation, wenn es tatsächlich im Alltag Verwendung findet.

Gegenstand der *normativen Dimension* ist die Fragestellung, inwiefern eine Innovation auch erfolgreich ist (Hauschildt 2004). Aus verschiedenen Gründen eignete sich die normative Dimension allerdings eher weniger zur Definition des Innovationsbegriffes. Dies liegt zum einen daran, dass eine Zieldefinition vorliegen muss, um den Erfolg der Innovation zu beurteilen. Dieses Ziel hängt allerdings von der Perspektive des/der Betrachters*in und unterschiedlicher Motive ab. Weiterhin könnte man die erzielten Gewinne als Maßstab zur Beurteilung des Erfolgs einer Innovation nehmen. Allerdings ist der Erfolg vergangener Innovationen wenig aussagekräftig für die Implementierung von zukünftigen Innovationen (Hauschildt 2004).

Diese unterschiedlichen Perspektiven machen es schwer, den Innovationsbegriff einheitlich zu bestimmen. Daher ist es wichtig, ein Bewusstsein für Innovationen und deren Konsequenzen zu schaffen. Laut Hauschildt (2004) reicht es dabei aus, die neuartigen Produkte und Prozesse einer gewissenhaften Prüfung zu unterziehen, ob diese wirklich bisher einzigartig im Unternehmen sind und es noch keine Vorläufer gab.

7.3 Modelle

Die Entstehung von Innovationen lässt sich im Wesentlichen durch zwei zentrale Modelle beschreiben: erstens durch das Modell von Hauschildt (2004) und zweitens durch das Modell von Amabile (1996). Beide Modelle werden in diesem Abschnitt genauer betrachtet.

7.3.1 Prozessmodell der Innovation

In dem Prozessmodell von Hauschildt (2004) werden sechs verschiedene Phasen unterschieden. Am Anfang steht die Idee/Initiative eines*r Mitarbeiters*in. Im Anschluss daran

7 Leadership und Innovation – Überblick

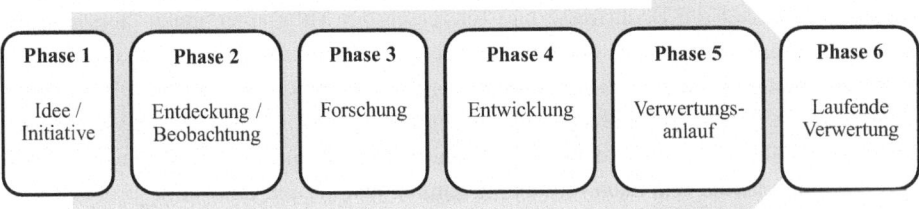

Abb. 7.2 Innovationsprozess nach Hauschildt (2004).

ist weitere Entdeckung/Beobachtung, Forschung und Entwicklung nötig, um die Idee weiterzuentwickeln. Die Phasen zwei bis vier sind dabei essenziell für die Entstehung von neuen Erfindungen und müssen zwingend durchlaufen werden. Anschließend sollten noch weitere Experten ggf. aus anderen Abteilungen mit hinzugezogen und die Idee im Rahmen einer Testphase ausprobiert werden. Nach erfolgreicher Beendigung der Testphase kann das neue Produkt oder der neue Prozess dann dauerhaft eingesetzt werden (Abb. 7.2).

Beispiel
Herr Meier arbeitet bei einem Getränkehersteller. Im Rahmen seiner Vertriebstätigkeit hat er die Idee, einen Onlineshop einzurichten, bei dem sich die Kund*innen ihre Wunschsäfte selbst zusammenstellen können (Phase 1). Er reicht seine Idee beim betrieblichen Vorschlagswesen ein. In Gesprächen mit seinen Kund*innen macht er eine Interessensabfrage und erkundigt sich, an welchen Saftsorten die Kund*innen interessiert sind und ob sie das neue Onlineangebot nutzen würden (Phase 2–3). In Zusammenarbeit mit einem Kollegen aus der IT-Abteilung wird eine entsprechende Website programmiert, zudem wird mit einem Disponenten über Möglichkeiten zur Auslieferung des Produkts an den/die Kund*in diskutiert (Phase 4). Nachdem alle offenen Fragen geklärt sind und die Website erfolgreich programmiert wurde, startet ein 3-wöchiger Testlauf (Phase 5). Die Kund*innen sind begeistert von dem neuen Angebot und schließlich wird der Onlineshop dauerhaft von dem Unternehmen angeboten (Phase 6).

In Bezug auf das Modell von Hauschildt (2004) kann sich transformationale Führung an verschiedenen Stellen positiv auf den Innovationsprozess auswirken: Durch die intellektuelle Anregung werden Mitarbeiter*innen dazu ermutigt, Arbeitsprozesse zu hinterfragen und neue Lösungswege zu entwickeln. Dies führt möglicherweise dazu, dass Mitarbeiter*innen initiativ eigene Ideen generieren und diese äußern (Phase 1). Generell lässt sich vermuten, dass eine positive Zukunftsvision sowie das vorbildhafte Vorleben („Vorbildfunktion") von innovativem Denken durch die Führungskraft ebenfalls eine positive Auswirkung auf den gesamten Innovationsprozess hat. Eine hohe Leistungserwartung kann

Mitarbeiter*innen insbesondere in den Phasen 3 bis 6 dazu motivieren, die in den ersten Phasen entwickelten Ideen erfolgreich zu vermarkten bzw. geschäftstüchtig umzusetzen. Darüber hinaus können transformational Führende im Rahmen der individuellen Unterstützung gezielt auf die Bedürfnisse und Interessen der Mitarbeiter*innen eingehen. So sind manche Mitarbeiter*innen in einem Team beispielsweise interessierter an innovativen Projekten mitzuarbeiten als andere. Ähnliches gilt für die Interessen der einzelnen Mitarbeiter*innen in Bezug auf die Bearbeitung bestimmter Themenschwerpunkte. Wenn transformational Führende auch Gruppenziele formulieren, die ein hohes Maß an Kreativität und Innovation beinhalten, dann fördern sie damit ebenfalls den Innovationsprozess. Beispielsweise werden dadurch Verhaltensweisen im Team verstärkt, die z. B. in den Phasen 3 bis 5 durch gegenseitigen Informationsaustausch und Unterstützung dazu führen, dass qualitativ bessere Arbeit bei gleichzeitig besserer Effizienz geleistet wird.

7.3.2 Modell von Amabile (1996)

Wie bereits im Einführungskapitel erläutert, beschreibt Amabile (1996) Kreativität als einen Prozess, der verschiedene Phasen beinhaltet. Kreativität umfasst demnach die Produktion von neuen und nützlichen Ideen. Innovation hingegen bedeutet die erfolgreiche Umsetzung dieser kreativen Ideen in Organisationen. Demzufolge kann Kreativität am Anfang jeder Innovation stehen. Innovationen können allerdings auch ohne Kreativität entwickelt werden, da zusätzlich verschiedene andere organisationale und umweltbezogene Faktoren Einfluss haben. Entscheidende Einflussfaktoren auf Innovation sind 1) die Motivation der Organisation zur Innovation, 2) die Ressourcen und 3) Führung.

Organisationen unterscheiden sich, inwiefern sie offen für Neuerungen sind. In Amabiles (1996) Modell (welches als Ergänzung zu ihrem Prozessmodell von 1996 zu sehen ist) beinhaltet das der Aspekt Motivation der Organisation. Unternehmen aus sich sehr schnell entwickelnden Branchen wie z. B. der IT-Branche leben von ihrer Innovationskraft. Verwaltungen beispielsweise halten hingegen eher an gegebenen Prozessen fest. Ressourcen spielen ebenfalls eine wichtige Rolle im Innovationsprozess. Um innovativ zu sein, brauchen Unternehmen entsprechende Strukturen, wie z. B. ein Ideenmanagementsystem oder auch genug zeitliche Ressourcen zur Umsetzung neuer Ideen. Zu guter Letzt ist auch das Führungsverhalten ein wichtiger Faktor bei der Entstehung von Innovationen. Lässt die Führungskraft den Mitarbeiter*innen genug Handlungsspielraum bzw. Autonomie bei der Erledigung von Arbeitsaufgaben, so wirkt sich das positiv auf die Entstehung von Kreativität und Innovationen aus (Amabile 1996) (Abb. 7.3).

Die einzelnen Verhaltensweisen der transformationalen Führung lassen sich dem Modell von Amabile (1996) zuordnen. Erstens können Unternehmen u. a. durch die Vision des CEO und des Top-Management-Teams das gesamte Unternehmen dazu motivieren, offener für Innovationen zu sein. Mit der Vision kann zum Beispiel die Zuteilung von Ressourcen verbunden sein, die wieder die Kreativität der Mitarbeiter*innen fördern sollen. Ein bekanntes Beispiel ist das Unternehmen 3M, welches in den 1990er-Jahren grundsätzlich jedem/jeder Mitarbeiter*in 15 % der Arbeitszeit für die Arbeit an eigenen Innovationen bzw.

Abb. 7.3 Einflussfaktoren auf die Innovation (Amabile 1996).

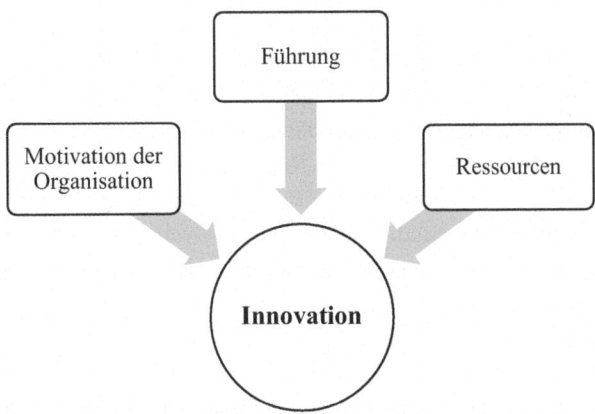

Ideen bereitstellte. Der Faktor „Führung" im Modell von Amabile passt grundsätzlich zu allen sechs transformationalen Verhaltensweisen, wie oben im Abschnitt zum Modell von Hauschildt (2004) bereits dargestellt wurde.

Auch die transaktionale Führung passt zu dem oben skizzierten Modell von Amabile (1996). Beispielsweise können den Mitarbeiter*innen im Rahmen von jährlichen Mitarbeitergesprächen Ziele gesetzt werden, die auf das Einreichen von kreativen Ideen im betrieblichen Vorschlagswesen (BVW) hinwirken. Das Einreichen wird dann z. B. im Rahmen der Vergütung belohnt. Dieses System würde der transaktionalen Führung entsprechen.

7.4 Empirische Befunde

In der Studie von Gumusluoglu und Ilsev (2009) wurde der Zusammenhang zwischen transformationaler Führung und Kreativität sowie Innovation gezeigt. Die Autoren nehmen an, dass Kreativität ein Konstrukt auf Mitarbeiterebene und Innovation ein Konstrukt auf organisationaler Ebene darstellt. Es wurde postuliert, dass der positive Zusammenhang zwischen transformationaler Führung und Kreativität durch intrinsische Motivation, Empowerment und wahrgenommene Unterstützung in Bezug auf Innovation vermittelt wird. Zudem wurde ein direkter Zusammenhang zwischen transformationaler Führung und Innovation auf organisationaler Ebene angenommen. Darüber hinaus wurde ein positiver Zusammenhang zwischen der Kreativität der Mitarbeiter*innen und Innovation auf organisationaler Ebene angenommen. Die Untersuchung wurde an einer Stichprobe von 163 Mitarbeiter*innen von insgesamt 43 türkischen Softwareentwicklungsunternehmen durchgeführt. Es zeigten sich positive Effekte von transformationaler Führung hinsichtlich Innovationen auf organisationaler Ebene und Kreativität auf Mitarbeiterebene. Der Zusammenhang zwischen transformationaler Führung und Kreativität wurde ausschließlich durch Empowerment vermittelt. Direkte Effekte der Kreativität der Mitarbeiter*innen auf Innovation zeigten sich nicht.

Ebenso bestätigten Mittal und Dhar (2015) den Zusammenhang zwischen transformationaler Führung und Kreativität der Mitarbeiter*innen. Zusätzlich zeigte sich, dass die kreative Selbstwirksamkeit der Mitarbeiter*innen, also deren internale Überzeugung über ein hohes Maß an Kreativität zu verfügen, in diesem Zusammenhang als Vermittler fungiert. Die Autoren untersuchten dazu 348 Führungskraft-Mitarbeiter-Dyaden kleiner und mittelständischer IT-Unternehmen in Indien.

In der Untersuchung von Rowold und Streich (2007) wurde ebenfalls der Zusammenhang zwischen transformationaler Führung und Innovation untersucht. Theoretische Grundlage der Studie bildete das Innovationsmodell von Hauschildt (2004). Es wurde postuliert, dass ein positiver Zusammenhang zwischen transformationaler und transaktionaler Führung und subjektiv eingeschätzter Innovationsfähigkeit sowie der Anzahl der eingereichten Erfindungsmeldungen und Patente besteht. Die Daten wurden anhand von zufällig ausgewählten 278 Mitarbeiter*innen der Vertriebs- sowie der Forschungs- und Entwicklungsabteilung eines deutschen Industrieunternehmens erhoben. Die Ergebnisse der Studie belegen einen positiven Zusammenhang zwischen transformationaler Führung und der subjektiv eingeschätzten Innovationsfähigkeit in der Vertriebsstichprobe. Der Zusammenhang zwischen transformationaler Führung und den objektiven Innovationsindikatoren konnte nicht belegt werden. Transaktionale Führung erwies sich in der Stichprobe der Mitarbeiter*innen aus der Forschungs- und Entwicklungsabteilung als guter Prädiktor für die Anzahl der eingereichten Erfindungsmeldungen und Patente.

Eine weitere Untersuchung zum Zusammenhang zwischen transformationaler Führung und Innovation stammt von Jung et al. (2008). Es wurde postuliert, dass der Zusammenhang zwischen transformationaler Führung und Innovation durch verschiedene strukturelle, kulturelle und umweltbezogene Faktoren vermittelt wird (siehe hierzu auch Kap. 9). Die Daten wurden anhand einer Stichprobe aus 53 Mitarbeiter*innen von Elektronik- und Telekommunikationsunternehmen in Taiwan erhoben. Die Ergebnisse der Untersuchung belegen einen direkten Effekt von transformationaler Führung auf Innovation. Zudem konnte gezeigt werden, dass ein positives Innovationsklima den Zusammenhang zwischen transformationaler Führung und organisationaler Innovation vermittelt. Gleiches gilt für die Umweltfaktoren wahrgenommene Unsicherheit und wahrgenommener Wettbewerb. Die strukturellen Faktoren Zentralisierung und Formalisierung mediieren den Zusammenhang zwischen transformationaler Führung und Innovation negativ. Empowerment wirkte sich dagegen negativ auf Innovation aus. Dieses Ergebnis stellt einen Widerspruch zu der Untersuchung von Gumusluoglu und Ilsev (2009) dar. Weitere Forschung muss Aufschluss über die Rolle von Empowerment im Innovationsprozess geben.

In einer Studie von Eisenbeiss et al. (2008) wurde überprüft, inwieweit transformationale Führung einen Beitrag zu Innovationen in Teams leistet. Anhand einer Stichprobe von 33 Forschungs- und Entwicklungsteams zeigte sich, dass transformationale Führung einen positiven Einfluss auf die Teaminnovation (gemessen durch die eingeschätzte Güte der erbrachten und umgesetzten Ideen aus dem Team, aus Sicht des Vorgesetzten) hat. Dieser Zusammenhang gilt jedoch nur dann, wenn im jeweiligen Team ein positives, innovationsförderndes Klima herrscht (z. B. gegenseitige Unterstützung bei der Implementierung von neuen Ideen).

Eine interessante genauere Betrachtung der Beziehung zwischen transformationaler Führung und Kreativität lieferten Hirst et al. (2009). Sie vermuteten, dass die subjektive

Wahrnehmung darüber, ob ein/e Mitarbeiter*in sich selbst als ein Mitglied des Teams ansieht, förderlich ist für die Kreativität. Anhand einer Stichprobe von Beschäftigten in 115 Forschungs- und Entwicklungsteams konnte diese Vermutung bestätigt werden. Zudem galt dieser Zusammenhang genau dann als besonders stark, wenn die Führungskraft das Team durch eine Vision inspirierte (eine der zentralen Verhaltensweisen der transformationalen Führung).

Als Fazit lässt sich festhalten, dass transformationale Führung sich entweder direkt oder indirekt positiv auf die Entwicklung von Innovation in Organisationen auswirkt. Ebenfalls positive Effekte konnten bedingt auch für die transaktionale Führung gezeigt werden.

7.5 Umsetzung in der Praxis

7.5.1 Innovationskultur

Ein Beispiel für eine gelungene Innovationskultur stellt das Unternehmen Festo AG & Co. KG dar. Kerngeschäft des Unternehmens ist die Entwicklung von Automatisierungslösungen für die Prozess- und Fabrikautomation. Die neueste Entwicklung stellt dabei ein bionischer Fertigungsassistent dar. Das Besondere an dem Fertigungsassistenten ist, dass er originalgetreu wie ein echter Elefantenrüssel funktioniert. Das Projekt wurde deshalb so erfolgreich, weil die Konzeption in Zusammenarbeit vieler unterschiedlicher Abteilungen des Unternehmens sowie externen Partnern erfolgte. Dadurch konnten neue Märkte erschlossen werden. In Folge der vernetzten Zusammenarbeit der unterschiedlichen Unternehmensbereiche konnten sich sehr viele Mitarbeiter*innen mit dem Projekt identifizieren. Das wiederum trug zur Entwicklung einer Innovationskultur bei. Eine wichtigere Rolle spielte ebenfalls der CEO der Festo AG & Co. KG, der innovatives Denken vorlebt. Er bezeichnet Innovationskultur als das „A und O" (Festo AG o. J).

> **Beraterstory**
> Für eine/n Berater*in ist es wichtig, sich über aktuelle Themen im Human Resource Management auf dem Laufenden zu halten, weshalb Herr Rohling bspw. gerne in Fachzeitschriften stöbert. Neulich ist ihm in dem F&E Magazin ein Artikel aufgefallen, in dem es ein Unternehmen selbstständig gemeistert hat, seinen Innovationsprozess umzugestalten. Es handelte sich um das Traditionsunternehmen Miele (vgl. Abschn. 7.5.2). An solchen „Best-Practice"-Beispielen können sich Berater gegenseitig inspirieren und voneinander lernen. Herr Rohling erkannte, dass das Vorgehen des Unternehmens ungefähr dem Innovationsmodell von Hausschildt (vgl. Abb. 7.2) entspricht und konnte sich so ein Bild darüber verschaffen, wie man dieses erfolgreich anwenden könnte.

7.5.2 Innovationen im Unternehmen

Das Traditionsunternehmen Daimler investierte im Jahr 2017 rund 9,1 Mrd. € in den Forschungs- und Entwicklungsbereich. Hier werden Innovationen und die Digitalisierung vorangetrieben. Der Fokus wird unter anderem auf neue Fahrzeugmodelle, emissionsarme Antriebe und autonomes Fahren gelegt.

Dazu wurde der Bereich Innovationsentwicklung im Unternehmen im Frühjahr 2017 durch die Einführung der Kollaborationsplattform „Daimler Crowd Ideation" erneuert. Auf dieser Plattform ist die Integration und Kollaboration aller Mitarbeiter*innen weltweit über alle Hierarchieebenen möglich. Außerdem werden dadurch die Innovationsprozesse transparenter gestaltet, was die Motivation der Mitarbeiter*innen steigert. Über 300.000 Beschäftigte nutzen die Plattform, um gemeinsam durch sogenannte Challenges an Ideenwettbewerben teilzunehmen. Dabei werden verschiedene Phasen durchlaufen, die ein im Vorfeld bestimmtes Ziel verfolgen. Beginnend mit dem Finden und Vorschlagen von Ideen für neue Produkte und Technologien. Das Einreichen von Ideen kann zum Beispiel auch in Form eines Videos erfolgen. Daraufhin werden die Ideen kommentiert, bewertet und es wird abgestimmt, ob eine Projekt weiterverfolgt wird. Haben mehrere Mitarbeiter*innen dieselbe Idee, wird sich zusammengeschlossen und gemeinsam am Projekt weitergearbeitet. Auch Plattform-User, die einfach Interesse an einem Projekt haben, können sich anschließen und die Idee weiterentwickeln. Sehen Mitglieder aus dem Top-Management besonders großes Potential in einer Idee, können sie ihr Interesse an der Mitwirkung aussprechen und als sogenannte Sponsoren tätig werden. Sie übernehmen die Rolle als Ansprechpartner für das Projekt und stellen die nötigen monetären Mittel zur Verfügung, um die Idee weiterentwickeln und umsetzten zu können. Im nächsten Schritt erfolgt das Funding. In dieser Phase können Daimler Mitarbeiter*innen ein Projekt mit virtuellem Budget unterstützen. Liegt eine ausreichende virtuelle Finanzierung vor, werden reale Mittel zur Forschung zur Verfügung gestellt. Um Ansätze zu Produkten oder Geschäftsmodellen weiter zu entwickeln und besser zu beurteilen, kann der Daimler Inkubator genutzt werden. Hier arbeitet das Projektteam Vollzeit mit Gründerzentren zusammen. Das Funding hilft auch dabei eine hohe Transparenz und genaue Priorisierung der Innovationsvorhaben zu bestimmen. In einer weiteren Phase wird ein erster Prototyp hergestellt. Grundsätzlich können je nach Projektanspruch die einzelnen Phasen angepasst und verändert werden und es müssen nicht immer alle Phasen durchlaufen werden. Während des Prozesses ist der Status ständig einsehbar. So ist für jede/n Mitarbeiter*in ersichtlich, wie weit ein bestimmtes Projekt vorangeschritten ist. Die zeitliche Begrenzung der einzelnen Phasen hilft dabei, Projekte schneller abzuschließen. Eine einmalige Registrierung ist ausreichend, um auf der Plattform mitwirken zu können. In Zukunft soll die Plattform auch für Menschen außerhalb des Konzerns möglich werden, sodass auch Kund*innen, Lieferant*innen oder Student*innen mitwirken können. Durch die Open Ideation soll die Vielfalt und Reichweite der Ideen erweitert werden und Feedback, Wünsche und Visionen von Externen erhalten werden (vgl. Daimler AG 2019; Jeltsch 2017, 2018). Das Vorgehen des Unternehmens entspricht damit dem Innovationsmodell von Hauschildt (vgl. Abb. 7.2).

Literatur

Amabile TM (1996) Creativity and innovation in organizations. Harvard Business School, Boston

Amabile TM, Conti R, Coon H, Lazenby J, Herron M (1996) Assessing the work environment for creativity. Acad Manag J 39:1154–1184

Antonakis J, House R (2004) On instrumental leadership: beyond transactions and transformations. UNL Gallup Leadership Institute Summit, Omaha

Bass BM (1985) Leadership and performance beyond expectations. Free Press, New York

Daimler AG (2019) DigitalLife@Daimler. https://www.daimler.com/konzern/strategie/digitallife/. Zugegriffen am 11.11.2019

Eisenbeiss SA, van Knippenberg D, Boerner S (2008/2011) Transformational leadership and team innovation: integrating team climate principles. J Appl Psychol 9(6):1438–1446

Elenkov D, Manev IM (2005) Top management leadership and influence on innovation: the role of sociocultural context. J Manag 31(3):381–402

Festo AG (o. J.) Fallbeispiel Festo. https://www.k-magazin.de/wie-die-moewe-fliegt-21559 und https://www.festo.com/group/de/cms/10269.htm. Zugegriffen am 11.11.2019

Garcia R, Calantone R (2002) A critical look at technological innovation typology and innovativeness terminology: a literature review. J Prod Innov Manag 19(2):110–132

Gumusluoglu L, Ilsev A (2009) Transformational leadership, creativity, and organizational innovation. J Bus Res 62(4):461–473

Hauschildt J (2004) Innovationsmanagement, Bd 3. Vahlen, München

Hirst G, van Dick R, van Knippenberg D (2009) A social identity perspective on leadership and employee creativity. J Organ Behav 30(7):963–982

Jeltsch P (2017) Best Practice bei Daimler – Ideation, Funding und Acceleration. https://blog.innosabi.com/de/best-practice-bei-daimler. Zugegriffen am 11.11.2019

Jeltsch P (2018) Wie Innovation Funding bei der Daimler AG Innovation beschleunigt. https://blog.innosabi.com/de/innovation-funding-daimler/. Zugegriffen am 11.11.2019

Jung D (2001) Transformational and transactional leadership and their effects on creativity in groups. Creat Res J 13(2):185–195

Jung D, Wu A, Chow CW (2008) Towards understanding the direct and indirect effects of CEOs' transformational leadership on firm innovation. Leadersh Q 19(5):582–594

Khalili A (2016) Linking transformational leadership, creativity, innovation, and innovation-supportive climate. Manag Decis 54(9):2277–2293

Mittal S, Dhar RL (2015) Transformational leadership and employee creativity. Manag Decis 53(5):894–910

Rowold J, Streich M (2007) Unterstützen transformationale Führungskräfte eine positive Lernkultur der Innovation? Wirtschaftspsychologie 9(2):93–102

Tierney P, Farmer SM, Graen GB (1999) An examination of leadership and employee creativity: the relevance of traits and relationships. Pers Psychol 52:591–620

Leadership und Innovation II – Selbstführung

Jens Rowold

8.1 Einführung

Einer Aussage von Managementlegende Peter Drucker zufolge müssen Manager*innen letztendlich nur eine Person führen, und das sind sie selbst. Wie im bereits beschriebenen Rahmenmodell zur Kreativität und Innovation gezeigt wurde, sind Charakteristika von Mitarbeiter*innen entscheidend für die Kreativität in Organisationen. Da die Ressourcen der Arbeit aufgrund der aktuellen Entwicklungen immer knapper werden (z. B. erhöhter Zeitdruck), ist die Frage nach den individuellen Ressourcen der Mitarbeiter*innen eine erfolgsrelevante für viele Unternehmen geworden. Da zudem die Komplexität der Arbeit zunimmt, müssen Mitarbeiter*innen und Führungskräfte vermehrt in der Lage sein, sich selbst zu führen (da z. B. die Unternehmensleitung bei einer komplexen Problemstellung nicht zeitnah eine Entscheidung fällen kann). Daher sind Akteure in Organisationen zunehmend gefordert, ihre eigenen nachhaltigen Entscheidungen nach eigenen Maßstäben zu treffen und ihre eigenen Ressourcen möglichst gut zu kennen und zu nutzen (Barnett 1985). Damit ist das Thema der Selbstführung angeschnitten, für das im Folgenden einige zentrale Modelle und Instrumente vorgestellt werden.

8.2 Begriffsverständnis

Selbstführung bezieht sich auf die kognitiven, motivationalen und verhaltensbezogenen Strategien zur Verbesserung der eigenen Leistungsfähigkeit (Yun et al. 2006).

J. Rowold (✉)
Zentrum für HochschulBildung, Lehrstuhl für Personalentwicklung und Veränderungsmanagement, Technische Universität Dortmund, Dortmund, Deutschland
E-Mail: jens.rowold@tu-dortmund.de

Nach Prussia et al. (1998) beinhaltet Selbstführung drei wesentliche Strategien. Die verhaltensbezogene Strategie nutzt erstens Methoden wie z. B. das Setzen von Leistungszielen, die Belohnung bei Zielerreichung, sowie die Beobachtung des eigenen Verhaltens. Zweitens helfen die belohnungsbezogenen Strategien den Menschen dabei, angenehme und genießerische Elemente (z. B. persönliche Gestaltung des Arbeitsplatzes, qualitativ hochwertige Pausengetränke, Gespräche mit befreundeten Kolleg*innen) in ihre regulären Arbeitsprozesse einzubauen, sodass die jeweiligen Aufgaben aus sich heraus lohnenswert erscheinen. Dadurch erhöht sich u. a. die intrinsische Motivation. Schließlich sind drittens die gedankenbezogenen Strategien dafür da, um positive Gedankenmuster zu erschaffen und negative Muster durch z. B. optimistischere Selbstgespräche zu ersetzen. Dies fördert insgesamt die Selbstwirksamkeit, also die subjektive, gedankliche und emotionale Überzeugung, anstehende Arbeiten erfolgreich bewältigen zu können.

8.3 Modelle

Historisch gesehen setzen bereits seit Jahrtausenden zahlreiche Naturvölker Modelle der Selbstführung erfolgreich ein (Storm 1972; Barnett 1985; Scheer 2016). Diese Modelle haben sich unter verschiedensten Bedingungen und in verschiedensten Kulturen unabhängig voneinander bewährt, sodass es nicht verwunderlich ist, dass sie nun von der modernen Wissenschaft wiederentdeckt werden (Julien et al. 2010; Rowold 2011). Eines der universellen Modelle der Selbstführung ist das Medizinrad („Medizin" im Sinne von Weisheit), das in verschiedenen Varianten unter anderen in nord- und südamerikanischen (Julien et al. 2010; Scheer 2016), europäischen (Dapice 2006), und asiatischen Kulturen verbreitet ist (Barnett 1985; Dyck 1996). Alle Medizinräder beschreiben u. a. die inneren Ressourcen des Menschen, die dieser u. a. für die maximale Leistungsfähigkeit bei der Arbeit benötigt (Orr 2000). Dazu gehören die körperlichen, emotionalen, mentalen und spirituellen Ressourcen (Abb. 8.1).

Abb. 8.1 Die Einteilung der inneren Ressourcen des Menschen nach dem Medizinrad.

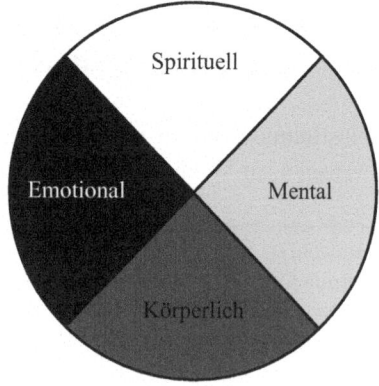

Die körperlichen Ressourcen beinhalten die körperliche Fitness, Vitalität und die Gesundheit. Organisationen unterstützen ihre Mitarbeiter*innen durch Ernährungsberatung und eigene Fitnessstudios, die kostenlos (und z. T. während der Arbeitszeit, vgl. Google) genutzt werden können. Die emotionalen Ressourcen beziehen sich auf die Kenntnis der eigenen Motivationsquellen und -hindernisse (z. B. Wutausbrüche). Zudem zählen soziale Kompetenzen und ein gut funktionierendes soziales Netzwerk zu wichtigen emotionalen Ressourcen. Die mentalen Ressourcen sind durch die kognitiven Fähigkeiten und Wissensinhalte, aber auch durch Methodenkompetenzen (z. B. Problemlösefähigkeit) definiert.

Die spirituellen Ressourcen stellen die vierte Gruppe wichtiger Ressourcen dar. Spiritualität ist nach Sponsel (2006) definiert als das Auseinandersetzen „… mit Sinn- und Wertfragen des Daseins, der Welt und der Menschen und besonders der eigenen Existenz und seiner Selbstverwirklichung im Leben". Dabei kann Spiritualität implizit als Haltung gegenüber einem höheren Wesen, Prinzipien oder explizit als Religion gelebt werden. Mit den Sinn- und Wertfragen hängen oft existenzielle Gefühle zusammen, die einen wichtigen Beitrag zur eigenen Identität liefern und schwierige Entscheidungen erleichtern (Barnett 1985). Das Ausdrücken dieses Teils der Identität ist eine wichtige Motivationsquelle (Smith et al. 2002). Spirituelle Werte wie z. B. Mitgefühl verleihen dem Leben einen nachhaltigen Sinn (Julien et al. 2010; Dapice 2006). Zahlreiche Non-Profit-Organisationen wie z. B. das Rote Kreuz oder Greenpeace würden sonst nicht existieren.

Das Medizinrad ist ein generalistisches Modell (d. h. es ist auf viele Lebensbereiche anwendbar), und verdeutlicht die Wichtigkeit von vier grundlegenden Aspekten der menschlichen Existenz und zeigt, wie sie im Gleichgewicht bleiben können (Barnett 1985). Menschen, die ihre Lebensführung nach dem Medizinrad ausrichten (Selbstführung), haben viele persönliche Ressourcen, sind mit ihrem eigenen Leben zufrieden und sind daher auch längerfristig leistungsfähiger (Scheer 2016). So gehen einige Autor*innen davon aus, dass eine medizinradbasierte Lebensführung wichtige Ressourcen wie z. B. die Resilienz aufbaut (Gilgun 2002).

Ein idealer (Arbeits-)Tag sollte nach dem Medizinrad mit einem bewussten, mentalen Fokus beginnen („Was sind heute meine Prioritäten?"; mentale Dimension) und auch körperliche Aktivitäten beinhalten (z. B. Fitness am Abend; körperliche Dimension). Eigene Gefühle sollten bewusst und intensiv in die Kommunikation eingebracht werden, damit der/die jeweilige Gesprächspartner*in die wesentlichen Inhalte und z. B. die Dringlichkeit der Botschaft mitbekommt (emotionale Dimension). Hinter den jeweiligen Handlungen sollten bewusst wahrgenommene Werte und „das große Gesamtbild" (Vision) stehen (spirituelle Dimension, vgl. Roberts et al. 1998).

Auch für Führungskräfte lassen sich wichtige Ableitungen aus dem Medizinrad finden: Führen heißt entscheiden; Entscheidungen sollten alle vier Bereiche des Medizinrads berücksichtigen. Jede Entscheidung sollte in größtmöglicher Klarheit und nach sorgfältigem, konzentriertem Abwägen der Fakten getroffen werden (mentale Dimension). Sie sollte zudem berücksichtigen, welche körperlichen Konsequenzen die Entscheidung hat (Körperliche Dimension, z. B. wird die Entscheidung mir körperliche Vor- oder Nachteile bringen?). Sie sollte so kommuniziert werden, dass die eigene Betroffenheit (z. B. Begeisterung) angemessen ausgedrückt wird (emotionale Dimension). Und auch sollte sie auf vom Team geteilten und nachhaltig ausgerichteten Werten basieren (spirituelle Dimension, vgl. Barnett 1985; Julien et al. 2010).

Im heutigen typischen Arbeitsalltag regiert die mentale Dimension mit ihrem Schwerpunkt auf der rationalen Analyse und dem daraus ausgerichteten Handeln. Demgegenüber bringt das Medizinrad den/die Arbeitnehmer*in wieder zurück zu einem, dem Menschen eigenen, ausgewogenen Gleichgewicht zwischen Verstand und Gefühl, sowie zwischen Körper und Spirituellem. Damit wird das ganze Potenzial des Menschen genutzt und für eine längerfristige Einbindung aller menschlichen Ressourcen auch für die Arbeit sichergestellt (Barnett 1985; Roberts et al. 1998). Eine weitere Dimension des Gleichgewichts bezieht sich auf die zeitliche Einteilung der vier Bereiche des Medizinrads: über alle Wochentage hinweg sollte jede Person ungefähr gleich viel Zeit in den vier Bereichen verbringen, also z. B. ungefähr gleich viel Zeit im mentalen wie im emotionalen Bereich. Dies kann dann erreicht werden, wenn z. B. Gefühle konstruktiv und authentisch in die jeweilige Kommunikation mit eingebracht werden. Hierzu passen Erkenntnisse aus der Kommunikationsforschung die nahelegen, dass z. B. der Ausdruck von eigenen Gefühlen und die Verbalisierung der wahrgenommenen Gefühle des Gegenübers für eine gelungene Kommunikation essenziell sind (Schulz von Thun 2011). Auch Erkenntnisse der Führungsforschung passen hier ins Bild: Insbesondere für die charismatische und die transformationale Führung (vgl. Kap. 7) ist das Einbringen von Emotionen für eine gelungene Kommunikation einer Vision unabdingbar (Frese et al. 2003; Rowold und Rohmann 2009).

Schließlich ist eine dritte Dimension des Gleichgewichts im Medizinrad impliziert: In jedem seiner vier Bereiche sollte ungefähr gleich viel Zeit mit Aktivität wie mit der Regeneration verbracht werden. Auf der körperlichen Ebene bedeutet dies, dass neben der körperlichen Aktivität auch Phasen der Ruhe und Erholung (z. B. qualitativ und quantitativ ausreichender Schlaf) nötig sind, um die körperlichen Ressourcen sicherzustellen. Auf der emotionalen Ebene bedeutet dies, dass nicht nur Gefühle ausgedrückt werden sollen, sondern auch „im Ruhezustand" bei sich selbst und bei anderen ohne Bewertung wahrgenommen werden sollen. Auf diesen Prinzipien beruhen wiederum die Methoden der effektiven Kommunikation (Abrell et al. 2013) und der achtsamkeitsbasierten Stressreduktion (Zarbock et al. 2012), die in einem anderen Teil des Lehrbuchs (Kap. 6) behandelt werden.

In ihrem Modell des „Unternehmensathleten" wenden Loehr und Schwartz (2001) das Medizinrad auf die Leistungsfähigkeit von Fach- und Führungskräften in Unternehmen an. Da die Autoren davon ausgehen, dass es eine hierarchische Beziehung zwischen den vier Bereichen des Medizinrads gibt, ordnen sie diese in Form einer Pyramide an (Abb. 8.2).

Die grundlegende Annahme im Modell von Loehr und Schwarz ist, dass alle vier Bereiche des Medizinrads für eine nachhaltige, hohe Leistungsfähigkeit nötig sind. Daher müssen diese vier Bereiche oder potenziellen Kapazitäten gleichmäßig und regelmäßig aufgebaut werden. Wie bei Leistungssportler*innen sind dafür bei Fach- und Führungskräften Zeiten der Erholung und des Aufbaus von Kapazitäten nötig, um die Leistung dann

8 Leadership und Innovation II – Selbstführung

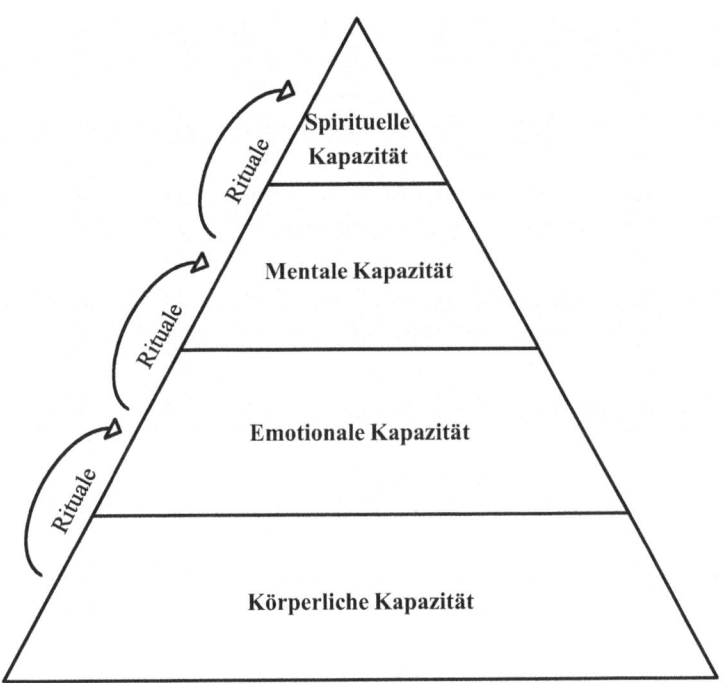

Abb. 8.2 Die High-Performance-Pyramide von Loehr und Schwartz (2001).

im „Wettkampf" (=in Zeiten hoher Leistung) abrufen zu können. Zeiten der Erholung sind durch Rituale gekennzeichnet, die zum Aufbau der Ressourcen bzw. der Kapazitäten dienen.

Körperliche Kapazitäten werden durch regelmäßige Körperübungen (z. B. joggen) aufgebaut. Sie sind die Grundlage für ausgeglichene Emotionen (d. h. eine grundlegende positive Stimmung) und Kognitionen (z. B. bessere Konzentrationsfähigkeit) sowie für spirituelle Ressourcen. Sie bauen Stresshormone wie z. B. Adrenalin ab. Als Ritual grenzen Körperübungen zudem klar die Arbeits- von der Nicht-Arbeitszeit ab, was wiederum hilft, sich mental zu regenerieren. Menschen, die regelmäßig Körperübungen machen, berichten typischerweise, dass sie mehr Arbeit in weniger Zeit schaffen. Zu den Ritualen gehört auch regelmäßige Essens- und Schlafenszeiten sowie eine kurze Pause alle 90–120 Minuten. Letzteres Ritual basiert auf der Erkenntnis der Biologie, dass die menschliche Leistungsfähigkeit Tages- und Hormonrhythmen unterliegt. Alle 90–120 Minuten wird die Produktion von Hormonen reduziert, sodass keine maximale Leistung möglich ist. Diese Zeit kann daher besser für den Aufbau von Ressourcen genutzt werden (z. B. Wasser trinken). Das regelmäßige und ausreichende Trinken ist eine zusätzliche wichtige Ressource zur Erhöhung der körperlichen Kapazitäten. So zeigten Suhr und Kollegen (Suhr et al. 2004), dass das Trinken von Wasser die mentale Leistungsfähigkeit erhöht.

Zur hohen Leistungserbringung sind positive Emotionen unerlässlich, da sie die Quelle von Motivation darstellen (Abrell et al. 2013). Im Rahmen der Emotional-Contagion-Forschung (dt.: „Infizieren" mit Gefühlen) wurde wiederholt festgestellt, dass die Gefühle von Führungskräften auf ihre Mitarbeiter*innen oft ansteckend wirken (Bono und Ilies 2006). Daher kommt den Führungskräften in dieser Hinsicht eine Vorbildrolle bzw. Multiplikatorfunktion zu. Quellen von positiven Gefühlen sind Freunde*innen, Familienmitglieder und Arbeitskolleg*innen, mit denen man sich u. a. über Privates und Gefühle austauscht und bei denen gegenseitige Unterstützung subjektiv empfundene Sicherheit bietet. Zudem sind Körperübungen wichtig für eine positive Gefühlslage. Um negativen Gefühlen vorzubeugen, kann erlernt werden, kleinere körperliche „Frühwarnzeichen", wie z. B. Spannung im Brustkorb oder flache Atmung, besser wahrzunehmen, um dann durch körperliche (z. B. mehrere tiefe Atemzüge) oder mentale (z. B. innere, an sich selbst gerichtete Instruktionen) Übungen Raum für positivere oder neutrale Gefühle zu schaffen. Eine gute Möglichkeit, negative Gefühle abzubauen, stellt die Achtsamkeitsübung dar, die in Kap. 6 detailliert besprochen wird. Schließlich zeigten Oldham et al. (1995), dass das Hören von Musik bei der Arbeit zunächst die Gefühlslage verbessert und dann die Arbeitsleistung positiv beeinflusst. Um mit den eigenen Gefühlen kompetent umgehen zu können, lassen sich auch Ergebnisse der Facial-Feedback-Forschung (Buck 1980) nutzen. Hierbei wurde herausgefunden, dass das bewusste Steuern der Mimik mittelfristig zu passenden Gefühlen führt: Wenn über mehrere Minuten gelächelt wird (obwohl kein inneres Gefühl dazu vorhanden war), ist am Ende der 10 Minuten ein positiveres Gefühl vorhanden als wenn nicht gelächelt wurde. Um sich selbst zu motivieren, können also Mitarbeiter*innen in Organisationen ihre Gefühle in sich erzeugen, indem sie ihre Mimik bewusst steuern. Ähnlich lässt sich die gesamte Gestik und Körperhaltung (z. B. aufrechte Haltung, tiefe Atmung) dazu nutzen, um Gefühle innerlich aufzubauen und in der direkten Face-to-Face-Kommunikation einzusetzen. Bereits seit den 1920er-Jahren ist diese Methode als Method Acting in der Schauspielkunst bewährt (Krasner 2000). Entsprechend können im HRM Personalentwicklungsmaßnahmen konzipiert werden, um die Methoden des Method Actings für die Steuerung der Emotionen bei der Arbeit zu verbessern.

Neben den klassischen Methoden der Personal- und Organisationsentwicklung zur Erhöhung der kognitiven Fähigkeiten gibt es weitere, bereichsübergreifende Methoden zum Aufbau der mentalen Kapazitäten. Zunächst sollte die Fähigkeit, sich ausschließlich auf die gegenwärtig anstehende Arbeitsaufgabe zu konzentrieren bzw. zu fokussieren, aufgebaut werden. Techniken, wie die der Achtsamkeit (vgl. Kap. 6), sind hier ideal, um sich mental auf eine Aufgabe (anstatt auf mehrere gleichzeitig) zu konzentrieren. Einfache Atemmeditationen (in Ruhe sitzen und mindestens Zehn mal tief durchatmen und dabei nur die eigene Atmung beobachten) gleichen nicht nur die inneren Gedankengänge, sondern oft auch die Gefühle und den Körper aus.

Andere Übungen wie z. B. ein kurzer Spaziergang fordern den Körper und bringen die Gedanken auf andere Lösungswege. Andere Rituale zur Verbesserung der mentalen Kapazität beziehen sich auf Zeitmanagement, bei dem z. B. E-Mails entweder direkt beantwortet oder in Termine umgewandelt werden, um nicht zweimal dieselbe E-Mail lesen zu müssen.

Die oben genannten gedankenbezogenen Strategien zur Selbstführung (z. B. positive Gedankenmuster erzeugen) können auch zur Verbesserung der mentalen Kapazitäten genutzt werden. Schließlich sind klassische Ansätze der Zielsetzung auch für die Selbstführung relevant: Fach- und Führungskräfte, die sich selbst Ziele setzen, sollten diese spezifisch, messbar, attraktiv, realistisch und terminierbar („SMART") formulieren.

Zur spirituellen Kapazität zählen u. a. unsere grundlegenden Werte (z. B. Gerechtigkeit; vgl. Julien et al. 2010) und die persönlichen Ansichten über den Sinn des Lebens (z. B. Weiterentwicklung von eigenen Fähigkeiten, vgl. Barnett 1985). Diese können, müssen jedoch nicht in Form einer bestimmten Religion gelebt werden. So basieren viele Religionen auf einem moralischen Kodex, der u. a. Gerechtigkeit beinhaltet, doch müssen umgekehrt die Regeln für die Zusammenarbeit unter Kolleg*innen, die von Organisationen definiert und von Führungskräften vorgelebt werden, nicht explizit auf eine bestimmte Religion Bezug nehmen. Grundlegende (spirituelle) Werte definieren nicht nur, was einer Person am wichtigsten im Leben ist, sondern stellen auch Energie für Handlungen bereit: Eine werdende Mutter wird genug Energie haben, mit dem Rauchen aufzuhören, da der Wert „Schutz des Lebens" für sie aktuell persönlich wichtig ist. Da Werte gerade im Arbeitsalltag abstrakt erscheinen, ist es wichtig für Arbeitnehmer*innen, außerhalb der Arbeitszeit gezielt über persönliche Werte zu reflektieren, um so Klarheit über und Motivation aus Werten zu bekommen. Diese „Sinnsuche" kann je nach persönlicher Art in Form eines Coachings (vgl. Kapitel zum Kreativen Team-Coaching, Kap. 14), von regelmäßigen Gebeten, einer Pilgerreise oder von Meditationen erfolgen. So konnte beispielsweise gezeigt werden, dass die Teilnahme an einer Pilgerreise zu einer Abnahme von negativen Gefühlen führte (Morris 1982). Auf der Ebene der Organisation sollte der jeweilige Wertekanon in Form einer Unternehmensvision explizit werden. Dadurch wird allen Beschäftigten verdeutlicht, welche Werte für das Handeln und die Zusammenarbeit wichtig sind. Die transformationale Führung (vgl. Kap. 7), die auf einer wertebasierten Vision beruht, führt nachgewiesenermaßen zu mehr organisationalem Erfolg (Judge und Piccolo 2004). Zudem konnte auf Unternehmensebene nachgewiesen werden, dass transformationale Führung zu einer Innovationsorientierung bei den jeweiligen Führungskräften führt (Engelen et al. 2014).

8.4 Empirische Befunde

In einer empirischen Studie mit Studierenden konnten Prussia et al. (1998) nachweisen, dass Selbstführung mit der späteren akademischen Leistung in Zusammenhang steht. Dabei wurde dieser Zusammenhang von der Selbstwirksamkeit der Studierenden mediiert. In einer Studie mit Beschäftigten aus Israel konnten Carmeli und Kollegen (Carmeli et al. 2006) zeigen, dass die Selbstführungsaspekte verhaltens-, belohnungs- und gedankenbezogene Strategien positiv mit der selbst- (von den Mitarbeiter*innen) und der fremdeingeschätzten (von der/dem Vorgesetzten) Kreativität in Beziehung stehen. Zudem wurde in einer Studie in Pakistan nachgewiesen, dass Selbstführung in einem positiven Zusammenhang zur Kreativität und zur Innovation (beides Selbsteinschätzung) steht (Kalyar 2011). Norris (2008) zeigte anhand einer Stichprobe von amerikanischen Studierenden, dass Frauen generell mehr Selbstführung zeigen als Männer.

Wie oben ausgeführt wurde, ist die Selbstreflexion unerlässlich, um sich selbst führen zu können. Nach einer Studie von Csikszentmihalyi (2002) verbringen Menschen jedoch nur ca. 8 % ihrer Zeit damit, sich selbst zu reflektieren.

8.5   Umsetzung in der Praxis

Für die Messung von Selbstführung liegen mehrere Instrumente vor. So entwickelte Manz (Manz und Neck 1998) eine Skala, die zwischen den drei Faktoren a) verhaltens- (Beispiel-Item: „Ich halte meine aufgabenbezogenen Fortschritte für mich fest."), belohnungs- (Beispiel-Item: „Ich versuche mehr zu tun, als mir aufgetragen wurde.") und gedankenorientierten (Beispiel-Item: „Ich überlege mir positive Veränderungen, die ich bei meiner Arbeit umsetzen kann.") Strategien der Selbstführung unterschieden. Diese Skala wurde von Prussia et al. (1998) validiert.

Im Bereich der Personalauswahl können stabile Personenmerkmale zur Vorhersage der späteren Selbstführungskompetenz herangezogen werden. In einer Studie von Müller (2005) wurde nachgewiesen, dass vor allem eine hohe internale Kontrollüberzeugung, Aspekte der Extraversion und der Verträglichkeit für die Vorhersage der späteren Selbstführung nützlich sind. Zur Steigerung der Selbstführung von bereits aktiven Führungskräften wird empfohlen, diese mit viel Handlungsspielraum auszustatten (z. B. ausreichend Möglichkeiten zur Mitgestaltung der Unternehmensstrategie), damit diese von den äußeren Gegebenheiten überhaupt Gelegenheit haben, sich selbst zu führen (anstatt durch äußere Vorgaben „gegängelt" zu werden). Es liegen bereits Ergebnisse über die Wirksamkeit von Trainings zur Steigerung der Selbstführung vor. So kreierten Neck und Manz (1996) ein zweitägiges Training, in dem die Funktionsweisen und Möglichkeiten zur Verbesserung derjenigen psychischen Prozesse vermittelt wurden, die direkt im Zusammenhang mit den drei Strategien nach Prussia (1998) in Zusammenhang stehen. Neben der Wissensvermittlung werden die verbesserten Strategien eingeübt. Zudem werden Möglichkeiten vermittelt, das neu Gelernte auf den Arbeitsalltag zu übertragen. In Evaluationsstudien zeigte sich, dass der Optimismus und das Selbstvertrauen durch das Training zunehmen.

Zur Stärkung der körperlichen Kapazitäten nach Loehr und Schwartz (2001) empfiehlt sich eine gesunde Ernährung als Grundlage. Einige Unternehmen bieten – oft in Kooperation mit Krankenkassen – ihren Beschäftigten eine Ernährungsberatung an. Dabei wird mit den jeweiligen Beschäftigten eine individuell abgestimmte Ernährung identifiziert. In diesem Rahmen wird generell oft empfohlen, dass 5–6 kleine Mahlzeiten am Tag gegessen werden sollten. Insgesamt sollte dabei möglichst wenig Zucker gegessen werden. Zudem sollten fünf Gläser Wasser am Tag getrunken werden. Wie bereits oben angesprochen, sind regelmäßige Körperübungen die entscheidende Grundlage für eine kontinuierliche

8 Leadership und Innovation II – Selbstführung

Leistungsfähigkeit. Das bedeutet, dass der ganze Körper mindestens zweimal pro Woche für zwei Stunden mit allen Muskeln trainiert wird, z. B. mit einem Programm im Fitnessstudio oder durch Rudern.

Zur Förderung der emotionalen Kapazitäten bieten sich zunächst klassische Personalentwicklungsmaßnahmen zur Verbesserung der sozialen Kompetenz an. Zu sozialen Kompetenzen gehören nach Gambrill (1995) u. a. a) auf Kritik reagieren, b) Widerstand äußern, c) Gefühle offen zeigen. Diese Elemente sind im organisationalen Kontext, z. B. bei wichtigen Verhandlungen, erfolgsrelevant. In Trainings zur sozialen Kompetenz kommen Methoden wie Rollenspiele und Videofeedback zum Einsatz, um neu gelernte, positive Verhaltensweisen auszuprobieren (Hinsch und Pfingsten 2007). Außerdem empfiehlt sich die an anderer Stelle (s. Kapitel Gesundheit und Innovation II, Kap. 6) dargestellte achtsamkeitsbasierte Mediation für den angemessenen und kompetenten Umgang mit Gefühlen bei der Arbeit (Chambers et al. 2009).

Mentale Ressourcen lassen sich ebenfalls durch bewährte Personalentwicklungsmaßnahmen ausbauen. Klassische Elemente wie z. B. das Zeitmanagement (Hall und Hursch 1982) helfen, Arbeitsprozesse gedanklich optimal vorzustrukturieren. Daneben hat sich das Training zur Vermeidung von Denkfehlern bewährt, indem u. a. Heuristiken zur Vermeidung von Entscheidungsfehlern vermittelt werden (Gigerenzer und Gaissmaier 2011).

Die spirituellen Kompetenzen sind ebenfalls durch einige Methoden der Personalentwicklung förderbar. Eine Möglichkeit besteht darin, im Kreativen Team-Coaching, (KTC, s. Kapitel Teams und Innovation II, Kap. 14) nicht nur arbeitsbezogene Probleme im engeren Sinne, sondern auch die oft dahinterliegenden Rollen-, Interessen-, oder Wertekonflikte zu identifizieren und aufzulösen (Nölting et al. 2009; Rowold 2008). Dies kann dann gelingen, wenn der Moderator des KTCs den Fokus der Arbeit im Coaching nicht nur auf Probleme, sondern auch auf die Ressourcen (wie z. B. eine eindeutige und konfliktfreie intraindividuelle Wertehierarchie) lenkt.

> **Beraterstory**
> Nachdem die Engineering AG die Arbeit in ihren Teams umstrukturiert hat (s. Berater-Case in Kapitel 3), möchte die Geschäftsleitung nun auch die einzelnen Teamleiter*innen fördern und schulen. Dazu bitten sie Herrn Rohling um ein Führungskräftetraining, was die Führungskräfte mehr motiviert und ihnen die Arbeitsprozesse erleichtern soll.
>
> Hierzu schlägt der Berater ein Training zur Selbstführung vor, was speziell auf das Verhalten und die Ressourcen der einzelnen Führungskräfte ausgerichtet ist und deren intrinsische Motivation zur Erreichung selbst gesteckter Ziele fördert. Zusätzlich lernen die Führungskräfte, wie sie selbst ihre Arbeit und ihren Arbeitsplatz positiv gestalten können und wie sie eine angenehme positive Arbeitsatmosphäre für sich selbst schaffen können. Die Schulung erstreckt sich über einen Monat mit insgesamt vier Sitzungen zu den Themen: Emotionale, mentale, körperliche und

spirituelle Selbstführung. Die folgende Tabelle fasst die wesentlichen Übungen und Zielsetzungen dieser vier Sitzungen zusammen:

	Übungen	Zielsetzung
emotionale	Konflikte und Kommunikationsübungen	Abbau von negativen Gefühlen und Konflikten
mentale	Zeitmanagement, Resilienz und Entscheidungsfehler	besseres Zeitmanagement, weniger Fehler bei der Arbeit
körperliche	Sport und Ernährung	Ressourcenaufbau und – erhalt
spirituelle	Persönliche Werte Priorisierung	private und berufliche Vision und Work-Life-Balance

Eine Evaluation des Trainings nach zwei Monaten zeigte, dass die Führungskräfte wirklich erfolgreicher arbeiten können, da sie gelernt haben, ihre individuellen Ressourcen zu nutzen und effizient für die Entscheidungsfindung einzusetzen.

Literatur

Abrell C, Stiller F, Rowold J (2013) Gefühle, Konflikte und Teams. In: Rowold J (Hrsg) Human Resource Management. Lehrbuch für Bachelor und Master. Springer Gabler, Berlin, S 25–37
Barnett JA (1985) A business model of enlightenment. J Bus Ethics 4:57–63
Bono JE, Ilies R (2006) Charisma, positive emotions and mood contagion. Leadersh Q 17(4):317–334
Buck R (1980) Nonverbal behavior and the theory of emotion: the facial feedback hypothesis. J Pers Soc Psychol 38(5):811
Carmeli A, Meitar R, Weisberg J (2006) Self-leadership skills and innovative behavior at work. Int J Manpow 27(1):75–90
Chambers R, Gullone E, Allen NB (2009) Mindful emotion regulation: an integrative review. Clin Psychol Rev 29(6):560–572
Csikszentmihalyi M (2002) Flow. Klett-Cotta, Stuttgart
Dapice AN (2006) The medicine wheel. J Transcult Nurs 17(3):251–260
Dyck LE (1996) An analysis of western, feminist and aboriginal science using the medicine wheel of the plains indians. Nativ Stud Rev 2(2):89
Engelen A, Schmidt S, Strenger A, Brettel M (2014) Top management's transformational leadership behaviors and innovation orientation: a cross-cultural perspective in eight countries. J Int Manag 20(2):124–136
Frese M, Beimel S, Schoenborn S (2003) Action training for charismatic leadership: two evaluations of studies of a commercial training module on inspirational communication of a vision. Pers Psychol 56(3):671–698
Gambrill E (1995) Behavioral social work: past, present, and future. Res Soc Work Pract 5(4):466–484
Gigerenzer G, Gaissmaier W (2011) Heuristic decision making. Annu Rev Psychol 62:451–482
Gilgun JF (2002) Completing the circle: American Indian medicine wheels and the promotion of resilience of children and youth in care. J Hum Behav Soc Environ 6(2):65–84
Hall BL, Hursch DE (1982) An evaluation of the effects of a time management training program on work efficiency. J Organ Behav Manag 3(4):73–96

Hinsch R, Pfingsten U (2007) Gruppentraining sozialer Kompetenzen GSK: Grundlagen, Durchführung, Anwendungsbeispiele. Beltz, Weinheim

Judge TA, Piccolo RF (2004) Transformational and transactional leadership: a meta-analytic test of their relative validity. J Appl Psychol 89(5):755–768

Julien M, Wright B, Zinni DM (2010) Stories from the circle: leadership lessons learned from aboriginal leaders. Leadersh Q 21(1):114–126

Kalyar MN (2011) Creativity, self-leadership and individual innovation. J Commer 3(3):20–28

Krasner D (2000) Method acting reconsidered: theory, practice, future. Macmillan, Basingstoke

Loehr J, Schwartz T (2001) The making of a corporate athlete. Harv Bus Rev 38(1):120–128

Manz C, Neck C (1998) Mastering self-leadership: empowering yourself for personal excellence. Prentice Hall, Upper Saddle River

Morris PA (1982) The effect of pilgrimage on anxiety, depression and religious attitude. Psychol Med 12(2):291–294

Müller GF (2005) Schlüsselqualifikation Selbstführungskompetenz. Campus Landau: 10. Landauer Frühjahrssymposium

Neck CP, Manz CC (1996) Thought self-leadership: the impact of mental strategies training on employee cognition, behavior, and affect. J Organ Behav 17(5):445–467

Nölting H, Stegemann D, Rowold J (2009) Kompetenzentwicklung durch das Kollegiale Team Coaching. In: Kauffeld S, Grote S, Frieling E (Hrsg) Handbuch Kompetenzentwicklung. Schäffer-Poeschel, Stuttgart, S 256–267

Norris SE (2008) An examination of self-leadership. Emerg Leadersh Journeys 1(2):43–61

Oldham GR, Cummings A, Mischel LJ, Schmidtke JM, Zhou J (1995) Listen while you work? Quasi-experimental relations between personal-stereo headset use and employee work responses. J Appl Psychol 80(5):547

Orr JA (2000) Learning from native adult education. New Dir Adult Contin Educ 2000(85):59–66

Prussia GE, Anderson JS, Manz CC (1998) Self-leadership and performance outcomes: the mediating influence of self-efficacy. J Organ Behav 19(5):523–538

Roberts RL, Harper R, Tuttle-Eagle Bull D, Heidemann-Provost LM (1998) The Native American medicine wheel and individual psychology: common themes. J Individ Psychol 54:135–145

Rowold J (Hrsg) (2008) Das Kollegiale Team Coaching. Kölner Studien, Köln

Rowold J (2011) Effects of spiritual well-being on subsequent happiness, psychological well-being, and stress. J Relig Health 50(4):950–963

Rowold J, Rohmann A (2009) Transformational and transactional leadership styles, followers' positive and negative emotions, and performance in German non-profit orchestras. Nonprofit Manag Leadersh 20(1):41–59

Scheer K (2016) Medizinrad und Mandala. Der Kreis als Symbol in der Weltanschauung der Native Americans der Great Plains und in der Typenlehre CG Jungs. SFU Forschungsbulletin 4(2):49–59

Schulz von Thun F (2011) Miteinander reden: 1: Störungen und Klärungen. Allgemeine Psychologie der Kommunikation, Bd 1. Rowohlt, Reinbeck bei Hamburg

Smith PB, Peterson MF, Schwartz SH (2002) Cultural values, sources of guidance, and their relevance to managerial behavior. J Cross-Cult Psychol 33(2):188–208

Sponsel R (2006) Spiritualität – Eine psychologische Untersuchung. InternetPublikation – General and Integrative Psychotherapy (IP-GIPT), Erlangen

Storm H (1972) Seven arrows. Harper & Row, New York

Suhr JA, Hall J, Patterson SM, Niinistö RT (2004) The relation of hydration status to cognitive performance in healthy older adults. Int J Psychophysiol 53(2):121–125

Yun S, Cox J, Sims HP Jr (2006) The forgotten follower: a contingency model of leadership and follower self-leadership. J Manag Psychol 21(4):374–388

Zarbock G, Ammann A, Ringer S (2012) Achtsamkeit für Psychotherapeuten und Berater. Beltz, Weinheim/Basel

Führung und Innovation – Cross-Cultural Leadership

Ute Poethke und Olena Kryshko

9.1 Einführung

Durch ein Voranschreiten der Globalisierung und eine weltweite Verflechtung wirtschaftlicher Aktivitäten gewinnt die Untersuchung von Führung im internationalen Kontext zunehmend an Bedeutung. Personen, die beruflich in anderen Kulturkreisen interagieren oder ein multinationales Team leiten, sind neben ihren Aufgaben vor zusätzliche Herausforderungen gestellt. In erster Linie gilt dies für Führungskräfte, da ihre Entscheidungen und Verhaltensweisen von besonderer Bedeutung für die Mitarbeiter*innen und die Organisation als Ganzes sind. Hier stellt sich die Frage, ob und wenn ja, wodurch und inwieweit die jeweiligen nationalen Kulturen einen Einfluss auf die erfolgreiche Ausübung von Führung besitzen (Weibler 2009). Auch die Frage danach, ob es Unterschiede hinsichtlich des Innovationsklimas, etwa bezogen auf die Förderung kreativer Ideen oder der Offenheit gegenüber Neuartigem, in einzelnen Ländern und Kulturkreisen gibt, hat große Folgen für die Unternehmensführung und die internationale Wirtschaftsentwicklung (Morris und Leung 2010; Zhou und Su 2010). Bislang bleiben theoretische Modelle und Forschungsaktivitäten zu den Zusammenhängen von Führung, Kreativität und Innovation im interkulturellen Kontext jedoch hinter dem großen praktischen Bedarf zurück. Besonders zu Gemeinsamkeiten und Unterschieden zwischen westlichen (z. B. Westeuropa, USA) und östlichen (z. B. Osteuropa, Asien) Kulturen ist der Forschungsbedarf groß (Anderson et al. 2014). Das vorliegende Kapitel gibt einen Einblick in den Forschungsstand zu Führung

---

U. Poethke (✉)
Bildungs- und Wissenschaftszentrum der Bundesfinanzverwaltung (BWZ), Münster, Deutschland
E-Mail: ute.poethke@bwz.bund.de

O. Kryshko
Uni Duisburg-Essen, Duisburg, Deutschland

und Innovation im interkulturellen Kontext. Zunächst wird erläutert, welche Auffassungen es von Innovation und Kultur im Sinne der Führungsforschung gibt. Daran anschließend werden die Zusammenhänge in einem Modell sowie empirische Studien zu Einflüssen von Führung auf Innovationsprozesse im interkulturellen Kontext vorgestellt.

9.2 Begriffsverständnis

In Anlehnung an Anderson et al. (2014) wird diesem Kapitel eine integrative Definition der Begriffe *Innovation* und *Kreativität* im Arbeitskontext zugrunde gelegt: Kreativität und Innovation schließen den Prozess, die Bestrebungen und die Ergebnisse ein, welche zu neuen oder verbesserten Herangehensweisen in der Erledigung von Aufgaben führen. Die *kreative* Phase steht dabei gewöhnlich am Anfang und umfasst die Generierung, die *innovative* Phase folgt zeitlich darauf und beinhaltet die Implementierung der neu hervorgebrachten Ideen (z. B. in Form von verbesserten Arbeitsabläufen oder Produkten). Nicht alle empirischen Studien folgen dieser zweistufigen und zeitlich getrennten Betrachtung. Auch die genaue Definition der Begriffe und die Festlegung des Untersuchungsgegenstandes in der Führungsforschung gestaltet sich heterogen und reicht von „creative performance" (Hirst et al. 2009) über „writing and submitting ideas" (Frese et al. 1999) bis zu der Zahl angemeldeter Patente (Jung et al. 2003). Zu unterscheiden ist darüber hinaus zwischen den Ebenen, auf denen sich die Analyse vollzieht: Prozesse der Kreativität und Innovation können auf der individuellen Ebene, auf der Ebene des Arbeitsteams, der Organisation oder einer Kombination dieser drei Ebenen betrachtet werden.

Das Verständnis von Führung im vorliegenden Kapitel orientiert sich an der dem GLOBE-Projekt von House et al. (1997) zugrundeliegenden Definition. *GLOBE* (Global Leadership and Organizational Behavior Effectiveness Research Program) ist ein seit Mitte der 1990er-Jahre durchgeführtes, internationales Projekt, welches Zusammenhänge zwischen der nationalen Kultur, der Unternehmenskultur und den bevorzugten Führungsstilen in 62 Ländern an über 17.000 Managern der mittleren Führungsebene untersucht. *Führung* ist nach dieser Definition „the ability of an individual to influence, motivate, and enable others to contribute to the effectiveness and success of the organizations of which they are members" (House et al. 1997, S. 548). Da der Großteil der Innovationsforschung besonders den transformationalen Führungsstil ins Zentrum der Betrachtung gerückt hat, konzentriert sich das Kapitel ebenfalls auf diese Ausprägung des Führungsverhaltens. Das wesentliche Ziel transformationaler Führung ist es, Werte, Einstellungen und Vorstellungen von Mitarbeiter*innen dahingehend zu verändern oder zu transformieren, sodass kurzfristige und eigenorientierte Ziele durch längerfristige Ziele im Sinne der Organisation oder Gemeinschaft ersetzt werden. Gemessen wird transformationales Führungsverhalten in interkulturellen Untersuchungen auf verschiedene Weise, etwa mit dem *Multifactor Leadership Questionnaire* (MLQ; Avolio et al. 1999), dem *Transformational Leadership Inventory* (TLI; Podsakoff et al. 1990, 1996) oder *dem Leadership Practice Inventory* (LPI; Kouzes und Pozner 1988). Gemeinsam ist diesen Instrumenten, dass sich das Gesamtkonstrukt transformationale Führung aus verschiedenen Unterfacetten zusammensetzt, etwa dem Aufzeigen von Vision oder dem gezielten Motivieren von Mitarbeiter*innen, die sich in unterschiedlichem Maße auf innovatives Verhalten auswirken, wie in Abschn. 9.5 dargestellt wird.

Um Nationen oder Kulturen, z. B. in Bezug auf die Anwendung und Effektivität von Führungsverhalten systematisch beschreiben und miteinander vergleichen zu können, wird auf Kulturschemata zurückgegriffen (Engelen und Tholen 2014). Verbreitete Schemata zur Beschreibung einer Kultur – sog. Kulturdimensionen – stammen beispielsweise von Hall (1976); Schwartz (1999); Hofstede (2001); Trompenaars und Hampden-Turner (2012) sowie der GLOBE-Studie (House und Javidan 2004). In diesem Kapitel werden die Dimensionen nach Hofstede und GLOBE erläutert, da Hofstede das meist verwendete Kulturdimensionsschema bereitstellt und die GLOBE-Studie die Einflüsse von kulturellen Charakteristika auf die Ausübung und Wahrnehmung von Führung in den Vordergrund rückt. Doch bevor auf die Dimensionen eingegangen wird, soll zunächst geklärt werden, was unter dem Begriff „Kultur" zu verstehen ist. Hofstede (2001) betrachtet *Kultur* als „die kollektive Programmierung des Geistes, die die Mitglieder einer Gruppe oder Kategorie von Menschen von einer anderen unterscheidet" (S. 4). Auch GLOBE definiert Kultur in ähnlicher Weise als „shared motives, values, beliefs, identities, and interpretations or meanings of significant events that result from common experiences of members of collectives and are transmitted across age generations" (House und Javidan 2004, S. 15). Kultur wird somit nicht als Eigenschaften oder Einstellungen einzelner Individuen beschrieben, sondern bezieht sich auf die Werte und das daraus resultierende Verhalten eines Kollektivs, also einer Gruppe von Individuen. Die Kultur einer Gruppe entsteht nach dieser Definition folglich als Mittelwert der individuellen Werte, das heißt, dass eine Nation zwar im Mittel eine höhere Ausprägung einer bestimmten Eigenschaft vorweisen kann (z. B. ein hohes Ausmaß an Machtdistanz oder eine starke Vermeidung von Unsicherheit), in einer anderen Kultur aber durchaus Individuen mit einer höheren Ausprägung dieser Merkmale vorkommen können (Engelen und Tholen 2014). House und Javidan (2004) haben die im Rahmen der GLOBE-Studie untersuchten Länder anhand ihrer kulturellen Ähnlichkeit zehn Kulturclustern zugeordnet. Zum Angelsächsischen Cluster (*Anglo*) gehören die Länder Großbritannien, Irland, Australien, Neuseeland, Südafrika (weiß), Kanada und die USA. Dem romanisch-europäischen Cluster (*Latin Europe*) werden die Länder Frankreich, der französischsprachige Teil der Schweiz, Spanien, Portugal, Italien und Israel zugeordnet. Die Kulturgruppe Nordeuropa (*Nordic*) besteht aus den Ländern Dänemark, Finnland und Schweden; die Gruppierung germanisches Europa (*Germanic*) aus den Nationen Österreich, Deutschland, Niederlande und dem deutschsprachigen Teil der Schweiz. Zum Cluster Osteuropa (*Eastern Europe*) gehören die Länder Polen, Russland, Albanien, Georgien, Griechenland, Ungarn und Slowenien. Das Cluster Lateinamerika (*Latin America*) setzt sich aus Brasilien, Argentinien, Mexiko, Bolivien, Kolumbien, Ecuador, El Salvador, Guatemala, Venezuela und Costa Rica zusammen. Das Cluster Zentralafrika (*Sub-Saharan Africa*) bilden die Nationen Namibia, Nigeria, Sambia, Simbabwe und der afrikanischstämmige Anteil der südafrikanischen Bevölkerung. Zur Kulturgruppe Naher Osten

(*Middle East*) zählen die Staaten Ägypten, Kuwait, Marokko, Katar und die Türkei. Zu Südasien (*Southern Asia*) gehören die Länder Indien, Indonesien, Iran, Malaysia, die Philippinen und Thailand. Das Cluster Konfuzianisches Asien (*Confucian Asia*) bilden die Nationen China, Hong Kong, Japan, Singapur, Südkorea und Taiwan. In Abb. 9.1 sind die Kulturcluster im Sinne der GLOBE-Studie (House und Javidan 2004) grafisch veranschaulicht.

Hofstede stellte fünf kulturelle Dimensionen heraus, anhand derer sich nationale Kulturen beschreiben und kategorisieren lassen: *Machtdistanz* (Power Distance), *Individualismus vs. Kollektivismus* (Individualism vs. Collectivism), *Maskulinität vs. Femininität* (Masculinity vs. Feminity), *Unsicherheitsvermeidung* (Uncertainty Avoidance) und *Langzeitorientierung* (Long-Term Orientation). Nach GLOBE werden insgesamt neun Kulturdimensionen unterschieden, wobei sie z. T. an die Unterteilung von Hofstede angelehnt sind. GLOBE differenziert neben den Dimensionen *Machtdistanz* (*Power Distance*), *institutioneller Kollektivismus* (*Institutionell Collectivism*), *innergruppen Kollektivismus* (*In-Group Collectivism*), *Unsicherheitsvermeidung* (*Uncertainty Avoidance*), *Gleichberechtigung* (*Gender Egalitarianism*) und *Zukunftsorientierung* (*Future Orientation*) noch die Dimensionen *Menschlichkeitsorientierung* (*Humane Orientation*), *Durchsetzungsvermögen* (*Assertiveness*), und *Leistungsorientierung* (*Performance Orientation*). Kulturvergleichende Studien in den Wirtschaftswissenschaften greifen insbesondere auf die Dimensionen Machtdistanz, Unsicherheitsvermeidung und Individualismus vs. Kollektivismus zurück (Triandis 2004), da sich eine Verschiedenheit von Nationen hier besonders deutlich zeigt und die Ausprägung dieser Dimensionen zu weitreichenden Auswirkungen im Arbeitskontext führt. Die Dimension *Machtdistanz* nach Hofstede meint das Ausmaß an Akzeptanz von Ungleichheit untergebener Individuen in Bezug auf Macht, Prestige und

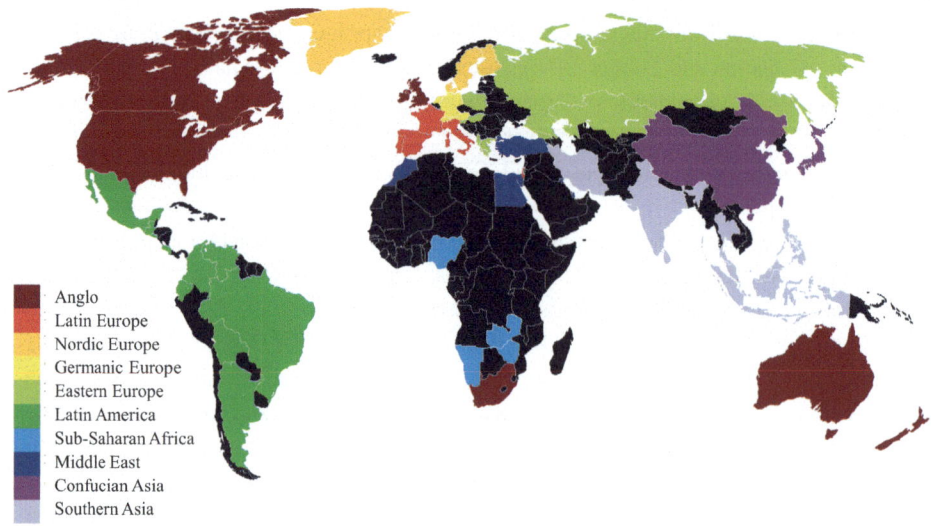

Abb. 9.1 Die Kulturcluster der GLOBE-Studie (House und Javidan 2004; eigene Darstellung)

Wohlstand. Dabei handelt es sich jedoch nicht um den formalen Grad der Machtdistanz (z. B. das Ausmaß an Hierarchie), sondern um das Wahrnehmen und Akzeptieren einer ungleichen Verteilung von Macht (Engelen und Tholen 2014). Kulturen mit einer hohen Ausprägung der Machtdistanz (z. B. Südostasien, Mittel- und Südamerika sowie Russland, vgl. Tab. 9.1) stimmen einer solchen Ungleichheit der Machtverteilung zu. Sie akzeptieren Einkommensunterschiede und treten Vorgesetzten mit Respekt gegenüber. Zudem dominieren zentralisiert organisierte Unternehmen mit ausgeprägter Hierarchie. In Kulturen mit einer geringen Ausprägung der Machtdistanz (z. B. Deutschland, USA, skandinavische Länder) sind es Unternehmen mit flachen Hierarchien, die sich durchsetzen. Die GLOBE-Studie nutzt ebenfalls die Bezeichnung Machtdistanz, um das Ausmaß widerzuspiegeln, in dem eine Gesellschaft Autoritäten, Machtunterschiede und Statusprivilegien akzeptiert und unterstützt (Carl et al. 2004).

Die Kulturdimension *Individualismus vs. Kollektivismus* befasst sich damit, wie stark Beziehungen zwischen einem Individuum und der Gruppe ausgeprägt sind, d. h. ob eher ein Wir- oder Ich-Gefühl in der Kultur dominiert. Kulturen, die eher kollektivistisch geprägt sind, zeichnen sich dadurch aus, dass Eigeninteressen hinter die Bedürfnisse der Gruppe gestellt werden und das Wohl der Gruppe von größter Bedeutung ist. Im Gegensatz dazu wird in individualistischen Kulturen die Selbstverwirklichung des Individuums hervorgehoben. Es wird Wert auf Selbstbestimmung und individuelle Leistungen gelegt und es herrscht Respekt gegenüber der Privatsphäre jedes Einzelnen. GLOBE unterteilt die Kollektivismusdimension überdies nach institutionellem und Innergruppenkollektivismus. Institutioneller Kollektivismus bezieht sich auf den Grad, zu dem Organisationen und soziale Institutionen eine Gleichverteilung der Ressourcen und ein gemeinsames Handeln fördern. Innergruppenkollektivismus bezeichnet das Ausmaß, in welchem Individuen Stolz, Loyalität und Gruppenzugehörigkeit in Organisationen oder Familien ausdrücken. Ein hoher Grad dieser Dimension impliziert einen starken Zusammenhalt zwischen Familien- und Organisationsmitgliedern (Engelen und Tholen 2014). Kollektivistische Kulturen lassen sich besonders im asiatischen Raum verorten (z. B. China und Vietnam),

Tab. 9.1 Ausprägung der Kulturdimensionen nach Hofstede in einzelnen Ländern nach Henry (2001)

Länder	PDI	UAI	IDV
Argentinien, Belgien, Brasilien, Frankreich, Spanien	+	+	+
Chile, Kolumbien, Mexiko, Peru, Portugal, Venezuela	+	+	−
Japan	~	+	~
Hong Kong, Indien, Philippinen, Singapur, Taiwan, Thailand	+	−	−
Griechenland, Iran, Türkei	+	+	−
Österreich, Deutschland, Israel, Italien, Schweiz, Südafrika	−	+	~
Australien, Kanada, Irland, Neuseeland, England (UK), USA	−	−/~	+
Dänemark, Finnland, Niederlande, Norwegen, Schweden	−	−/~	~

Anmerkung. + hohe Ausprägung, − niedrige Ausprägung, ~ mittlere Ausprägung. *PDI* = Machtdistanz, *UAI* = Unsicherheitsvermeidung, *IDV* = Individualismus. Eine niedrige Ausprägung an Individualismus bedeutet, dass eine hohe Ausprägung auf der Dimension Kollektivismus besteht während westliche Kulturen (v. a. die USA) zumeist stark individualistisch geprägt sind (Engelen und Tholen 2014). In der Kulturdimension *Unsicherheitsvermeidung* nach Hofstede liegt das Hauptaugenmerk auf dem Umgang der Gesellschaft mit unvorhersehbaren Situationen. Diese Dimension spiegelt wider, wie tolerant sich die Gesellschaft gegenüber unsicheren und mehrdeutigen Ereignissen zeigt. Sie ist dabei nicht mit Risikoaversion gleichzusetzen. Eine hohe Ausprägung von Unsicherheitsvermeidung in einer Kultur äußert sich z. B. durch das Vorhandensein vieler Regeln und Vorgaben, um Unsicherheit und Zweideutigkeiten zu vermeiden. Zu den Nationen mit einer hohen Unsicherheitsvermeidung zählen Frankreich und Argentinien, in den Niederlanden ist die Unsicherheitsvermeidung dagegen eher gering ausgeprägt (Engelen und Tholen 2014).

9.3 Modelle

Hsu et al. (2008) entwickelten in ihrem Überblicksartikel der Zusammenhänge zwischen Topmanagement und organisationaler Innovation ein Rahmenmodell, das aktuelle Forschungserkenntnisse zu Einflüssen von Führung auf Innovation in einem Unternehmen integriert. In diesem Modell stellt Topmanagement die unabhängige Variable und organisationale Innovation die abhängige Variable dar. Der Zusammenhang zwischen den beiden Variablen wird durch verschiedene Faktoren, auf welche im Folgenden näher eingegangen wird, moderiert bzw. mediiert (siehe Abb. 9.2). Die unabhängige Variable Topmanagement (linker Kasten) setzt sich aus den Charakteristika, dem Führungsstil und -verhalten der Führungskraft bzw. des CEO oder des Topmanagement-Teams (TMT) zusammen. „Charakteristika" umfassen dabei sowohl demografische Variablen (z. B. Bildungsniveau, Amtszeit) als auch Persönlichkeitseigenschaften der Führungskraft (z. B. Leistungsstreben,

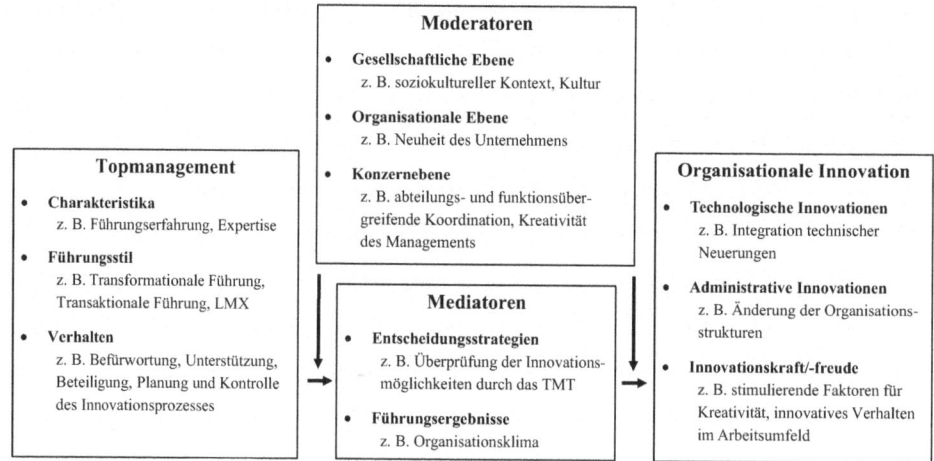

Abb. 9.2 Ein integratives Rahmenmodell zu Führung und organisationaler Innovation nach Hsu et al. (2008)

Bedürfnis nach Ansehen und Macht). Die abhängige Variable „organisationale Innovation" (rechter Kasten) besteht im Modell von Hsu et al. (2008) aus den drei Komponenten technologische Innovation, administrative Innovation und Innovationsfreude. Technologische Innovation bezieht sich dabei auf Produkte und Dienstleistungen (z. B. Erwerb und Nutzung neuer medizinischer Geräte in einem Krankenhaus), aber auch auf Produktionsprozesse und Verfahrensweisen im Zusammenhang mit den Kernaktivitäten des Unternehmens. Mit administrativen Innovationen sind Änderungen der organisationalen Strukturen und der Belegschaft des Unternehmens gemeint. Innovationsfreude drückt die Bereitschaft innerhalb der Organisation aus, neue und innovative Ideen und Verhaltensweisen zu fördern und zu unterstützen.

Als vermittelnder Faktor, also Mediator, zwischen dem Einfluss der Führenden (z. B. der Führungskraft, des CEO oder TMT) auf das Hervorbringen organisationaler Innovationen konnten zum einen die Entscheidungen und Strategien des Topmanagements (z. B. Einschätzung der Innovationsmöglichkeiten durch das TMT) und zum anderen Führungsergebnisse (z. B. Honorierung und Anerkennung von Leistung) identifiziert werden. Der Zusammenhang zwischen Topmanagement und organisationaler Innovation wird darüber hinaus durch Moderatoren auf gesellschaftlicher, organisationaler und Konzernebene beeinflusst. Amazon et al. (2006) fanden heraus, dass die Neuheit des Unternehmens einen entscheidenden Moderator auf organisationaler Ebene darstellt. Ihre Begründung dafür ist, dass der Wert eines jungen Unternehmens durch die Einführung neuer, innovativer Produkte oder Dienstleistungen steigt, während sich ein älteres Unternehmen eher durch die Verbesserung des bestehenden Angebots aufwertet. Auf Konzernebene konnte insbesondere die funktionsübergreifende Koordination des TMT (z. B. Strukturen zur Verbesserung gemeinsamer Unternehmensziele, Förderung von Kommunikation, Zusammenarbeit und Zusammenhalt) als Moderator identifiziert werden. Die nationale Kultur bzw. der soziokulturelle Kontext als moderierender Faktor des Einflusses von Führung auf Innovation auf gesellschaftlicher Ebene wird im nächsten Abschnitt näher betrachtet.

9.4 Empirische Befunde

Rosing et al. (2011) untersuchten in einer Metaanalyse die Zusammenhänge zwischen Innovation und Führungsstilen. Auf Grundlage von 31 berücksichtigten Primärstudien aus unterschiedlichen Ländern konnte ein positiver Zusammenhang ($r = 0{,}28$) zwischen transformationaler Führung und Innovation nachgewiesen werden. Allerdings machten die Autoren auf eine sehr breite Streuung der Korrelationskoeffizienten von $r = -0{,}31$ bis $r = 0{,}64$ aufmerksam, die nicht allein auf Unterschiede in den Stichproben zurückzuführen sind. Zur Erklärung der Effektgrößenvarianz überprüften sie deshalb die moderierende Wirkung folgender Variablen: die Ebene der Analyse (Organisations-, Team- oder Individualebene), die Operationalisierung des Innovationskonstrukts als abhängige Variable (Innovation, Kreativität oder Leistung von Forschungs- und Entwicklungsteams) sowie die Art der Datenquelle (Selbst- oder Fremdbeurteilung). Als Ergebnis der Moderatoranalysen zeigte sich, dass alle Variablen einen signifikanten Einfluss auf die Beziehung zwischen transformationaler Führung und Innovation ausübten. Jedoch konnte dieser nur einen geringen Anteil der beobachteten Effektgrößenvarianz erklären. Rosing et al. (2011) schlossen deshalb auf die Existenz weiterer Moderatoren. Ein Moderator des Zusammenhangs zwischen Führung und organisationaler Innovation ist nach dem oben aufgeführten Modell von Hsu et al. (2008) die Kultur. Dennoch gibt es bisher nur wenig veröffentlichte Forschungsarbeiten, die diesen Einflussfaktor empirisch überprüften. Elenkov und Manev (2005) untersuchten in einer international angelegten Studie, ob der soziokulturelle Kontext den Zusammenhang zwischen dem Führungsverhalten der Unternehmensleitung und ihrem Einfluss auf strategische Innovationen moderiert. Sie überprüften ihre Annahmen an einer Stichprobe mit 1774 Teilnehmern aus 270 Unternehmen in 12 europäischen Ländern. Das Design der Studie erlaubte zwei Beurteilungsperspektiven: Zum einen schätzten die unmittelbar Untergebenen das Führungsverhalten der Unternehmensleitung ein. Zum anderen beurteilten die am Innovationsprozess direkt beteiligten Hauptakteure den Einfluss der Unternehmensleitung auf Produkt- und Strukturinnovationen. Mit Strukturinnovationen werden strukturelle Veränderungen innerhalb der Organisation bezeichnet, während Produktinnovationen nach außen, also auf den Markt, gerichtet sind. Zur Beschreibung des soziokulturellen Kontexts wurden Hofstedes Kulturdimensionen Machtdistanz, Maskulinität vs. Femininität, Unsicherheitsvermeidung sowie Individualismus vs. Kollektivismus herangezogen. Die Ergebnisse der Untersuchung belegen die Bedeutung des Führungsverhaltens für den Innovationsprozess: die Führungsstile des Full Range Leadership Modells (Bass und Avolio 1994) erklärten fast die Hälfte der Varianz des Einflusses der Unternehmensleitung auf die Produkt- und Strukturinnovationen. Dabei gab es einen negativen Zusammenhang zwischen der Laissez-Faire-Führung und dem Einfluss der Unternehmensleitung auf Strukturinnovationen. Ein transaktionaler Führungsstil, d. h. sowohl passives als auch aktives Management by Exception wirkte sich positiv auf Produktinnovationen aus. Auch die Zusammenhänge zwischen anderen transaktionalen und transformationalen Führungsverhaltensweisen (z. B. Individualized Consideration, Contingent Reward, Inspirational Motivation, Intellectual Stimulation) und den beiden Innovationskonzepten fiel positiv aus. Darüber hinaus konnte gezeigt werden, dass der soziokulturelle Kontext direkt auf das Führungsverhalten einwirkt und den Zusammenhang zwischen dem Führungsverhalten und dem Einfluss der Unternehmensleitung auf die Strukturinnovationen moderiert. Dabei wurden für alle untersuchten Führungsstile – bis auf die Laissez-Faire Führung – signifikante Interaktionseffekte mit soziokulturellen Kontextvariablen gefunden. Dieses komplexe Ergebnismuster ist in Tab. 9.2 zusammengefasst.

Interessante Befunde lieferte zudem eine weitere Studie von Elenkov und Manev (2009), die sich mit der Frage beschäftigte, ob die kulturelle Intelligenz (*Cultural Intelligence, CQ*) den Zusammenhang zwischen transformationaler Führung und der Implementierung von Innovationen moderiert. Befragt wurden 153 ins Ausland entsandte Manager*innen multinational tätiger Konzerne aus 27 Ländern der Europäischen Union und ihre 695 Mitarbeiter*innen. Die Selbsteinschätzung der kulturellen Intelligenz entsandter Manager*innen wurde mithilfe der *Cultural Intelligence Scale* (CQS; Ang et al. 2006) vorgenommen.

Tab. 9.2 Hofstedes Kulturdimensionen als Moderatoren des Zusammenhangs zwischen Führung und Innovation. Gegenüberstellung der Ergebnisse von Engelen et al. (2014) sowie Elenkov und Manev (2005)

		Engelen et al. (2014)	Elenkov und Manev (2005)
UV		TF-Facetten (TLI)	Full Range Leadership Styles (MLQ)
AV		Innovationsausrichtung eines Unternehmens	Einfluss der Unternehmensleitung auf die Strukturinnovationen
Moderatoren	PDI	**verstärkt** den Effekt von …	
		- Intellectual Stimulation	- Passive Management by Exception - Individualized Consideration - Idealized Influence
		schwächt den Effekt von …	
		- Individualized Support - High Performance Expectations	- Inspirational Motivation - Contingent Reward - Intellectual Stimulation
	IDV	**verstärkt** den Effekt von …	
		- Articulating a Vision - Individualized Support - High Performance Expectations	- Intellectual Stimulation - Inspirational Motivation - Active Management by Exception
		schwächt den Effekt von …	
		- Intellectual Stimulation	- Idealized Influence (attributed)
	UAI	**verstärkt** den Effekt von …	
		- High Performance Expectations	- Individualized Consideration - Active Management by Exception - Contingent Reward
		schwächt den Effekt von …	
		- Intellectual Stimulation	- Intellectual Stimulation - Inspirational Motivation
	MAS	**verstärkt** den Effekt von …	
		- wurde nicht untersucht	- Idealized Influence (behavior) - Active Management by Exception - Contingent Reward
		schwächt den Effekt von …	
		- wurde nicht untersucht	- Intellectual Stimulation - Inspirational Motivation - Individualized Consideration

Anmerkung. PDI = Machtdistanz, IDV = Individualismus, UAI = Unsicherheitsvermet-dung. MAS = Maskulinität. TF = Transformational Führung. TLI = Transformational Leadership Inventory, MLQ = Multifactor Leadership Questionnaire

Kulturelle Intelligenz steht in engem Bezug zu den Konzepten der emotionalen und sozialen Intelligenz und beschreibt die Fähigkeit in unterschiedlichen kulturellen Kontexten die entscheidenden Informationen zu selektieren und sinnvolle Entscheidungen zu treffen (Elenkov und Manev 2009). Zur Erfassung transformationaler Führung wurde das *Leadership Practice Inventory* (LPI; Kouzes und Posner 1988) eingesetzt, mittels dessen fünf Faktoren

(Model the Way, Inspire a Shared Vision, Challenge the Process, Enable Others to Act, Encourage the Heart) die Fremdeinschätzung des Führungsverhaltens als unabhängige Variable erfolgte. Zur Operationalisierung der abhängigen Variable konnte auf objektive Daten, nämlich die Zahl aller innerhalb von zwei Jahren vor der Befragung implementierten Produkt- und Strukturinnovationen, zurückgegriffen werden. Als Ergebnis stellte sich heraus, dass transformationale Führung einen beachtlichen Anteil der Varianz der eingeführten Innovationen (24 % der Produktinnovationen und 27 % der Strukturinnovationen) erklären konnte. Dabei ging von allen fünf Faktoren ein positiver Einfluss aus. Wie von Elenkov und Manev (2009) erwartet, wurde der Einfluss transformationaler Führung auf die Strukturinnovationen von der kulturellen Intelligenz der entsandten Manager*innen moderiert: Je höher der CQ der Führungskraft, desto innovationsförderlicher wirkte ihr transformationales Führungsverhalten. Der ebenfalls erwartete Moderatoreffekt im Falle der Produktinnovationen konnte allerdings nicht bestätigt werden.

In einer neueren Studie untersuchten Engelen et al. (2014) den Einfluss transformationaler Führung auf die unternehmensbezogene Innovationsorientierung unter Berücksichtigung der nationalen Kultur. Topmanager*innen von über 900 Unternehmen aus Österreich, Deutschland, China, USA, Singapur, Argentinien, Thailand und der Schweiz nahmen an einer Onlinebefragung teil, in welcher der eigene Führungsstil sowie die Innovationsorientierung des Unternehmens beurteilt werden sollten. Die Einschätzung des Führungsstils erfolgte anhand der sechs Unterfacetten der transformationalen Führung nach Podsakoff et al. (1990): Aufzeigen einer Zukunftsvision (Articulating a Vision), Individuelle Unterstützung (Individualized Support), Hohe Leistungserwartung (High Performance Expectations), Intellektuelle Anregung (Intellectual Stimulation), Förderung von Gruppenzielen (Fostering the Acceptance of Group Goals) und Vorbildfunktion (Providing an Appropirate Model). Die nationale Kultur wurde mit Hofstedes Kulturdimensionen Individualismus vs. Kollektivismus (IDV), Unsicherheitsvermeidung (UAI) und Machtdistanz (PDI) operationalisiert. Die Ergebnisse der Regressionsanalysen zeigten, dass alle sechs Facetten der transformationalen Führung einen signifikant positiven Einfluss auf die Innovationsorientierung ausüben. Als besonders innovationsförderlich erwies sich dabei die Facette Aufzeigen einer Zukunftsvision ($r = 0{,}33$). Im Kontrast dazu wirkte sich eine hohe Ausprägung der Kulturdimension Machtdistanz und eine hohe Unsicherheitsvermeidung innovationshinderlich aus, während sich für Individualismus kein signifikanter Haupteffekt zeigte. Des Weiteren belegten Interaktionseffekte, dass die innovationsförderliche Wirkung von transformationaler Führung den moderierenden Einflüssen der nationalen Kultur unterliegt: die positiven Effekte der Unterfacetten Aufzeigen einer Zukunftsvision, Individuelle Unterstützung und Hohe Leistungserwartung werden in individualistischen Kulturen noch verstärkt, während die Intellektuelle Anregung vor allem in kollektivistischen Kulturen die unternehmensbezogene Innovationsorientierung vorantreibt. Außerdem verstärkt eine hohe Ausprägung von Machtdistanz den positiven Effekt von Intellektueller Anregung, mindert aber den Effekt von Individueller Unterstützung und Hoher Leistungserwartung. Hohe Leistungserwartung wirkt dahingegen innovationsförderlicher in Kulturen mit hoher Unsicherheitsvermeidung, während für die Intellektuelle

Anregung genau das Gegenteil der Fall ist. Darüber hinaus liefern die Ergebnisse der Studie die wichtige Erkenntnis, dass nur die Vorbildfunktion und die Förderung von Gruppenzielen kulturunabhängig auf die Innovationsfähigkeit des Unternehmens wirken, da für diese zwei Facetten transformationaler Führung keine statistisch signifikanten Moderatoreffekte gefunden wurden.

Bücker und Korzilius (2015) untersuchten mit Hilfe des interkulturellen Simulationsspiels Ecotonos den Einfluss von Verhaltenstrainings auf die kulturelle Intelligenz und die Selbstwirksamkeit. Als Ergebnis zeigte sich, dass Verhaltenstrainings die Entwicklung der kulturellen Intelligenz unterstützen. Dabei konnte insbesondere die Entwicklung der metakognitiven, motivationalen und verhaltensbezogenen interkulturellen Intelligenz gesteigert werden. Zusätzlich stieg das Selbstvertrauen im Umgang mit interkulturellen Begegnungen bei den Proband*innen an.

9.5 Umsetzung in der Praxis

Insgesamt lässt sich feststellen, dass die meisten empirischen Befunde zum Einfluss von Führung auf die organisationale Innovation bzw. Kreativität im Arbeitskontext aus dem westlichen Kulturkreis stammen. In den letzten Jahren ist allerdings weltweit ein zunehmendes Interesse an der Thematik zu beobachten, beispielsweise in Korea (Shin und Zhou 2003), Litauen (Jaskyte und Kisieliene 2006), der Türkei (Dayan et al. 2009), Pakistan (Khan et al. 2012), China (Si und Wei 2012), Taiwan (Gong et al. 2009), Malaysia (Noor und Dzulkifli 2013) und den Vereinigten Arabischen Emiraten (Alsalami et al. 2014). Dies spricht für eine wachsende Bedeutung und die große Aktualität des Forschungsgegenstands. Dennoch sind Untersuchungen, die Kulturen in Bezug auf Innovationsfähigkeit miteinander vergleichen, nach wie vor rar. Dabei können gerade diese eine Reihe von neuen Erkenntnissen liefern, welche für das strategische Innovationsmanagement eine große praktische Relevanz darstellen. Denn das Wissen darüber, welche Führungsfacetten über unterschiedliche Kulturen hinweg innovationsförderlich bzw. innovationshemmend wirken und welche dagegen in Abhängigkeit von kulturellen Besonderheiten mehr oder weniger maßgebend sind, kann die Wahl effektiver Führungsverhaltensweisen für die länderübergreifende sowie länderspezifische Managementpraxis erleichtern.

Gong et al. (2009) untersuchten in ihrer Studie den Zusammenhang zwischen der transformationalen Führung, der Kreativität der Mitarbeiter*innen und der Arbeitsleistung. Sie stellten einen positiven Zusammenhang zwischen der Kreativität der Mitarbeiter*innen und ihrer Arbeitsleistung fest. Weiterhin zeigte die Studie, dass neben einem transformationalen Führungsstil auch die Lernorientierung des/der Mitarbeiters*in die Kreativität erhöht. Der Zusammenhang zwischen Lernorientierung und Kreativität wird dabei durch die kreative Selbstwirksamkeit der Mitarbeiter*innen vermittelt. Gong et al. (2009) leiten aus diesen Ergebnissen ab, dass Führungskräfte als kreative Vorbilder agieren sollten, um ihre Mitarbeiter*innen zum kreativen Handeln anzuregen. Zusätzlich betonten sie die Wichtigkeit der Unterstützung des/der Vorgesetzten, um beispielsweise Ängste und Zweifel der Mitarbeiter*innen zu lindern, die sich bei kreativen Bestrebungen ergeben können.

Chua et al. (2012) fanden in ihrer Studie einen positiven Zusammenhang zwischen kulturellem Wissen und Kreativität. Interessanterweise zeigte die Studie aber auch, dass sich ein zu hohes Ausmaß an kulturellem Wissen negativ auf die Kreativität auswirkt. Jedoch wurde dieser Zusammenhang durch das Ausmaß an kultureller Metakognition der Proband*innen moderiert. Metakognition bezeichnet einerseits das Bewusstsein über den Vorgang eigener Denkprozesse und andererseits die Fähigkeit, diese Prozesse zu reflektieren und gezielt zu steuern (vgl. Early und Ang 2003). Ein Übermaß an kulturellem Wissen wirkte sich nur bei Personen mit geringer kultureller Metakognition negativ aus. Wenn die kulturelle Metakognition der Studienteilnehmer*innen hoch ausgeprägt war, bestand der negative signifikante Zusammenhang zwischen kulturellem Wissen und Kreativität hingegen nicht.

Beraterstory
Häufig kommt es in internationalen Unternehmen vor, dass die Mitarbeiter*innen aus vielen verschiedenen Regionen mit unterschiedlichen kulturellen Hintergründen aufeinandertreffen und zusammenarbeiten müssen. Die HPC AG ist eines dieser internationalen Unternehmen. Da es in letzter Zeit in einigen Projektteams vermehrt zu Auseinandersetzungen kommt, die sich die Geschäftsführung nicht so recht erklären kann, wendet sie sich an Frau Dr. Wehmeier, um mögliche Ursachen der Konflikte aufzudecken.

Eine Analyse der Kulturdimensionen Machtdistanz, Individualismus, Unsicherheitsvermeidung und Maskulinität nach Hofstede zeigte, dass sich bei Mitarbeiter*innen aus den unterschiedlichen Regionen und Ländern deutlich unterschiedliche Ausprägungen der einzelnen Dimensionen wiederfinden. Sind in einem Team bspw. einige Mitarbeiter*innen eher individualistisch eingestellt und andere dagegen kollektivistisch, kann es zu starken Interessenkonflikten kommen, da der eine Teil auf die eigenen Bedürfnisse Wert legt und sich selbst in den Vordergrund stellt, während der andere Teil das Wohl der Gruppe fokussiert. Dass es da zu Konflikten kommt, ist für die Beraterin offensichtlich. Diese führte nach der Auswertung Präsentationen in den einzelnen Arbeitsgruppen durch, um für die einzelnen Mitglieder die jeweiligen Unterschiede deutlich zu machen, die Akzeptanz für diese Unterschiede zu erhöhen und somit ein konfliktfreies Arbeiten zu ermöglichen.

Literatur

Alsalami E, Behery M, Abdullah S (2014) Transformational leadership and its effects on organizational learning and innovation: evidence from Dubai. J Appl Manag Entrep 19(4):61–81

Amazon AC, Schrader RC, Thompson G (2006) Newness and novelty: relating top management team composition to new venture performance. J Bus Ventur 21:125–148

Anderson N, Potočnik K, Zhou J (2014) Innovation and creativity in organizations: a state-of-the-science review, prospective commentary, and guiding framework. J Manag 40(5):1297–1333

Ang S, Van Dyne L, Koh C (2006) Personality correlates of the four-factor model of cultural intelligence. Group Org Manag 31:100–123

Avolio BJ, Bass BM, Jung DI (1999) Re-examining the components of transformational and transactional leadership using the multifactor leadership questionnaire. J Occup Organ Psychol 72:441–462

Bass BM, Avolio BJ (1994) Improving organizational effectiveness through transformational leadership. Sage, Thousand Oaks

Bücker JLE, Korzilius H (2015) Developing cultural intelligence: assessing the effect of the Ecotonos cultural simulation game for international business students. Int J Hum Resour Manag 26(15):1995–2014

Carl D, Gupta V, Javidan M (2004) Power distance. In: House RJ, Hanges P J, Javidan M, Dorfman PW, Gupta V (Hrsg) Culture, leadership, and organizations: the globe study of 62 societies. Sage, Thousand Oaks, S 513–563

Chua RYJ, Morris MW, Mor S (2012) Collaborating across cultures: cultural metacognition and affect-based trust in creative collaboration. Organ Behav Hum Decis Process 118(2):116–131. Research Collection LeeKong Chian School of Business

Dayan M, Di Benedetto CA, Colak M (2009) Managerial trust in new product development projects: its antecedents and consequences. R&D Manag 39(1):21–37

Early PC, Ang S (2003) Cultural intelligence: individual interactions across culture. Stanford Business Books, Stanford, S 12–18

Elenkov DS, Manev IM (2005) Top management leadership and influence on innovation: the role of sociocultural context. J Manag 31(3):381–402

Elenkov DS, Manev IM (2009) Senior expatriate leadership's effects on innovation and the role of cultural intelligence. J World Bus 44:357–369

Engelen A, Tholen E (2014) Interkulturelles management. Schäffer-Poeschel, Stuttgart

Engelen A, Schmidt S, Strenger L, Brettel M (2014) Top management's transformational leader behaviors and innovation orientation: a cross-cultural perspective in eight countries. J Int Manag 20:124–136

Frese M, Teng E, Wijnen CJD (1999) Helping to improve suggestion systems: predictors of making suggestions in companies. J Organ Behav 20(7):1139–1155

Gong Y, Huang Y-C, Farh J-L (2009) Employee learning orientation, transformational leadership, and employee creativity: the mediating role of employee creative self-efficacy. Acad Manag J 52(4):765–778

Hall ET (1976) Beyond culture. Anchor, Garden City

Henry J (2001) Creativity and perception in management. Sage, London

Hirst G, van Dick R, van Knippenberg D (2009) A social identity perspective on leadership and employee creativity. J Organ Behav 30(7):963–982

Hofstede G (2001) Culture's consequences: comparing values, behaviors, institutions and organizations across nations. Sage, Thousand Oaks

House JH, Javidan M (2004) Overview of globe. In: House RJ, Hanges PJ, Javidan M, Dorfman PW, Gupta V (Hrsg) Culture, leadership, and organizations: the globe study of 62 societies. Sage, Thousand Oaks, S 9–28

House RJ, Wright NS, Aditya RN (1997) Cross-cultural research on organizational leadership: a critical analysis and a proposed theory. In: Earley PC, Erez M (Hrsg) New perspectives in international industrial organizational psychology. New Lexington, San Francisco, S 535–625

Hsu MLA, Chen MH-F, Lin B (2008) Top management and organisational innovation: review and future directions. Int J Innov Learn 5(5):533–556

Jaskyte K, Kisieliene A (2006) Determinants of employee creativity: a survey of lithuanian nonprofit organizations. Voluntas 17:133–141

Jung DJ, Chow C, Wu A (2003) The role of transformational leadership in enhancing organizational innovation: hypotheses and some preliminary findings. Leadersh Q 14:525–544

Khan MJ, Aslam N, Riaz MN (2012) Leadership styles as predictors of innovative work behavior. Pak J Soc Clin Psychol 9(2):17–22

Kouzes JM, Pozner BZ (1988) The leadership practices inventory. Pfeiffer, San Diego

Morris MW, Leung K (2010) Creativity east and west: perspectives and parallels. Manag Organ Rev 6(3):313–327

Noor HM, Dzulkifli B (2013) Assessing leadership practices, organizational climate and its effect towards innovative work behaviour in R & D. Int J Soc Sci Humanit 3(2):129–133

Podsakoff PM, MacKenzie SB, Moorman RH, Fetter R (1990) Transformational leader behaviors and their effects on followers' trust in leader, satisfaction, and organizational citizenship behaviors. Leadersh Q 1(2):107–142

Podsakoff PM, MacKenzie SB, Bommer WH (1996) Transformational leader behaviors and substitutes for leadership as determinants of employee satisfaction, commitment, trust, and organizational citizenship behaviors. J Manag 22(2):259–298

Rosing K, Frese M, Bausch A (2011) Explaining the heterogeneity of the leadership-innovation relationship: ambidextrous leadership. Leadersh Q 22:956–974

Schwartz SH (1999) A theory of cultural values and some implications for work. Appl Psychol 48(1):23–47

Shin SJ, Zhou J (2003) Transformational leadership, conservation, and creativity: evidence from Korea. Acad Manag J 46(6):703–714

Si S, Wei F (2012) Transformational and transactional leaderships, empowerment climate, and innovation performance: a multilevel analysis in the chinese context. Eur J Work Organ Psy 21(2):299–320

Triandis H (2004) The many dimensions of culture. Acad Manag Exec 18:88–93

Trompenaars F, Hampden-Turner C (2012) Riding the waves of culture: understanding diversity in business, neu bearb. und erw., 3. Aufl. Nicholas Brealey Publishing, London

Weibler J (2009) Führung in anderen Kulturen – Ergebnisse der GLOBE-Studie. In: von Rosenstiel L, Erika Regnet E, Domsch ME (Hrsg) Führung von Mitarbeitern. Handbuch für erfolgreiches Personalmanagement. Schäffer-Poeschel, Stuttgart, S 484–498

Zhou J, Su Y (2010) A missing piece of the puzzle: the organizational context in cultural patterns of creativity. Manag Organ Rev 6(3):391–413

Organisationsklima und Organisationskultur

Kai C. Bormann und Kai N. Klasmeier

10.1 Einführung

Ziel dieses Lehrbuches ist es, einen strukturierten Überblick über sämtliche Einflussfaktoren auf den Innovationsprozess zu ermöglichen. In anderen Worten geht es also um das Innovations*umfeld*, das differenziert beleuchtet werden soll. Eine besondere Form des Innovationsumfeldes ist die sog. Organisationskultur. Sie beschreibt Vorstellungs- und Orientierungsmuster, die sich in einer Organisation entwickeln und sowohl das Verhalten von Organisationsmitgliedern als auch den Ablauf von Arbeitsprozessen prägen. Die Organisationskultur beeinflusst Einstellungen und Verhalten von Organisationsmitgliedern, entsprechend liegt der Gedanke nahe, dass sie damit auch Einfluss auf den Innovationsprozess nimmt.

Zu diesem Zweck werden im folgenden Abschnitt 10.2 grundlegende Inhalte zu Begriffen wie Organisationskultur und -klima beschrieben. Im Anschluss daran erfolgt der Brückenschlag zur Innovation anhand der Vorstellung einschlägiger konzeptioneller Kulturmodelle (Abschnitt 10.3). Eine Übersicht zentraler empirischer Befunde erfolgt in Abschn. 10.4.

K. C. Bormann (✉)
Universität Bielefeld, Bielefeld, Deutschland
E-Mail: kai.bormann@uni-bielefeld.de

K. N. Klasmeier
Zentrum für HochschulBildung der TU Dortmund, Lehrstuhl für Personalentwicklung und Veränderungsmanagement, Dortmund, Deutschland

10.2 Begriffsverständnis

Finden sich Personen zusammen, um gemeinsam eine Aufgabe zu erfüllen oder gemeinsam einer wie auch immer gearteten Tätigkeit nachzugehen, entstehen schnell Verhaltensroutinen. Diese Routinen etablieren sich dann besonders, wenn die gemeinsame Tätigkeit häufig bzw. regelmäßig erfolgt. Nehmen wir als Beispiel zum Einstieg eine Kleingruppe von drei Kommiliton*innen, die sich zu Beginn des Studiums zusammentun, um sich gemeinsam auf Klausuren und Prüfungen vorzubereiten. Zu Beginn ihrer Studienzeit sind sie alle drei hoch motiviert und ambitioniert: Sie treffen sich regelmäßig bereits um 8 Uhr morgens in der Bibliothek. Um die gemeinsame Zeit bestmöglich zu nutzen, legen sie jeweils fest, was in Eigenarbeit zur Vorbereitung bis zum nächsten Treffen zu erledigen ist. Auch Freizeitgespräche beschränken sie weitgehend auf die gemeinsame Kaffee- und Mittagspause in der Mensa. Zum Ende des Semesters zahlt sich der Einsatz aus. Alle drei haben durchweg gute Noten. Gestärkt durch dieses Erfolgserlebnis setzen sie ihre gemeinsame Arbeit im folgenden Semester fort: Regelmäßige Treffen, gute Vorbereitung auf die Treffen der Lerngruppe, gewissenhafte Nutzung der gemeinsamen Zeit. Nach einem wiederum erfolgreichen Semester stößt ein befreundeter vierter Kommilitone zu der Gruppe. Was findet dieser vor? Aus seiner Sicht eine funktionierende Lerngruppe mit bestimmten (Arbeits- und Lern-)Routinen. Um es in den Worten der organisationswissenschaftlichen Literatur auszudrücken, beschreiben diese Routinen die *Kultur* der Lerngruppe. Es herrschen geteilte Werte und Motive (bspw. Leistungsorientierung, Pflichtbewusstsein), die wiederum Handlungsmuster (bspw. Fleiß) prägen. Um auch für sich den größtmöglichen Erfolg erreichen zu können, passt er sich den vorherrschenden Strukturen an. Er kommt früh und pünktlich zu den Treffen, bereitet zu Hause fleißig nach und vor, etc.

Dieses kurze Beispiel unserer Lerngruppe ist in vielerlei Hinsicht durchaus (wenn auch stark vereinfacht) ein passendes Szenario einer Organisationskultur. Überall dort, wo soziale Interaktion in einem im weitesten Sinne strukturierten Rahmen stattfindet, entwickeln sich eigene, unverwechselbare Denk- und Handlungsmuster. Da diese Strukturen gerade auch über Jahre hinweg gewachsene und hochgradig differenzierte Organisationen durchziehen und diese entscheidend prägen, genießt dieses Forschungsfeld der Organisationskultur seit vielen Jahren großes Forscher*inneninteresse. Vecchio (2006, S. 342) definiert Kultur dabei wie folgt: „The shared values and norms that exist in an organization and that are taught to incoming employees". Steinmann und Schreyögg (2005) beschreiben Kultur als implizites Phänomen, das als Muster dem Handeln der Organisationsmitglieder zugrunde liegt und diesen Sinn und Orientierung stiftet.

In der einschlägigen Literatur wird bisweilen zwischen den Begriffen Organisationskultur und -klima unterschieden (Ashforth 1985; Schein 1990; Schilling und Kluge 2004). Der Terminus Kultur beschreibt die impliziten, als selbstverständlich angenommenen Werte und Normen einer Organisation. Sie sind in den Denkschemata der Organisationsmitglieder und den Organisationsstrukturen tief verwurzelt. Eine eindeutige empirische

Erfassung dieser Aspekte ist meist schwierig. Demgegenüber pointiert der Begriff Klima stärker die sichtbaren Merkmale einer Organisationskultur. Hierzu zählen beobachtbare Verhaltensweisen und -routinen der Mitglieder oder unverwechselbare Organisationsstrukturen. Der Einheitlichkeit und Übersichtlichkeit halber werden innerhalb dieses Lehrbuchs beide Begriffe synonym verwendet.

Wie der vorangegangene Abschnitt bereits hervorgehoben hat, muss bei den Begriffen Kultur oder Klima zwischen unterschiedlichen Ebenen der Sichtbarkeit unterschieden werden. Schein (1995) prägte in diesem Zusammenhang die Begrifflichkeiten a) Grundannahmen und -prämissen, b) Werte und c) Artefakte einer Kultur. Die Grundprämissen beinhalten die unbewussten und selbstverständlichen Anschauungen und Wahrnehmungen. Sie sind der Ausgangspunkt für Werte und Verhalten, in ihrem Kern aber kaum zu erfassen. Die eine Organisation prägenden Werte sind in vielen Fällen ebenfalls unsichtbar und auch unbewusst. Wird allerdings nach ihnen gefragt, sind sie meist artikulierbar. Die sichtbarste Form der Organisationskultur stellt die Ebene der Artefakte dar. Hierzu zählen sämtlich Merkmale, die zu sehen, zu spüren oder zu hören sind. Beispiele wären Sprache, Kleidung, Geräuschpegel oder architektonische Merkmale.

Einordnung in den Innovationskontext
Den Kern dieses Kapitels bildet die Einordnung organisationskultureller Aspekte in den Innovationsprozess. Aus diesem Grund werden in Abschnitt 10.3 unterschiedliche Modelle vorgestellt und beschrieben, die allesamt diesen Brückenschlag vornehmen. Ehe die Vorstellung im Einzelnen jedoch erfolgt, ist es sinnvoll, zunächst einige wichtige Kernaspekte hinsichtlich der Verbindung beider Themenbereiche Innovation und Unternehmenskultur festzuhalten.

In der einschlägigen Literatur gibt es zahlreiche relevante Modelle, die Kultur bzw. Klima im Innovationskontext beschreiben. Die Begrifflichkeiten, mit denen diese Modelle betitelt sind, variieren dabei deutlich: Arbeitsumgebung für Kreativität, (engl. Work Environment for Creativity, Amabile et al. 1996), Kreativitätskontext, Innovationsklima, Organisationskultur. Nur zum Teil erfolgt der explizite Verweis auf die Begriffe Kultur und Klima. Nichtsdestoweniger erfassen sie alle Merkmale der (personalen wie a-personalen) Arbeitsumgebung und fallen damit unter die oben vorgenommene Begriffsbestimmung hinsichtlich Organisationskultur bzw. -klima.

In Abschnitt 10.2 wurde bereits hervorgehoben, dass zwischen den Begriffen Kultur und Klima unterschieden werden kann. Um es in einem Satz zu wiederholen: Organisationsklima bildet die sichtbare Manifestation von Organisationskultur. Legt man diese Abgrenzung zugrunde, ist der Großteil der in der Folge beschriebenen innovationsbezogenen Kulturmodelle stärker dem Verständnis von Organisationsklima zuzuordnen. Es wird dort in aller Regel ein Konglomerat an *beobachtbaren* Einflussfaktoren der (Arbeits-)Umgebung thematisiert (Ekvall 1996). In den Worten von Schein (1985) sind dies entsprechend die Artefakte der Organisationskultur.

Abgrenzung zu anderen Kapiteln des Lehrbuches
Beobachtbare Merkmale der Arbeit sind unter anderem Informationskanäle, Dienstwege, Entscheidungsprozesse, Kollegialität unter Mitarbeiter*innen oder Führungskultur. Sie lassen sich alle als Artefakte einer Unternehmenskultur verstehen. Da der Einfluss von Teams oder Führungsverhalten an anderer Stelle innerhalb des Lehrbuchs ausführlich dargelegt wird, ist dieses Kapitel in Teilen ein Querschnittskapitel, das Inhalte anderer Kapitel aufgreift. Während aber gezielt in den Kap. 7 oder 11 Einflüsse durch Führungskräfte und Kollegen oder in Kap. 3 Einflüsse der a-personalen bzw. tätigkeitsbeschreibende Merkmale einer Arbeitstätigkeit gezielt thematisiert werden, ist die Perspektive des aktuellen Kapitels eine ganzheitlichere bzw. integrierende.

Organisationskulturelle Modelle setzen an unterschiedlichen Punkten im Innovationsprozess an. In Bezug auf das dem Lehrbuch zugrunde liegende Rahmenkapitel von Amabile (1996) dienen Merkmale der Organisationskultur insbesondere als Voraussetzung oder vorgelagerte Einflussfaktoren im Bereich der Ideengenerierung (III im Modell), Ergebnisevaluation (V im Modell) und besonders im Bereich Motivation (I im Modell). Artefakte der Organisationskultur, wie die zugestandene Eigenverantwortung und Freiheit bei der Erledigung neuartiger Herausforderungen, die Akzeptanz und Umsetzung von Vorschlägen von unten (bspw. Vorschläge von Mitarbeiter*innen) oder der Umgang mit Fehlern, haben wichtigen Einfluss gerade auf die intrinsische Motivation des Einzelnen, durch Kreativität und Innovation der Organisation zu dienen.

10.3 Modelle

10.3.1 Arbeitsumgebung für Kreativität nach Amabile et al. (1996)

Ein erstes wichtiges Modell im Bereich Organisationskultur und Innovation ist das Konzept von Amabile et al. (1996). Anders als das Rahmenmodell von Amabile (1996), das in Kap. 1 eingeführt wurde und dem gesamten Lehrbuch zugrundeliegt, werden hier ausschließlich die Aspekte benannt und diskutiert, die von außen Einfluss auf kreatives und innovatives Denken und Handeln von einzelnen Organisationsmitgliedern nehmen können. Es geht also um den kontextuellen Einfluss der Arbeitsumgebung (Amabile et al. 1996). Auch wenn in der Bezeichnung des Modells die explizite Benennung von Kultur bzw. Klima fehlt, fällt es eindeutig in das hier zugrundegelegte Verständnis von Kultur: Es beschreibt differenziert die beobachtbaren Strukturen und Prozesse, die Einfluss auf Denken und Handeln bei der Arbeit nehmen.

Innerhalb ihres Modells unterscheiden die Autoren kreativitätsfördernde und -hemmende kontextuelle Faktoren. Als Grundlage zur Identifizierung dieser Einflussgrößen dienen neben der einschlägigen Literatur insbesondere Einblicke aus Interviews mit 120 F&E-Spezialist*innen (siehe auch Amabile und Gryskiewicz 1987). Auf dieser inhaltlichen Basis werden insgesamt acht unterschiedliche – nicht immer trennscharfe – Einflussfaktoren identifiziert: Organisationale Unterstützung, Unterstützung durch die

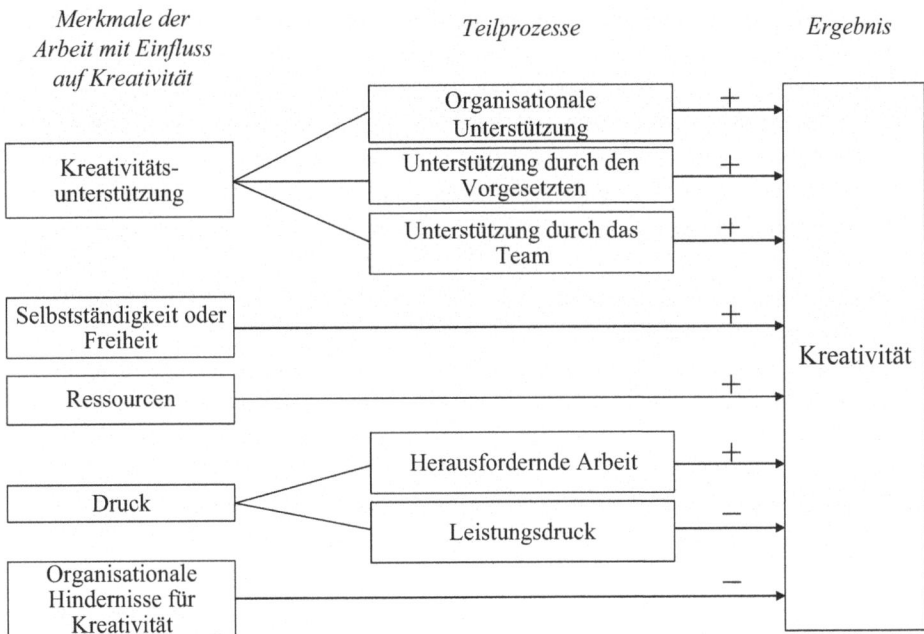

Abb. 10.1 Merkmale der Arbeit und ihr Einfluss auf Kreativität; in Anlehnung an Amabile et al. (1996).

Führungskraft, Unterstützung durch das Team, Freiheit bei der Arbeit, Ressourcen, fordernde Tätigkeiten, Arbeitsbelastung und organisationale Hindernisse. Manche dieser Merkmale lassen sich innerhalb übergreifender Kategorien zusammenfassen. Abb. 10.1 veranschaulicht die unterschiedlichen Merkmale und Kategorien.

(1) **Organisationale Unterstützung** In den Bereich der organisationalen Unterstützung fallen verschiedene Aspekte. Erfordert die Position an sich bereits das Erarbeiten von Problemlösungsstrategien und -wegen (bspw. F&E-Angestellter), so wird die individuelle Kreativität eher angespornt als in anderen Positionen, wo die Auseinandersetzung mit neuen Denkmustern weniger üblich ist. Weitere wichtige Elemente sind Fairness und Anerkennung, mit denen neuartigen Vorschlägen begegnet wird (Deci und Ryan 1996). Befürchten Mitarbeiter*innen z. B. eine sehr kritische bis hin zur zynischen Beurteilung der eigenen Idee durch Dritte, hemmt dies die individuelle Kreativität bei der Arbeit (Amabile et al. 1990). Zur organisationalen Unterstützung gehört auch der Einfluss von Organisationsstrukturen und -prozessen. Hier nennen Amabile und Kollegen insbesondere partizipatives Management und freien Informationsfluss.

(2) **Unterstützung durch den/die Vorgesetzte*n** Eine zweite zentrale Säule der Einflussfaktoren der Arbeitsumgebung auf den Innovationsprozess ist die unmittelbare Führungskraft. Durch ihr (Führungs-)Verhalten (bspw. Zielklärung und offener Austausch) kann sie Mitarbeiter*innen zu kreativen Denkmustern und Handeln motivieren (Bailyn 1985).

(3) **Unterstützung durch das Team** Neben den Führungskräften nehmen auch Kolleg*innen Einfluss auf die Kreativität einer Person (bspw. Monge et al. 1992; Payne 1990). Hier sind es gerade Aspekte wie Diskussionsfreude und Diversität. Ersteres zeigt sich durch konstruktiven Austausch unter den Teammitgliedern und einer Offenheit für neue Ideen. Die Diversität bezieht sich demgegenüber auf unterschiedliche fachliche Hintergründe der einzelnen Personen (s. auch Kap. 14).

(4) **Selbstständigkeit/Autonomie** Autonomie bezieht sich auf die Ausgestaltung der Arbeitstätigkeit. Haben Organisationsmitglieder einen großen Handlungs- und Entscheidungsspielraum bei der Ausübung ihrer täglichen Arbeit, so fördert dies gleichzeitig die Kreativität (s. auch Kap. 3).

(5) **Ressourcen** Ähnlich der Autonomie verhält es sich bei den zur Verfügung stehenden Ressourcen. Eine Person kann bspw. nur dann kreative Ideen generieren, wenn sie auch die Zeit bei der Arbeit hat, sich mit bestehenden Problemstellungen und möglichen Lösungswegen auseinanderzusetzen.

(6) **Herausfordernde Tätigkeiten** Im Innovationsprozess haben Heraus- und Anforderungen (engl. pressures) einen ambivalenten Charakter. Sie können sowohl kreativitätsfördernd als auch -hemmend sein. Inwieweit Tätigkeiten herausfordernd sind, deckt hier den positiven Einflussbereich ab. Erfordert es eine Tätigkeit bspw. wiederholt neue Lösungswege zu gehen, spornt dies die Kreativität eines Organisationsmitgliedes an (Amabile und Gryskiewicz 1987).

(7) **Leistungsdruck/Arbeitsbelastung** Demgegenüber zielen die Arbeitsbelastungen auf die negative Seite der Herausforderungen ab. Hier geht es insbesondere um die quantitative (zu viel) wie qualitative (zu anspruchsvoll) Überbelastung des Einzelnen, was zu Demotivation, Unsicherheit und Unzufriedenheit führt und letztlich auch die Kreativität mindert (aktuelle Referenz: Baer und Oldham 2006).

(8) **Organisationale Hindernisse** Neben der Überbelastung spezifizieren Amabile und Kollegen weitere Merkmale, die die Kreativität negativ beeinflussen. Hier sind interne Konflikte, starre Strukturen oder das Festhalten an tradierten Strukturen (bspw. Kimberly und Evanisko 1981) zu nennen.

10.3.2 Organisationskultur und Innovation nach Martins und Terblanche (2003)

Ähnlich wie zuvor Amabile und Kollegen verfolgen auch Martins und Terblanche (2003) das Ziel, Merkmale der Organisationskultur zu identifizieren, die die Kreativität und Innovation der Organisationsmitglieder fördern. Anders als die Erhebung von eigenen Primärdaten zur Identifizierung zentraler Inhalte, setzen die Autoren auf das ausführliche Studium bestehender Literatur. Auf Basis dieser Literaturanalyse identifizieren auch sie unterschiedliche Kernmerkmale: Strategie, Struktur, unterstützende Mechanismen, innovationsfördernde Verhaltensweisen und Kommunikation.

(1) **Strategie** Eine Strategie setzt sich zusammen aus einer Vision (Wie soll sich das Unternehmen in der Zukunft entwickelt haben? Wo soll es hingehen?) und der sich anschließenden Mission (Was genau soll umgesetzt werden, um sich der Vision anzunähern? Wie kann die Vision verwirklicht werden?). Visionen und Missionen auf Unternehmensgesamtebene geben vor und veranschaulichen auf abstrakter Weise, in welche Richtung sich die Organisation bewegt. Somit kommt dem Bereich Strategie eine wichtige Motivations- und Identifikationsfunktion zu. Eine Strategie, die bspw. explizit Zukunfts-, Kunden- oder Marktorientierung ausstrahlt, ist nach Martins und Terblanche eine wichtige Voraussetzung für Kreativität und Innovation.

(2) **Struktur** Organisationale Strukturen können Kreativität und Innovation sowohl fördern als auch mindern. So sind Strukturen, die durch Autonomie, flache Hierarchien und Arbeit in Arbeitsgruppen geprägt sind, förderlich. Demgegenüber schränken Strukturen wie Spezialisierung, d. h. Arbeitsteilung und Vereinheitlichung die Kreativität und Innovation in Organisationen ein.

(3) **Unterstützende Mechanismen** Faktoren, die Kreativität und Innovation von Organisationsmitgliedern unterstützen, beziehen sich zum einen auf Merkmale der Tätigkeit. Nur wenn Mitarbeiter*innen die notwendigen Ressourcen (Zeit, Materialien, etc.) haben, arbeitsbezogene Ideen auszuprobieren, können innovative Fortschritte entstehen. Neben den Merkmalen der Tätigkeit, fassen Martins und Terblanche ebenso die aktive Anleitung der Mitarbeiter*innen von Seiten der Organisation zu Kreativität unter den Bereich der unterstützenden Mechanismen. Hier wird implizit die mögliche Einflussnahme durch die Führungskraft thematisiert. Organisationsmitglieder sind dann kreativ, wenn sie dazu angehalten werden, Risiken nicht zu scheuen und experimentierfreudig zu sein.

(4) **Innovationsfördernde Verhaltensweisen** Dieser Punkt schließt an die zuvor bereits angedeutete aktive Einflussnahme von Seiten der Organisation an. Um Kreativität zu fördern, ist ein konstruktiver Umgang mit Fehlern unerlässlich. Das Gehen neuer Wege birgt unweigerlich Risiken für Fehler. Entsprechend sollten Fehler toleriert, risikoreiche Entscheidungen unterstützt und Ideen zu Weiterentwicklungen fair evaluiert werden. Werden Fehler jedoch stets kritisch rückgemeldet, wird ein Arbeitsklima vorgelebt und gefördert, das das Unterbinden von Fehlern als höchste Priorität postuliert. Die Bereitschaft der Organisationsmitglieder zu Kreativität würde gemindert.

(5) **Kommunikation** Offene und transparente Kommunikation im Team identifizieren Martins und Terblanche als fünfte und letzte wichtige Determinante der Organisationskultur. Sie führt zu größerem Vertrauen unter den Organisationsmitgliedern, was hinsichtlich des Innovationsprozesses zu mehr Ideenaustausch untereinander und gegenseitiger Hilfestellung und Hilfsbereitschaft führt.

Ähnlich wie schon beim Modell von Amabile et al. (1996) sind die Determinanten, die im aktuellen Modell hervorgehoben werden, nicht immer trennscharf. Mit der Berücksichtigung von Kulturmerkmalen wie der Organisationsstruktur, den Merkmalen der Arbeit oder der Zusammenarbeit mit Kolleg*innen werden ebenso Inhalte genannt, die auch Amabile und Kolleg*innen identifiziert haben. Dennoch erweitert das aktuelle Modell bestehende Erkenntnisse, da im Unterschied zum zuvor skizzierten Ansatz die Bedeutung von Aspekten der (Unternehmensgesamt-) Strategie und von einer aktiven und konstruktiven Fehlerkultur stärker und expliziter thematisiert wird.

10.3.3 Organisationsklima für Kreativität und Innovation nach Ekvall (1990, 1996)

Der schwedische Forscher Ekvall (1990, 1996) wählt eine ähnliche Herangehensweise wie die US-Amerikaner*innen um Amabile. Er verbindet bestehende Literatur mit eigener Feldforschung, um Merkmale eines Innovations- und Kreativitätsklimas zu identifizieren. Während Ekvall sehr ähnliche Faktoren hervorhebt, wie die beiden vorherigen Modelle, liegt der Mehrwert des aktuellen Modells darin, dass hier erstmals explizit empirische Einblicke des europäischen Raums berücksichtigt werden. Dem Modell folgend, ist das Innovationsklima einer Organisation sowohl beeinflussende als auch beeinflusste Variable im organisationalen Ablauf bzw. in der Wertschöpfungskette. Sämtliche personalen (bspw. Wissen und Fähigkeiten der Organisationsmitglieder) und a-personalen (bspw. Patente, Maschinen, Gebäude) Ressourcen, die einer Organisation zur Verfügung stehen, haben Einfluss auf die Ausgestaltung des Organisationsklimas. Dieses beeinflusst wiederum den „Output" des organisationalen Geschehens. Dies schließt sowohl Aspekte wie Produktivität, Gewinn und Innovation als Ergebnisse der Wertschöpfungskette als auch Größen wie Zufriedenheit und Wohlbefinden auf Seiten der Mitarbeiter*innen mit ein. Dieser Output ist gleichermaßen wieder Input organisationaler Abläufe: Zufriedene Mitarbeiter*innen setzen ihr Wissen gekoppelt mit ihrer Motivation für die Organisation ein, patentierte Arbeitsprozesse erleichtern Produktionszyklen, etc. Abb. 10.2 veranschaulicht den postulierten Kreislauf.

Ekvall unterscheidet insgesamt zehn Klimadeterminanten: Herausforderungen, Freiheit, Unterstützung von Ideen, Vertrauen/Offenheit, Dynamik/Lebendigkeit, Verspieltheit, Diskussionen, Konflikte, Risikobereitschaft und zeitliche Ressourcen.

(1) **Herausforderungen** Herausforderungen sind dann positiv, wenn die Mitarbeiter*innen Freude und Sinnhaftigkeit in ihrem Job erleben und somit viel Energie investieren. Fehlen diese positiven Herausforderungen, kann es bei den Organisationsmitgliedern zu Gefühlen der Entfremdung oder Gleichgültigkeit kommen.
(2) **Freiheit** Haben die Mitglieder viele Freiheiten, haben sie untereinander viel Kontakt, wodurch Informationen ausgetauscht, Probleme diskutiert und Entscheidungen getroffen werden.
(3) **Unterstützung von Ideen** Ist dieser Bereich hoch ausgeprägt, hören Organisationsmitglieder einander zu und fördern Initiativen. Es bestehen Möglichkeiten,

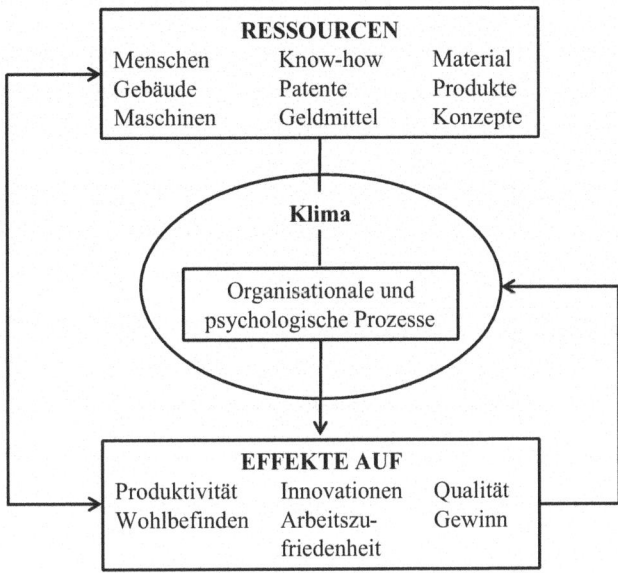

Abb. 10.2 Organisationsklima als vermittelnde Variable, in Anlehnung an Ekvall (1996).

neue Ideen auszuprobieren und es herrscht eine konstruktive und positive Atmosphäre.

(4) **Vertrauen/Offenheit** Dieser Bereich betrifft die emotionale Sicherheit in Beziehungen. Wenn das Vertrauen innerhalb der Organisation groß ist, werden viele Ideen und Meinungen gegeben. Es besteht weniger Angst zu scheitern. Die Kommunikation ist offen. Sollte es ein geringes Vertrauen in der Organisation geben, entwickeln die Mitglieder Angst, ausgenutzt zu werden. Somit geben sie weniger Ideen preis, weil die Vermutung besteht, dass andere diese rauben könnten.

(5) **Dynamik/Lebendigkeit** In hoch dynamischen Situationen und Kontexten steht das organisationale Geschehen selten still. Veränderungsprozesse sind keine Besonderheit, sondern vielmehr Alltag.

(6) **Verspieltheit** Emotionen sind ein wichtiger Bestandteil im Berufsleben. Positive Emotionen wie Spaß, Freude und Wohlbefinden haben einen wichtigen Einfluss auf die Motivation und Leistungsbereitschaft der Organisationsmitglieder. Entsprechend ist der postulierte Einfluss im Innovationsprozess. Herrscht eine entspannte Atmosphäre, wo Witze gemacht werden und viel gelacht wird, sind Mitarbeiter*innen stärker motiviert als in ernsten und sehr seriösen Kontexten.

(7) **Diskussionen** Dies beschreibt das Auftreten von Auseinandersetzungen zwischen Ansichten, Ideen und unterschiedlichen Erfahrungen. Hier werden viele Stimmen angehört. Ohne diese konstruktiven Debatten ginge wichtiges Kreativitätspotenzial verloren.

(8) **Konflikte** Während Diskussionen positive Effekte haben können, sind die erwarteten Konsequenzen durch Konflikte hauptsächlich negativ. Gibt es ein hohes Konfliktpotenzial zwischen Gruppen oder Individuen, mögen sich bspw. einzelne Mitglieder untereinander nicht, herrscht ein schwieriges soziales Klima, welches das mögliche positive Potenzial von Kollegialität untergräbt.
(9) **Risikobereitschaft** Risikobereitschaft behandelt die Toleranz von Unsicherheit in Organisationen. Entscheidungen und Handlungen sind bei hoher Risikobereitschaft schnell. Wird Risiko eher vermieden, herrscht eine zögernde und vorsichtige Mentalität.
(10) **Zeitliche Ressourcen** Ein*e Mitarbeiter*in kann nur dann neuartige Ideen generieren, wenn er/sie neben seiner regulären Tätigkeit überhaupt die Zeit dazu hat. Ist Zeit vorhanden, gibt es Möglichkeiten, Impulse zu diskutieren.

10.3.4 Innovationsklima nach Kauffeld et al. (2004)

Ein speziell auf den deutschen Raum angepasstes Kulturmodell ist das Innovationsklima nach Kauffeld et al. (2004). Theoretische Referenz des Modells ist der sogenannte Center-of-Excellence-Ansatz von Frey und Kollegen, dessen Absicht es ist, Kernmerkmale innovativer Unternehmen (im Gegensatz zu stagnierenden Unternehmen) zu identifizieren (Frey 1998; Frey und Schulz-Hardt 2000). Insgesamt werden vier Dimensionen des Innovationsklimas unterschieden: aktivierende Führung, kontinuierliche Reflexion, konsequente Implementation und professionelle Dokumentation.

(1) **Aktivierende Führung** Hierbei kann ermittelt werden, inwiefern sich die Führungskraft für Anregungen und Verbesserungsvorschläge von Mitarbeiter*innen interessiert und diese auch einfordert. Inwieweit werden die Mitarbeiter*innen dabei unterstützt und in die Lösungssuche miteinbezogen. Ebenfalls kommt es darauf an, ob der/die Vorgesetzte als Vorbild angesehen wird und selbst Vorschläge einbringt.
(2) **Konsequente Implemention** Dadurch kann ermittelt werden, ob Ideen auch umgesetzt werden, oder ob es sich eher um ein stagnierendes Unternehmen handelt und wie es mit Fehlern umgeht. Kauffeld und Kollegen verwenden für die Erhebung ausschließlich negativ gepolte Items.
(3) **Kontinuierliche Reflexion** Der Faktor wird durch die Suche nach Verbesserungsvorschlägen charakterisiert und inwieweit sich die Mitarbeiter*innen dabei einbringen können.
(4) **Professionelle Dokumentation** bezüglich von Reklamations- und Verbesserungsvorschlägen. Diese erinnert an die Professionalitätskultur des Center of Excellence.

10.4 Empirische Befunde

Bei der Untersuchung organisationskultureller Einflüsse geht es um psychologische Mechanismen, die von der Umgebung ausgelöst werden (bspw. wie habe ich mich zu verhalten? Was ist ok, was nicht?) und einen wichtigen Einfluss darauf haben, wie sich Personen im organisationalen Kontext verhalten. Jede Person nimmt diese zu einem gewissen Maß unterschiedlich wahr. Entsprechend ist die Annahme eine naheliegende, dass bei Modellen zur Organisationskultur bzw. zum Klima der/die Einzelne im Mittelpunkt stehen sollte (James 1982). Demgegenüber behandelt die einschlägige Theorie Organisationskultur als ein Aggregat auf Gruppen-, Abteilungs- bzw. Organisationslevel (Sackmann 1992). So ergibt sich ein Spannungsfeld hinsichtlich der Erhebung empirischer Einblicke. Die Beschreibung von erfolgsrelevanten Merkmalen einer Organisationskultur ist eine methodische Herausforderung. Den Lösungsweg, den der Großteil der empirischen Studien zu diesem Themenbereich wählt, ist die Befragung des Einzelnen. Diese Befragung schließt dann Einschätzungen zu Einflussfaktoren auf Tätigkeits-, Team-, Abteilungs- und Organisationsebene ein.

Die empirische Überprüfung der in Abschnitt 10.3 vorgestellten Modelle erfolgt in manchem Fall anhand eines explizit für das jeweilige Modell entwickelten Fragebogens. Der Vorteil besteht darin, dass so sämtliche inhaltliche Aspekte empirisch abgebildet werden können. Aus didaktischen Gründen werden daher in der Folge empirische Detailbefunde nur für die Modelle von Amabile und Kollegen, Ekvall und Kauffeld und Kollegen dargestellt.

10.4.1 Empirische Befunde zum Modell von Amabile und Kollegen

Amabile und Kollegen unterscheiden acht Beschreibungsmerkmale der Organisationskultur. Zur empirischen Abbildung dieser Teilaspekte haben sie den sog. KEYS-Fragebogen entwickelt (Amabile et al. 1996). Proband*innen beantworten innerhalb des Fragebogens insgesamt 66 Fragen (zuzüglich weiterer 12, die die Aspekte Kreativität und Produktivität abbilden). Durch die Berechnung der Einzelskalen ergeben sich pro Teilnehmer*in also Einschätzungswerte, mit denen sich ein Profil der wahrgenommenen Organisationskultur zeichnen lässt (vgl. Abb. 10.3).

Sind diese acht Merkmale tatsächlich valide und verlässliche Beschreibungsmerkmale von Kreativität und Innovation? Lassen sich mit Hilfe dieser Merkmale kreative von weniger kreativen Arbeitsumgebungen abgrenzen? Zur Beantwortung dieser zentralen Fragestellungen führten die Autoren eine Studie in einem großen US-Unternehmen durch. Mitarbeiter*innen wurden kontaktiert und gebeten, den KEYS-Fragebogen zweimal auszufüllen: Beim ersten Ausfüllen sollten sie sich in ein eigenes Projekt (als Mitarbeiter*in oder Führungskraft) der letzten drei Jahre zurückversetzen, das ihrer Meinung nach in besonderem Maße Kreativität erforderte. Dieses Projekt mit der entsprechenden Arbeitsumgebung diente dann als Beurteilungsgrundlage für den KEYS. Demgegenüber

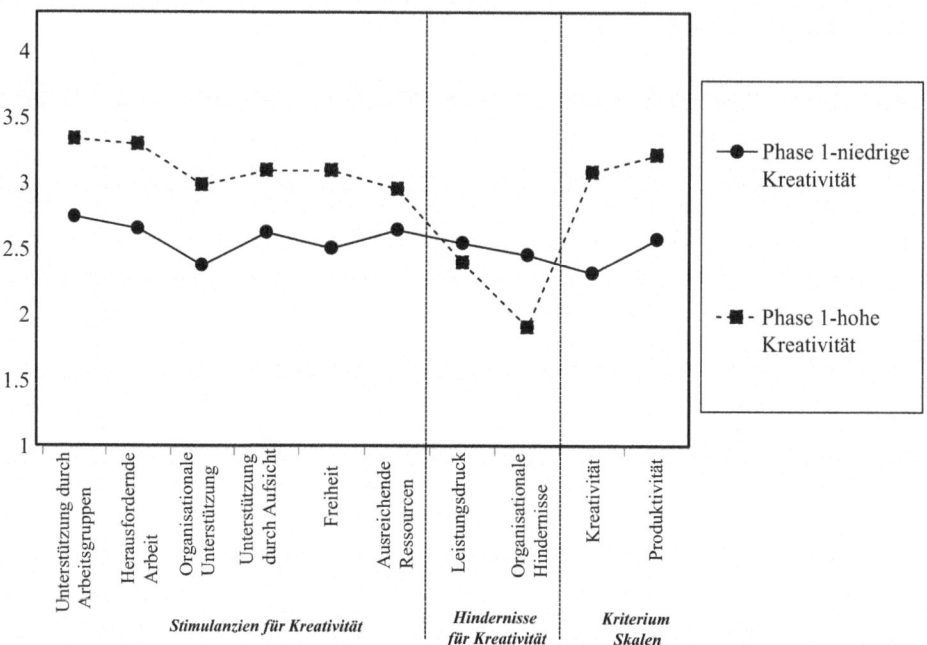

Abb. 10.3 Klimaprofile nach Amabile et al. (1996).

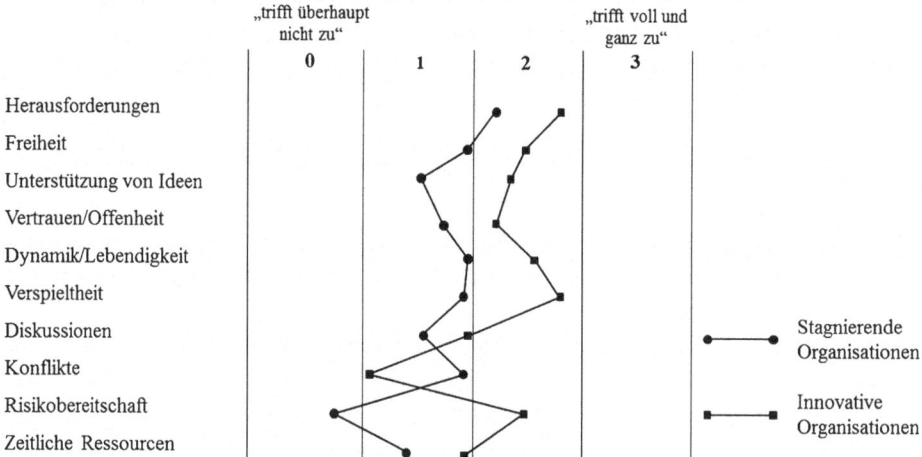

Abb. 10.4 Klimaprofile nach Ekvall (1996).

ging es beim zweiten Ausfüllen um ein Projekt, in dem Kreativität der beteiligten Personen besonders wenig gefordert war. Für die Auswertung lagen Einschätzungen zu insgesamt 306 Projekten vor. Abb. 10.4 zeigt die Profile der beiden Projektgruppen (viel vs. wenig Kreativität) hinsichtlich der acht Kulturmerkmale.

Es lässt sich konstatieren, dass sich für die zwei Gruppen von Projekten in der Tat deutliche Unterschiede in den jeweiligen Profilen zeigen. So sind es gerade Merkmale wie die Unterstützung (durch Team, Vorgesetzte und Organisation), die Autonomie oder die Herausforderung der Arbeit, die in kreativen Kontexten deutlich stärker ausgeprägt sind als in weniger kreativen. Interessant ist außerdem, dass sich beim Leistungsdruck kaum Unterschiede gezeigt haben. In einer weiteren Studie ließen sich die Ergebnisse replizieren. Zudem wurden Auswertungen zur Messgenauigkeit und Validität gemacht. Insgesamt erwiesen sich die Merkmale als sehr messgenau. Auch die Validitätsbefunde untermauern die Güte des KEYS-Fragebogens (Culpepper 2010).

10.4.2 Empirische Befunde zum Organisationsklima für Kreativität und Innovation nach Ekvall (1990, 1996)

Ähnlich wie schon bei Amabile und Kollegen gibt es auch zu Ekvalls Modell einen einschlägigen Fragebogen, den sog. Creative Climate Questionnaire (CCQ), der mittels 50 Fragen die zehn Dimensionen des Innovationsklimas erfasst (Ekvall 1990). Lassen sich auch mit dem Modell von Ekvall innovative von stagnierenden Organisationen unterscheiden? Zur Beantwortung dieser Frage wurde ein ähnliches Verfahren angewandt wie beim vorhergehenden Modell. Es wurden mithilfe des CCQ Daten in 15 unterschiedlichen Abteilungen und Organisationen erhoben. Auf Basis wirtschaftlicher Kennzahlen, wie der Anzahl neuartiger oder profitabler Projekte, wurden die Unternehmen entweder in die Gruppe innovativer oder stagnierender Unternehmen zugeordnet. Die statistische Auswertung der erhobenen Daten lässt sich mittels der optischen Gegenüberstellung der Klimaprofile beider Gruppen veranschaulichen (Abb. 10.4).

Bei der Betrachtung der Profilverläufe wird ersichtlich, dass manche Klimamerkmale wichtiger sind als andere, um Kreativität von Stagnation zu unterscheiden. Die größten Unterschiede sieht man im Bereich Risikobereitschaft, Verspieltheit und Unterstützung von Ideen. Interessant sind auch hier wiederum die ähnlichen Ausprägungen in den Bereichen wie Freiheit, Vertrauen/Offenheit und Diskussionen.

10.4.3 Empirische Befunde zum Innovationsklima nach Kauffeld et al. (2004)

Auch Kauffeld und Kollegen validieren ihre Herangehensweise hinsichtlich des Innovationsklimas anhand eines eigens dafür entwickelten Fragebogens. Der Fragebogen zum Innovationsklima, kurz INNO, umfasst 21 Items, mit denen die vier Dimensionen abgebildet werden. Zur Validierung des Instruments bzw. der dahinterliegenden theoretischen Überlegungen befragte die Forschergruppe 372 Mitarbeiter*innen aus 19 Industrie- und Dienstleistungsunternehmen zum Innovationsklima in der eigenen Abteilung. Als Maße der Innovativität der Bereiche schätzte die jeweilige Geschäftsführung sowohl die Produkt- als auch die Prozessinnovation der einzelnen Bereiche ein. Bedeutsame Zusammenhänge zeigten sich insbesondere zwischen den Facetten aktivierende Führung und kontinuierliche Reflexion mit Produkt- und Prozessinnovation. Die beiden übrigen Bereiche konsequente Implementierung und professionelle Dokumentation hingen positiv mit Prozessinnovation zusammen. Effekte hinsichtlich Produktinnovationen gab es allerdings nicht.

10.4.4 Generelle empirische Befunde zu Klima und Kultur

In einer Übersichtsarbeit stellen Anderson und Kollegen verschiedene Forschungsbefunde zum Einfluss von Unternehmensklima und Unternehmenskultur auf Kreativität und Innovation zusammen. Bei den einbezogenen Studien zeigten sich positive Befunde eines unterstützenden Innovationsklimas auf die Innovativität von Unternehmen. Des Weiteren beeinflusste in einer weiteren Studie das Klima für psychische Sicherheit (*psychological safety climate*) den Einfluss von Prozessinnovation auf die Unternehmensleistung (Anderson et al. 2014).

> **Beraterstory**
> Herrn Rohling ist es wichtig, dass in seiner Unternehmensberatung ein innovationsförderliches Umfeld für seine Mitarbeiter*innen entsteht. Dazu hat er ein betriebliches Vorschlagswesen eingeführt, bei dem jede*r, auch er selbst, mitwirken kann und soll. Er erinnert seine Mitarbeiter*innen immer wieder daran, dass er sich Ideen und Verbesserungsvorschläge wünscht und schaut sich jeden einzelnen genau an. Anschließend diskutiert er die Vorschläge mit den Mitarbeiter*innen, um die Umsetzung der Ideen zu planen. Dabei ist es ihm wichtig, dass er die Mitarbeiter*innen miteinbezieht und sie aktiv an der Umsetzung beteiligt sind. Abschließend werden die Projekte und der Prozess reflektiert und evaluiert.

Literatur

Amabile TM (1996) Creativity and innovation in organizations. Harvard Business School, Boston
Amabile TM, Gryskiewicz SS (1987) Creativity in the R & D laboratory. Center for Creative Leadership, Greensboro
Amabile TM, Goldfarb P, Brackfield SC (1990) Social influences on creativity: evaluation, coaction, and surveillance. Creat Res J 3(1):6–21
Amabile TM, Conti R, Coon H, Lazeneby J, Herron M (1996) Assessing the work environment for creativity. Acad Manag J 39(5):1154–1184
Anderson N, Potočnik K, Zhou J (2014) Innovation and creativity in organizations: a state-of-the-science review, prospective commentary, and guiding framework. J Manag 40(5):1297–1333
Ashforth BE (1985) Climate formation: issues and extensions. Acad Manag Rev 10(4):837–847

Baer M, Oldham GR (2006) The curvilinear relation between experienced creative time pressure and creativity: moderating effects of openness to experience and support for creativity. J Appl Psychol 91(4):963–970

Bailyn L (1985) Autonomy in the industrial R & D lab. Hum Resour Manag 24(2):129–146

Culpepper MK (2010) KEYS to creativity and innovation: an adopt-a-measure examination. Int Cent Stud Creat 1–19

Deci EL, Ryan RM (1996) Intrinsic motivation and self-determination in human behavior, Perspectives in social psychology [5]th print. Plenum, New York

Ekvall G (1990) Idéer, organisationsklimat och ledningsfilosofi. Norstedt, Stockholm

Ekvall G (1996) Organizational climate for creativity and innovation. Eur J Work Organ Psy 5(1):105–123

Frey D (1998) Center of Excellence – ein Weg zu Spitzenleistungen. In: Weber PW (Hrsg) Leistungsorientiertes Management. Leistungen steigern statt Kosten senken. Campus, Frankfurt am Main, S 199–233

Frey D, Schulz-Hardt S (2000) Zentrale Führungsprinzipien und Center of Excellence-Kulturen als notwendige Bedingung für ein funktionierendes Ideenmanagement. In: Frey D (Hrsg) Vom Vorschlagswesen zum Ideenmanagement. Zum Problem der Änderungen von Mentalitäten, Verhalten und Strukturen, Schriftenreihe Psychologie für das Personalmanagement. Verl. für Angewandte Psychologie, Göttingen, S 15–46

James LR (1982) Aggregation bias in estimates of perceptual agreement. J Appl Psychol 67(2):219–229

Kauffeld S, Jonas E, Grote S, Frey D, Frieling E (2004) Innovationsklima – Konstruktion und erste psychometrische Überprüfung eines Messinstrumentes. Diagnostica 50(3):153–164

Kimberly JR, Evanisko MJ (1981) Organizational innovation: the influence of individual, organizational, and contextual factors on hospital adoption of technological and administrative innovations. Acad Manag J 24(4):689–713

Martins EC, Terblanche F (2003) Building organisational culture that stimulates creativity and innovation. Eur J Innov Manag 6(1):64–74

Monge PR, Cozzens MD, Contractor NS (1992) Communication and motivational predictors of the dynamics of organizational innovation. Organ Sci 3(2):250–274

Payne R (1990) The effectiveness of research teams: a review. In: West MA, Farr JL (Hrsg) Innovation and creativity at work: psychological and organizational strategies. Wiley, Oxford, S 101–122

Sackmann SA (1992) Culture and subcultures: an analysis of organizational knowledge. Adm Sci Q 37(1):140–161

Schein EH (1985) Organizational culture and leadership. Jossey-Bass, San Francisco

Schein EH (1990) Organizational culture. Am Psychol 45(2):109–119

Schein EH (1995) Unternehmenskultur. Ein Handbuch für Führungskräfte. Campus, Frankfurt am Main

Schilling J, Kluge A (2004) Können Organisationen nicht lernen? Facetten organisationaler Lernkulturen. Gr Organ 35(4):367–386

Steinmann H, Schreyögg G (2005) Management: Grundlagen der Unternehmensführung, 6. Aufl. Gabler, Wiesbaden

Vecchio RP (2006) Organizational behavior, 6. Aufl. South-Western, Mason

Teamdiversity und Innovation

11

Mathias Diebig und Kai N. Klasmeier

11.1 Einführung

Über kein anderes Thema wird aktuell im medialen wie auch im politischen Diskurs so energisch gestritten wie über das Thema Diversity. Die Einführung einer Frauenquote für börsennotierte Unternehmen, aber auch die Eingliederung von älteren Beschäftigten in die Berufswelt werden von unterschiedlichem Meinungen und Empfehlungen begleitet. Gleichzeitig ist die Arbeitswelt immer mehr durch Gruppenarbeit gekennzeichnet, d. h. Personen mit unterschiedlichem Hintergrund und unterschiedlicher Herkunft arbeiten gemeinsam an den verschiedensten Projekten. Der Forschungszweig, welcher Bezug auf die Leistungsfähigkeit von diesen Gruppen mit Teammitgliedern unterschiedlichster Merkmale nimmt, ist die Diversity-Forschung. Dieses Feld liefert einen wichtigen Beitrag zu Fragen der Motivation, Förderung und Führung von Mitarbeiter*innen, die in hoch diversen Arbeitsgruppen zusammenarbeiten. Zusätzlich werden Aspekte der Zusammenstellung von Arbeitsgruppen analysiert, welche für optimale Arbeitsergebnisse ausschlaggebend sind.

In diesem Kapitel wird zunächst der Begriff Diversity genauer erläutert und in einem nächsten Schritt ein theoretischer Rahmen zur Darstellung der Prozesse geschaffen, welche den Zusammenhang zwischen Team-Diversity und Leistung bzw. Innovation erklären. Abschließend werden zentrale Merkmale von Teams beschrieben, um bei hoch diversen Gruppen bestmögliche Arbeitsergebnisse zu erzielen.

M. Diebig
Universität Düsseldorf, Düsseldorf, Deutschland
E-Mail: mathias.diebig@hhu.de

K. N. Klasmeier (✉)
Zentrum für HochschulBildung der TU Dortmund, Lehrstuhl für Personalentwicklung und Veränderungsmanagement, Dortmund, Deutschland
E-Mail: kai.klasmeier@tu-dortmund.de

11.2 Begriffsverständnis

Generell bezieht sich Diversity im Arbeitskontext auf Unterschiede zwischen Individuen, welche zu der Wahrnehmung führen, dass eine andere Person sich von einem selbst hinsichtlich eines spezifischen Personenmerkmals unterscheidet (Jackson 1992). Das bedeutet, dass man unter Diversity alle diejenigen Charakteristika von sozialen Gruppen zusammenfasst, welche den Grad objektiver und subjektiver Unterschiede zwischen den einzelnen Gruppenmitgliedern beschreiben (van Knippenberg und Schippers 2007). Diese unterschiedlichen Charakteristika werden in der Literatur häufig in zwei Klassen gegliedert (Jackson et al. 1995): zum einen in offen beobachtbare, demografische Merkmale (z. B. Geschlecht, Ethnie, Alter, Religion), welche auch als beziehungsorientierte Merkmale bezeichnet werden, und zum anderen in primär arbeitsbezogene Merkmale (z. B. Ausbildungshintergrund, Expertise, Fähigkeiten, Funktion in der Arbeitsgruppe, Tenure), welche auch als aufgabenorientierte Merkmale definiert sind.

In der Forschung wird diskutiert, ob dieser Ansatz der Klassifizierung von Merkmalen zur Quantifizierung von Diversity eine gegensätzliche Auswirkung der beiden Merkmalsklassen auf die Leistung einer Gruppe beinhaltet.

11.3 Modelle

Traditionell werden zwei unterschiedliche Perspektiven zur Beurteilung der Leistungsfähigkeit von diversen Arbeitsgruppen herangezogen: der soziale Kategorisierungsansatz und der Ansatz der Informationsverarbeitungs- und Entscheidungsfindungsprozesse. Diese werden im Folgenden kurz vorgestellt und anschließend in ein gemeinsames Modell überführt.

11.3.1 Soziale Kategorisierungs-Hypothese

Williams und O'Reilly (1998) unterscheiden hier zwei mögliche Typen von Teammitgliedern in Bezug auf einen selbst: 1) Personen, welche die wichtigsten Personeneigenschaften mit einem selbst teilen, werden der sog. *in-group* zugeordnet, wohingegen 2) Personen, welche sich von einem selbst in zentralen Personenmerkmalen unterscheiden, als sog. *out-group* wahrgenommen werden. Dieser Klassifizierung liegt die Annahme zugrunde, dass Unterschiede und Ähnlichkeiten zwischen Personen als Basis für soziale Kategorisierungsprozesse herangezogen werden und sich somit durch die Zugehörigkeit zu einer Gruppe eine soziale Identität (Gruppenidentität) bildet. Dabei zeigt sich, dass man eher dazu tendiert, Personen der eigenen *in-group* zu mögen und diesen zu vertrauen als Personen der *out-group* (Tajfel und Turner 1986). Dieses Resultat von sozialen Kategorisierungsprozessen wird auch als *Intergroup Bias* bezeichnet (Hewstone et al. 2002). Dabei ist der Intergroup Bias als die systematische Tendenz definiert, die Mitglieder der eigenen *in-group* denen der *out-group* vorzuziehen und diese aufzuwerten. Dies wiederum führt dazu, dass eine hohe Homogenität innerhalb der Mitglieder einer Gruppe zu weniger potenziellen Konflikten innerhalb dieser Arbeitsgruppe führt und somit letztendlich zu einer höheren Arbeitsleistung (van Knippenberg et al. 2004). Gegensätzlich führt ein hohes Maß an Heterogenität der Gruppenmitglieder zu vielen potenziellen Konflikten und somit zu schlechteren Arbeitsergebnissen. Im Besonderen stehen bei sozialen Kategorisierungsprozessen beziehungsorientierte Merkmale von Personen als Einteilungskriterium im Vordergrund und werden von Personen implizit zur Einteilung der anderen Gruppenmitglieder in die eigene *in-group* oder eben *out-group* verwendet (Fiske 1998).

11.3.2 Informationsverarbeitungs- und Entscheidungsfindungsprozess-Hypothese

Dieser Erklärungsansatz impliziert eine genau gegenläufige Schlussfolgerung des Einflusses von Diversität auf die Gruppenleistung als der Ansatz der sozialen Kategorisierung: Hier werden heterogene Gruppen homogenen Gruppen gegenüber als überlegen aufgefasst. Im Vordergrund dieser Überlegung steht, dass heterogene Gruppen im Besonderen über eine breite Spannweite von aufgabenrelevantem Wissen und problemlösungsdienlichen Fähigkeiten verfügen, was zu unterschiedlichen Meinungen und Perspektiven bei der Bearbeitung von Aufgaben führt. Van Knippenberg et al. (2004, S. 1009) fassen dies wie folgt zusammen: „The need to reconcile conflicting viewpoints may force the group to more thoroughly process task-relevant information and may prevent the group from opting too easily for a course of action on which there seems to be consensus." Hier führt eine hohe Heterogenität der Gruppenmitglieder zu einer tieferen Informationsverarbeitung und gleichzeitig zu einem regen Diskurs, der in kreativen und viel diskutierten Lösungen resultiert. Bei der Informationsverarbeitungs- und Entscheidungsfindungsprozess-Hypothese werden vordergründig aufgabenorientierte Merkmale von Diversity als gewinnbringende Faktoren eingestuft (Jackson et al. 1995). Je größer das Spektrum von Personen mit unterschiedlichen Denk- und Handlungsmustern ist, desto qualitativ hochwertiger sind mögliche Ergebnisse der Gruppenarbeit.

Somit bleibt festzuhalten, dass die eine Perspektive von positiven Konsequenzen der Team-Diversity in Bezug auf Arbeitsergebnisse ausgeht (Informationsverarbeitungs- und Entscheidungsfindungsperspektive), wohingegen die andere Perspektive eher negative Konsequenzen der Team-Diversity betont (Soziale Kategorisierungsperspektive).

In ihrer Meta-Analyse bestätigen Joshi und Roh (2009) diese gegensätzlichen Sichtweisen. Bei der statistischen Überprüfung von 39 Studien mit insgesamt 8757 Teams zeigte sich, dass bei *gleichzeitiger* Betrachtung von beziehungs- und aufgabenorientierten Teammerkmalen keine direkten Effekte von Diversity auf Leistung existieren, d. h. der Grad der Diversität hängt in diesem Fall nicht mit der Gruppenleistung zusammen. Gleichzeitig sind bei *alleiniger* Betrachtung von *beziehungsorientierten* Merkmalen von Diversity nur sehr kleine, negative Effekte auf die Teamleistung zu beobachten, d. h. diese

Teilergebnisse stützen die soziale Kategorisierungshypothese. Allerdings sind bei *alleiniger* Betrachtung von *aufgabenbezogenen* Merkmalen von Diversity ebenso nur kleine, positive Effekte auf die Teamleistung zu beobachten. Dies deutet wiederum auf eine empirische Unterstützung der Informationsverarbeitungs- und Entscheidungsfindungsprozess-Hypothese hin. Man kann festhalten, dass nur bei getrennter Analyse der beiden Merkmalsklassen kleine gegenläufige Effekte zu beobachten sind, welche sich gegenseitig aufheben. Die Autoren schlussfolgern daraus, dass Diversity aufgrund der sich gegenseitig aufhebenden Befunde von aufgaben- und beziehungsorientierten Merkmalen keinen generellen Einfluss auf die Leistungsfähigkeit von Teams hat.

11.3.3 Kategorisierungs-Elaborations-Modell

Ein Modell, welches beide entgegengerichteten Perspektiven zusammenführt, ist das Kategorisierungs-Elaborations-Modell (*Categorization-Elaboration Model*; *CEM*) von van Knippenberg et al. (2004). Das CEM integriert die beiden bisher vorgestellten Perspektiven und erklärt die widersprüchlichen bzw. inkonsistenten Ergebnisse hinsichtlich des Einflusses von Diversity auf die Teamleistung.

Dem Modell liegt die Annahme zugrunde, dass Diversity einen positiven Einfluss auf die Elaboration hat, d. h. die vertiefte sowie differenzierte Verarbeitung von aufgabenrelevanten Informationen und Prozessen innerhalb einer Arbeitsgruppe ausübt und somit den Austausch von Ideen, deren Diskussion und Übertragung auf verschiedene Problemstellungen fördert (vgl. Abb. 11.1). Diese Elaboration aufgabenrelevanter Informationen und Prozesse führt wiederum zu einer erhöhten Gruppenleistung, im Besonderen hinsichtlich Gruppenkreativität, Innovation und Entscheidungsqualität. Das bedeutet allerdings nicht, dass dieser positive Effekt der gesteigerten Verarbeitungstiefe unter allen Umständen besteht. Van Knippenberg et al. (2004) identifizieren Faktoren, die die Beziehung zwischen Diversity und Verarbeitungstiefe moderieren. Dies umfasst den Charakter der Aufgabe, die Motivation der Gruppenmitglieder wie auch die für die Lösung der Aufgabe benötigten Fähigkeiten der Gruppenmitglieder. Die Autor*innen nehmen an, dass bei Aufgaben mit hohen Informationsverarbeitungs- und Entscheidungsfindungskomponenten bei parallel hoch motivierten und hoch fähigen Gruppenmitgliedern Diversity den stärksten Einfluss auf die Elaborationsfähigkeit der Gruppenmitglieder hat.

In Bezug auf die Perspektive der sozialen Kategorisierung wird angenommen, dass soziale Kategorisierungsprozesse von drei Faktoren abhängen: kognitive Zugänglichkeit, normativer Fit und komparativer Fit. *Kognitive Zugänglichkeit* der Kategorisierung bezeichnet die Einfachheit der Wahrnehmung sozialer Kategorien, d. h. wie offen bzw. leicht die sozialen Kategorien zu erkennen sind. *Normativer Fit* bezeichnet das Ausmaß der inhaltlichen Sinnhaftigkeit der Kategorien, d. h. inwiefern die Kategorisierung für die Gruppenmitglieder inhaltlich Sinn ergibt. *Komparativer Fit* umfasst die Ähnlichkeiten der gebildeten Subgruppen, d. h. wie ähnlich sich die gebildeten Subgruppen sind. Weiterhin ist

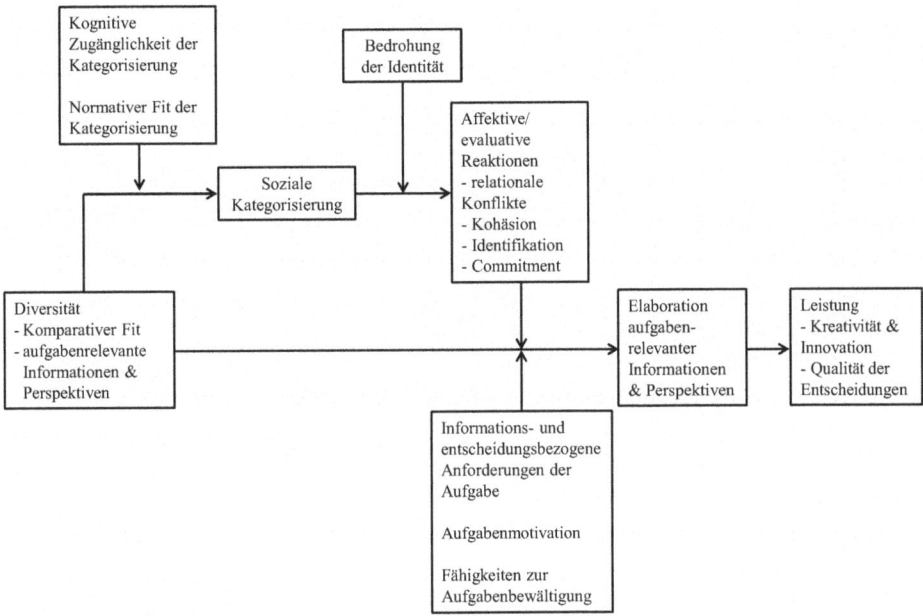

Abb. 11.1 Modelldarstellung des CSM in Anlehnung an van Knippenberg et al. (2004)

die Unterscheidung zwischen sozialer Kategorisierung und Intergroup Bias eine zentrale Voraussetzung, um die Prozesse des CEM zu interpretieren. Dabei ist zu beachten, dass soziale Kategorisierung nicht mit Intergroup Bias gleichzusetzen ist. Intergroup Bias bezieht sich auf eine bevorteilte Einstellung gegenüber der eigenen *in-group* im Vergleich zur *out-group*. Soziale Kategorisierung hingegen bezeichnet lediglich das wahrnehmungsbezogene Einteilen von Personen in soziale Gruppen. Somit führt nicht soziale Kategorisierung zu negativer Gruppenleistung, sondern der Prozess des Intergroup Bias, d. h. soziale Kategorisierungsprozesse resultieren nicht per se in negativen Gruppenergebnissen, sondern in Intergroup Bias, was wiederum negative Ergebnisse nach sich zieht.

Wichtig ist hier nun, wann genau soziale Kategorisierung zu Intergroup Bias führt. Die Autor*innen postulieren, dass im Besonderen die Bedrohungen der Gruppenidentität als zentraler Faktor, welcher die Wahrscheinlichkeit des Auftretens von Intergroup Bias erhöht, beachtet werden sollte. Das CEM fußt auf der Annahme, dass Elaboration und soziale Kategorisierung in der Art und Weise interagieren, dass Intergroup Bias die Elaboration aufgabenrelevanter Informationen behindert. Gleichzeitig wird angenommen, dass alle Arten von Diversity sowohl die Elaboration aufgabenrelevanter Informationen fördern als auch zu sozialen Kategorisierungsprozessen führen.

Ein wichtiger Einflussfaktor zur Erklärung der inkonsistenten Befunde in der Diversityforschung ist das Führungsverhalten des/der direkten Vorgesetzten. In einer Untersuchung prüfen Kearney und Gebert (2009) den Einfluss von transformationaler Führung auf den Zusammenhang zwischen Diversity und Gruppenleistung (siehe Exkurs: Transformationale Führung und Diversity).

> **Exkurs: Transformationale Führung und Diversity**
> In ihrer Studie untersuchen Kearney und Gebert (2009) den Einfluss von transformationaler Führung auf den Zusammenhang von Diversity und Teamleistung. Die Autoren prüfen in 62 Teams aus dem Bereich Forschung und Entwicklung, ob transformationale Führung den Zusammenhang zwischen Alter, Nationalität und Bildungshintergrund der Teammitglieder und der Teamleistung moderiert. Es zeigte sich, dass bei einer hohen Ausprägung von transformationalem Führungsverhalten des/der Vorgesetzten Nationalität und Bildungshintergrund positiv mit der Teamleistung zusammenhängen, wohingegen Alter keinen signifikanten Einfluss auf die Teamleistung hat. Bei einer geringen Ausprägung von transformationalem Führungsverhalten des/der Vorgesetzten haben weder Nationalität noch Bildungshintergrund einen Einfluss auf die Teamleistung. Jedoch wurde ein negativer Einfluss des Alters auf die Leistung beobachtet. Hier zeigte sich, dass transformationale Führung ein wichtiger Baustein ist, um die positiven Resultate von Diversity zu fördern. Ein weiteres Ergebnis der Untersuchung ist, dass transformationale Führung die Elaboration von aufgabenrelevanten Informationen fördert, was wiederum zu hoher Teamleistung führt. Gleichzeitig schaffen transformationale Führungskräfte eine kollektive Teamidentifikation, welche darüber hinaus die Elaboration aufgabenrelevanter Informationen noch weiter verstärkt.
> Fazit: Transformationale Führung ist das optimale Führungsverhalten zur Herbeiführung der positiven Leistungsergebnisse bei diversen Teams.

11.4 Empirische Befunde

Die Darstellung aktueller empirischer Befunde zum Zusammenhang von Diversity und Gruppenleistung erfolgt primär anhand der Meta-Analyse von Hülsheger et al. (2009). Die Autoren schaffen einen umfassenden Überblick bezüglich zentraler Prädiktoren auf Teamebene und der Leistungsvariable Innovation im Arbeitskontext. Die Ergebnisse erlauben einen Einblick darin, bei welchen Teamvariablen bisher noch keine generalisierbaren Aussagen getroffen werden können und welche somit in der zukünftigen Forschung noch weiter untersucht werden müssen.

Die Autor*innen legen ihrer Untersuchung zugrunde, dass Innovation als ein zweistufiger Prozess zu betrachten ist. An erster Stelle steht die Generierung von neuen Ideen und, darauf aufbauend, deren Implementierung. Zwei Variablentypen, welche Diversity von Teams quantifizieren, werden hinsichtlich des Einflusses auf Innovation abgebildet: 1) Variablen, welche sich auf die Teamzusammensetzung und -struktur beziehen. Darunter fallen arbeitsbezogene sowie hintergrundbezogene Diversität, Aufgaben- und Zielinterdependenz, Teamgröße sowie die Dauer der Teamzugehörigkeit. 2) Prozessvariablen, wie Vision, Beteiligungs- und Einbindungssicherheit, Unterstützung für Innovationen, Aufgabenorientierung, Gruppenkohäsion, interne und externe Kommunikation sowie aufgabenbezogene und beziehungsorientierte Konflikte. Vor einer ausführlichen Erläuterung dieser vorgestellten Einflussfaktoren auf Innovation im Gruppenkontext, wird erläutert, wie Innovation gemessen und auf welcher Ebene Innovation betrachtet wird. Für die Meta-Analyse stehen drei Betrachtungsebenen im Vordergrund:

Die Selbstbeurteilung bildet die erste Betrachtungsebene und stellt eine Eigenbeurteilung der Innovationsfähigkeit dar. Hierbei findet eine subjektive Beurteilung der eigenen Innovationsfähigkeit bzw. der Innovationsfähigkeit der eigenen Gruppe statt. Diese Form der Beurteilung ist potenziell in der Lage, sehr detaillierte Ergebnisse zu liefern, da eine Person die eigenen Fähigkeiten prinzipiell am besten einzuschätzen vermag. Allerdings wird die Repräsentativität der Selbsteinschätzung durch eine mögliche Über- bzw. Unterschätzung der Individuen gefährdet.

Die zweite Beurteilungsform ist die unabhängige Beurteilung. Bei dieser Variante wird die Innovationsfähigkeit einer Person bzw. einer Gruppe durch außenstehende Beobachter, wie z. B. Führungskräfte, Gleichrangige und unabhängige Expert*innen, beurteilt, die nicht selbst am Innovationsprozess beteiligt sind.

Die dritte Form der Beurteilung umfasst objektiv messbare Kennzahlen, welche eine personenunabhängige Beurteilung der Innovationsfähigkeit ermöglichen. Hierbei wird die konkrete Anzahl innovativer Vorschläge, neuer Produkte und Patente, welche durch ein Team oder ein Individuum hervorgebracht wurden, gemessen.

Zusätzlich wird in der Analyse zwischen Individual- und Teaminnovation unterschieden. Individuelle Innovation bezieht sich auf die Innovationsfähigkeit einzelner Individuen, wohingegen Teaminnovation sich immer auf die Innovationsfähigkeit eines gesamten Teams bezieht.

11.4.1 Strukturvariablen

Hintergrundbezogene Diversity bezeichnet hier alle nicht aufgabenbezogenen Unterschiede der Teammitglieder wie Alter, Geschlecht oder Herkunft, wohingegen arbeitsbezogene Diversity die Heterogenität der Teammitglieder in Form von Arbeitsweise, Bildung, Wissen, Fähigkeiten und Kompetenzen beschreibt. Zielinterdependenz besagt, dass Ziele in der Form miteinander verknüpft sind, dass Einzelne ihre Ziele nur erreichen können, wenn die anderen Teammitglieder ihre Ziele ebenfalls erreichen. Aufgabeninterdependenz hingegen beschreibt das Ausmaß, in dem die Erledigung von Aufgaben davon abhängt, dass andere Teammitglieder ihre Aufgaben erledigen. Die Teamgröße bezeichnet die Anzahl der Teammitglieder und die Dauer der Zusammengehörigkeit die Langlebigkeit der Zusammenarbeit eines Teams.

11.4.2 Prozessvariablen

Das Merkmal Vision bezeichnet ein gemeinsames Verständnis der Ziele eines Teams und deren Commitment zu diesen Teamzielen. Dieser Aspekt wird vor allem bei der transformationalen Führung in den Fokus gestellt. Beteiligungs- und Einbindungssicherheit gibt den Grad der Partizipation der Teammitglieder am Entscheidungsprozess an sowie gleichzeitig eine Atmosphäre konzerninterner Sicherheit, welche durch Vertrauen und gegenseitige Unterstützung charakterisiert wird. Unterstützung für Innovation bezeichnet die Erwartung, die Genehmigung und die praktische Unterstützung von Versuchen, neue Wege der Arbeitsausführung einzuleiten. Aufgabenorientierung gibt das geteilte Interesse der Teammitglieder an der qualitativen Erledigung der Arbeit an, welche in Verbindung mit der geteilten Vision oder den Arbeitsergebnissen steht. Kohäsion bezieht sich auf die Bindung der Teammitglieder an ihre Arbeitseinheit und den Wunsch, diese Teammitgliedschaft auch langfristig aufrecht zu erhalten. Interne Kommunikation umfasst den Wissens- sowie Erfahrungsaustausch zur Generierung und Diskussion neuer Ideen innerhalb des Teams. Externe Kommunikation hingegen bezeichnet alle interpersonellen Verbindungen außerhalb der Organisation, welche die Wahrscheinlichkeit erhöhen, neues Wissen zu sammeln. Aufgabenbezogene Konflikte sind Meinungsverschiedenheiten unter Teammitgliedern, die sich auf den Inhalt von auszuführenden Aufgaben beziehen. Beziehungsorientierte Konflikte sind eher sozial-emotionale Konflikte, welche sich durch interpersonelle Unstimmigkeiten ergeben und meistens zu negativen psychologischen Reaktionen führen.

Es zeigt sich, dass die Zusammenhänge zwischen nahezu allen Teamvariablen und Innovation für die Selbstbeurteilungs-Perspektive höher ausfallen als für die beiden anderen Erhebungsmethoden. Zur Vereinfachung der Darstellung werden daher im Folgenden nur die über alle Erhebungsmethoden zusammengefassten Ergebnisse berichtet. Tab. 11.1 fasst die zentralen Ergebnisse der Meta-Analyse zusammen.

Generell kommt die Meta-Analyse zu drei zentralen Ergebnissen. Erstens zeigen sich für die Gruppe der Prozessvariablen substanzielle und generalisierbare Ergebnisse im Zusammenhang mit Innovation. Zweitens ergeben sich für die Gruppe der Strukturvariablen nur relativ kleine Zusammenhänge mit Innovation. Und drittens zeigt sich, dass die Ergebnisse der Prozessvariablen für die Teaminnovation größer ausfallen als für die individuelle Innovation.

Bei den Strukturvariablen zeigt sich folgendes Bild: Hier übt Zielinterdependenz den stärksten Einfluss auf Innovation aus. Dieser Befund unterstreicht die Wichtigkeit von gemeinsamen Zielen auf Gruppenebene. Auch an dieser Stelle ist ein Verweis auf den Führungsstil der transformationalen Führung sinnvoll, da die Dimension Gruppenziele fördern (vgl. Kap. 7 in diesem Band) der transformationalen Führung eben genau jene innovationsförderlichen Verhaltensweisen beinhaltet. Die spezifischen Charakteristika von Teamzielen, welche durch die Führungskraft vorgegeben werden, beeinflussen die Interaktion zwischen den Teammitgliedern und fördern kooperative Verhaltensweisen, welche mit einer erhöhten Innovationsleistung in Verbindung stehen. Hintergrundbezogene Diversity hat allgemein einen negativen Einfluss auf Innovation, wohingegen arbeitsbezogene Diversität in Form von Arbeitsweise, Qualifikation, Wissen, Fähigkeiten und Kompetenzen mit einer

Tab. 11.1 Darstellung der Ergebnisse der Meta-Analyse von Hülsheger et al. (2009)

	Durchschnittliche Korrelation mit Innovation
Strukturvariablen	
Arbeitsbezogene Diversität	0.16
Hintergrundbezogene Diversität	−0.13
Aufgabeninterdependenz	0.04
Zielinterdependenz	0.28
Teamgröße	0.17
Dauer der Teamzugehörigkeit	0.02
Prozessvariablen	
Vision	0.49
Beteiligungs- und Einbindungssicherheit	0.15
Unterstützung für Innovationen	0.47
Aufgabenorientierung	0.42
Gruppenkohäsion	0.31
Interne Kommunikation	0.36
Externe Kommunikation	0.48
Aufgabenbezogene Konflikte	0.07
Beziehungsorientierte Konflikte	−0.09

Steigerung der Innovationsfähigkeit am Arbeitsplatz einhergeht. Die Ergebnisse dieser Meta-Analyse deuten darauf hin, dass arbeitsplatzbezogene Vielfalt im Kontext von Innovation einen größeren Einfluss auf Teamleistung aufweist als nicht arbeitsbezogene Vielfalt. Diese Befunde unterscheiden sich von den in Abschnitt 11.3 berichteten Ergebnissen, wonach beide Arten von Diversity für sich genommen keinen Einfluss auf die generelle Teamleistung hatten. Die Autor*innen schlussfolgern, dass eine Differenzierung zwischen den verschiedenen Aspekten von Leistung wichtig ist, um diese Unterschiede zu erklären.

Interessant ist neben diesen Gesamteffekten von Teammerkmalen auf die Innovationsfähigkeit eine zusätzliche Betrachtung der Ergebnisse vor dem Hintergrund, ob eher die individuelle Innovationsfähigkeit oder die Innovationsfähigkeit der gesamten Gruppe zunimmt. Dies wird vor allem bei dem Prädiktor Teamgröße deutlich. Hier sinkt die individuelle Innovationsfähigkeit mit zunehmender Anzahl an Teammitgliedern, wohingegen die Teaminnovationsfähigkeit steigt. Dies lässt sich anhand von Motivationsverlusten in Gruppen erklären. Mit zunehmender Anzahl an Teammitgliedern nimmt die Bedeutung der Individualleistungen ab, sodass die Gefahr besteht, dass einzelne Individuen eine abwartende Haltung einnehmen und zu sozialem Faulenzen neigen. Bei sozialem Faulenzen reduzieren Individuen die eigene Anstrengung und somit gleichzeitig ihre Individualleistung. Auf der anderen Seite beinhaltet ein großes Team mit vielen Teammitgliedern gleichzeitig einen großen Pool mit unterschiedlichem Wissen, Fertigkeiten und Fähigkeiten, was wiederum zu gesteigerter Teaminnovation führt.

Auf Ebene der Prozessvariablen zeigt sich, dass diese generell einen stärkeren Einfluss auf Innovation ausüben. Die externe Kommunikation besitzt einen stark positiven Einfluss auf die Innovationsfähigkeit eines Teams. Die Generierung neuen Wissens und neuer Perspektiven durch die Kommunikation mit Außenstehenden fördert die Entwicklung neuer Ideen und die Adaption neuer Methoden und Verfahrensweisen, sodass festgefahrene Gedankengänge oftmals durch neue Einflüsse von außen überwunden werden.

Auch das Vorhandensein einer Vision ist von entscheidender Bedeutung für die Innovationsfähigkeit. Insbesondere wird die Innovationsfähigkeit einer Gruppe positiv durch eine Vision beeinflusst, in der zentrale Ziele veranschaulicht werden und das gemeinsame Verständnis dieser Ziele und der Zusammenarbeit der Gruppe verbildlicht wird. Außerdem entwickeln die Teammitglieder schneller eine hohe Bindung an die Gruppenziele, da diese durch die Vision allgegenwärtig erscheinen (vgl. Kap. 7 zur transformationalen Führung in diesem Lehrbuch). Ein weiterer Faktor, welcher sich positiv auf die Innovationsfähigkeit einer Gruppe auswirkt, ist die Unterstützung für Innovation im Unternehmen. Diese impliziert, dass auch gescheiterte Versuche innovativer Methoden toleriert werden. Die Teammitglieder dürfen Risiken eingehen, um neue Ideen zu verwirklichen. Hierdurch wird die Innovationsfähigkeit der Gruppe gefördert, da die Angst Risiken einzugehen durch die Unterstützung innovativer Methoden reduziert wird.

Aus den berichteten Befunden in diesem Kapitel sowie im Besonderen den Ergebnissen der Meta-Analyse zufolge, lassen sich konkrete Maßnahmen für die Praxis zur Steigerung der Innovationsfähigkeit ableiten. Auf Ebene der Führungskraft zeigt sich konsistent die transformationale Führung als optimale innovationsförderliche Verhaltensweise des Vorgesetzten. Das Aufzeigen einer gemeinsamen Vision sowie das Fördern von Gruppenzielen gehen mit einem gesteigerten Innovationspotenzial von Gruppen einher. Gleichzeitig wird die Elaboration von aufgabenrelevanten Informationen durch transformational Führende gefördert, was wiederum zu hoher Arbeitsleistung führt. Zusätzlich sollten Maßnahmen eingeleitet werden, die nicht nur die Kommunikation innerhalb des Teams fördern, sondern des Weiteren auch die Kommunikation über das eigene Team hinaus, z. B. mit anderen Abteilungen innerhalb eines Unternehmens, um Netzwerke zu schaffen und von neuen Informationen zu profitieren. Neben diesen konkreten Maßnahmen ist es allgemein wichtig, ein Teamklima zu schaffen, welches durch Offenheit für Wandel und eine positive Fehlerkultur gekennzeichnet ist. Eine optimale Balance zwischen der gegenseitigen Unterstützung bei der Entwicklung von neuen Ideen und dem kritischen Hinterfragen von Vorschlägen schafft die bestmögliche Basis für innovative Leistungen in der Gruppenarbeit.

11.4.3 HR-Praktiken und Diversity in Teams

In ihrer Übersichtsarbeit stellen Guillaume et al. (2017) Forschungsbefunde zu unterschiedlichen HR-Praktiken und deren Einfluss auf Auswirkungen von Diversity in Teams zusammen. So erwiesen sich z. B. Diversity-Trainings bei Teams mit geringen *Diversity-Beliefs* (d. h. generelle Einstellung zu Diversität) als wirksam, um die Kreativität in diversen Teams zu verbessern. In den Trainings wurde das Kategorisierungs-Elaborations-Modell vorgestellt und die generellen Chancen und Herausforderungen von Diversität in Teams diskutiert. Aufbauend darauf wurden die Einflüsse von Diversity auf Teamprozesse, die wiederum Kreativität und Innovation beeinflusst, erklärt. Anschließend wurden den Trainingsteilnehmer*innen Verhaltenssequenzen eines diversen Teams präsentiert. Hierbei lag der Fokus auf effektiven und ineffektiven Teaminteraktionen (vgl. Homan et al. 2015).

Allgemein ist anzunehmen, dass teambasierte Personalentwicklungsmaßnahmen und Trainings im Kontext von Diversity wirksamer sind als individuelle Entwicklungsmaßnahmen. HR-Praktiken mit dem Fokus auf die Beziehung innerhalb von Teams können die soziale Integration verbessern. HR-Praktiken mit dem Fokus auf Entscheidungsfindung und Informationsprozesse haben das Potenzial, Innovation in diversen Teams direkt zu beeinflussen.

Als zentrales Fazit halten die Autor*innen fest, dass HR-Praktiken maßgeblich die Auswirkungen von Diversity steuern können. Jedoch ist weitere Forschung nötig, um das Zusammenspiel verschiedener HR-Praktiken wie Belohnungs- und Anreizsysteme, Personalauswahl oder Personaleinsatzplanung sowie von Team-Diversity im Kontext von Innovation näher zu beleuchten (Guillaume et al. 2017).

> **Beraterstory**
> Die junge Unternehmensberatung BECA AG hat sich in den letzten Jahren am Markt etablieren können. Die Projekte werden immer umfangreicher und der Kundenstamm nimmt stetig zu. Bis dato war es immer so, dass einem Projekt ein oder max. zwei Berater*innen zugeteilt wurden. Die Geschäftsführung befürchtet so langsam, dass die größeren Projekte im nächsten Jahr nur noch in Teams, bestehend aus 3–5 Mitarbeiter*innen, zu bewältigen sind. Demnach stehen aktuell zwei Fragen im Raum: Welche Mitarbeiter*innen werden zusammengestellt, damit die Projekte den maximalen Erfolg erzielen und wer wird noch zusätzlich eingestellt? Um diese Fragen zu klären wird Herr Rohling als externer Berater eingestellt, der die Teameinteilung unterstützen und die noch fehlenden, passenden Teammitglieder finden soll. Herr Rohling beginnt damit, auf der Basis von Fragebögen und Interviews zunächst geeignete Teamleiter*innen und dann dessen/deren Teammitglieder zu ermitteln. Er beachtet dabei, dass sich jedes Team zwar durch fähigkeits- und kompetenzbezogene Diversität auszeichnet, sich aber auf der Ebene der Persönlichkeit zentrale Überschneidungen zeigen. Dadurch erhofft er sich im Sinne der in-group Wahrnehmung zusätzliche Arbeitsleistung vorhersagen zu können. Im nächsten Schritt werden konkrete Anforderungsprofile abgeleitet und Bewerbungsgespräche geführt, um die noch fehlenden Teammitglieder einzustellen. Zu guter Letzt bietet sich Herr Rohling an, die Teamleiter*innen in transformationaler Führung und Kommunikation zu trainieren. Sie sollen vor allem eine Vision für das eigene Team, abgeleitet aus der übergeordneten Vision des Unternehmens, erarbeiten und lernen, wie sie die Gruppenziele im Team in Zukunft fördern können. Zudem sollen sich die Teamleiter*innen untereinander als solche kennenlernen und die Kommunikation dieser für die Zukunft angeregt werden.

> **Anwendungsbeispiel aus der Praxis**
> Besonders für internationale Unternehmen stellt das Thema Diversity einen wichtigen Faktor im Rahmen des Personalmanagements dar. So sind beispielsweise bei IKEA Deutschland ca. 15.400 Mitarbeiter*innen mit 97 unterschiedlichen Nationalitäten beschäftigt. Durch ein strategisches Diversity Management unterstützt IKEA Deutschland seit 2001 sowohl seine Mitarbeiter*innen als auch seine Kund*innen dabei, die Vielfältigkeit von Gruppen und Kulturen zu verstehen und positiv zu nutzen. Darunter finden Diversity Workshops statt, bei denen (unbewusste) Vorurteile gegenüber verschiedenen Gruppen aufgedeckt und diskutiert werden. Weiter entstand ein Netzwerk, in dem sich die Mitarbeiter*innen aus unterschiedlichen Nationen austauschen können. Es finden sich außerdem „Sprach- und Kulturpat*innen", die neue Mitarbeiter*innen in die Unternehmenskultur integrieren und ihnen Unterstützung im Umgang mit Sprachbarrieren bieten. Im Zuge dessen entstand ein „Diversity-Handbuch", in dem Beispiele aus dem Unternehmensalltag dargestellt werden, wie vor allem ausländische Mitarbeiter*innen ihre Kulturen während der Arbeit ausleben können. Beispielsweise ändern viele Mitarbeiter*innenrestaurants ihre Öffnungszeiten während des Ramadans, um den muslimischen Mitarbeiter*innen die Möglichkeit zu geben, ihre Pausen anzupassen. Außerdem finden Team-Building Maßnahmen statt, wie z. B. Kochabende, bei denen Gerichte aus verschiedenen Nationen gemeinsam zubereitet werden. Seit Einführung des umfangreichen Diversity Managements, konnte IKEA Deutschland sowohl seine Kundenzahlen steigern als auch durch die Förderung heterogener Teams die Teamleistung verbessern (Ludwig 2013).
>
> Diese umfassenden Maßnahmen sollen nicht nur die Teamleistung fördern, sondern auch den Zusammenhalt in den Teams stärken und eine verbesserte Kommunikation mit sich bringen, was innovatives Verhalten fördert. Die Mitarbeiter*innen haben so die Möglichkeit, sich selbst einzubringen und ihre Ideen mit anderen Kolleg*innen zu teilen und weiter auszubauen. Dabei erhalten sie genügend Freiheiten und Unterstützung in Bezug auf die Entwicklung und Umsetzung kreativer und innovativer Lösungen.

Literatur

Fiske ST (1998) Stereotyping, prejudice, and discrimination. In: Gilbert DT, Fiske ST, Lindzey G (Hrsg) Handbook of social psychology. McGraw-Hill, Boston, S 357–411

Guillaume YR, Dawson JF, Otaye-Ebede L, Woods SA, West MA (2017) Harnessing demographic differences in organizations: what moderates the effects of workplace diversity? J Organ Behav 38(2):276–303

Hewstone M, Rubin M, Willis H (2002) Intergroup bias. Annu Rev Psychol 53(1):575–604

Homan AC, Buengeler C, Eckhoff RA, van Ginkel WP, Voelpel SC (2015) The interplay of diversity training and diversity beliefs on team creativity in nationality diverse teams. J Appl Psychol 100(5):1456–1467

Hülsheger UR, Anderson N, Salgado JF (2009) Team-level predictors of innovation at work: a comprehensive meta-analysis spanning three decades of research. J Appl Psychol 94(5):1128

Jackson SE (1992) Team composition in organizational settings: issues in managing an increasingly diverse workforce. In: Worchel S, Wood W, Simpson JA (Hrsg) Group processes and productivity. Sage, Newbury Park, S 136–180

Jackson SE, May KE, Whitney K (1995) Under the dynamics of diversity in decision-making teams. In: Guzzo RA, Salas E (Hrsg) Team effectiveness and decision making in organizations. Jossey-Bass, San Francisco, S 204–261S. WorchelW. Wood J. A. SimpsonJ. A.

Joshi A, Roh H (2009) The role of context in work team diversity research: a meta-analytic review. Acad Manag J 52(3):599–627

Kearney E, Gebert D (2009) Managing diversity and enhancing team outcomes: the promise of transformational leadership. J Appl Psychol 94(1):77

van Knippenberg D, Schippers MC (2007) Work group diversity. Annu Rev Psychol 58:515–541

van Knippenberg D, De Dreu CK, Homan AC (2004) Work group diversity and group performance: an integrative model and research agenda. J Appl Psychol 89(6):1008

Ludwig S (2013) Ausländische Mitarbeiter im Fokus. Personalwirtschaft 11:56–58

Tajfel H, Turner J (1986) The social identity of intergroup behavior. In: Worchel WAS (Hrsg) Psychology and intergroup relations. Nelson-Hall, Chicago

Williams KY, O'Reilly CA (1998) Demography and diversity in organizations: a review of 40 years of research. Res Organ Behav 20:77–140

Kreativitätstrainings

12

Carina Cohrs und Catrin Millhoff

12.1 Einführung

Arbeitsbedingungen in Organisationen können fördernd bzw. hemmend für die Kreativitätsentfaltung der Mitarbeiter*innen sein. Es gibt viele Ansätze, um Kreativität zu unterstützen, wie z. B. das Nutzen von Anreizen (Collins und Amabile 1999; Eisenberger und Shanock 2003), das Einsetzen neuen Expertenwissens durch Personalauswahl (Ericsson und Charness 1994; Weisberg 1999), die effektive Lenkung und Unterstützung von Gruppenprozessen (King und Anderson 1990; Kurtzberg und Amabile 2001), die Optimierung von Kultur und Klima in Organisationen (Amabile und Gryskiewicz 1989; Anderson und West 1998; Ekvall und Ryhammer 1999), die Identifikation und Unterstützung von außergewöhnlichen Erfahrungen durch z. B. Personalentwicklungsprozesse (Feldman 1999; Zuckerman 1974) sowie die Förderung durch Kreativitätstrainings (Cropley 1997; Nickerson 1999; Torrance 1972). Letztere sollen in diesem Kapitel genauer betrachtet werden.

12.2 Begriffsverständnis

Kreativitätstrainings sind eine weit verbreitete Form, um kreatives Verhalten zu fördern (Montouri 1992; Scott et al. 2004). Die Inhalte dieser Trainingsmaßnahmen sind zumeist sehr facettenreich und es gibt kein einheitliches Standardverfahren. Vielmehr gibt es

---

C. Cohrs
TÜV Nord Meditüv GmbH, Essen, Deutschland

C. Millhoff (✉)
Zentrum für HochschulBildung, Lehrstuhl für Personalentwicklung und Veränderungsmanagement, Technische Universität Dortmund, Dortmund, Deutschland
E-Mail: catrin.millhoff@tu-dortmund.de

© Springer-Verlag GmbH Deutschland, ein Teil von Springer Nature 2020
J. Rowold et al. (Hrsg.), *Innovationsförderndes Human Resource Management*,
https://doi.org/10.1007/978-3-662-61130-2_12

unterschiedliche Möglichkeiten und Wege, um Kreativität zu fördern. Scott et al. (2004) konnten in ihrer Metaanalyse beispielsweise zeigen, dass Kreativitätstrainings besonders effektiv sind, wenn sie die Förderung kognitiver Fähigkeiten beinhalteten und die verwendeten Aufgaben realistisch und zum Arbeitsbereich passend waren.

Zumeist liegen den Trainingskonzepten zwei Ansätze zugrunde (Scott et al. 2004): das divergente Denken und die Problemlösefähigkeit.

Divergentes Denken
Der Ansatz des divergenten Denkens basiert auf der Theorie von Guilford (1950). Er unterscheidet generell zwischen divergentem und konvergentem Denken. Divergentes Denken bezieht sich dabei darauf, unterschiedliche Lösungsmöglichkeiten in Bezug auf eine Problemstellung generieren zu können. „In divergent thinking operations we think in different directions, sometimes searching, sometimes seeking variety" (Guilford 1959). Konvergentes Denken bezeichnet dahingegen die Fähigkeit, die eine richtige Lösung für ein bestimmtes Problem zu generieren (Guilford 1959). Die Förderung von divergentem Denken scheint jedoch ein besonders wichtiger Aspekt zu sein, wenn es darum geht, kreatives Verhalten zu fördern (Fasko 2001; Scott et al. 2004).

Problemlösefähigkeit
Die Fähigkeit, Problemen mit neuen kreativen Lösungsansätzen zu begegnen, stellt ebenfalls eine wichtige Komponente dar. Mumford et al. (1991) definierten acht Operatoren, auf denen der Problemlöseprozess basiert: 1) Erschließung oder Entwicklung des Problems, 2) Sammeln von Informationen, 3) Suche nach einem Lösungskonzept, 4) Verbindung der Lösungskonzepte, 5) Entwicklung von Ideen, 6) Bewertung der Ideen, 7) Planung der Durchführung und 8) Überwachung der Durchführung. Demnach basiert die Fähigkeit, Probleme kreativ zu lösen, auf vielen verschiedenen Kompetenzen.

12.3 Modelle

Im Folgenden sollen verschiedene Techniken zur Förderung kreativen Verhaltens vorgestellt werden. In Bezug auf die Wirksamkeit von Trainings ist dabei besonders wichtig, dass die im Training erlernten Inhalte leicht auf den praktischen Alltag übertragen werden können bzw. in der Praxis leicht anzuwenden sind. Die am weitesten verbreiteten Kreativitätstechniken basieren auf fünf grundlegenden Prozessen (Preiser und Buchholz 2004): Der freien Assoziation, der Visualisierung, den Analogien, der Verfremdung und Zufallsanregung sowie der systematischen Variation.

Freie Assoziation
Einfälle, die noch nicht richtig durchdacht wurden, können im Rahmen der freien Assoziation frei geäußert werden und dadurch dazu beitragen, etwas Neues zu entwickeln. Dabei soll die Assoziation ungezwungen entstehen und neue, zuvor nicht denkbare Ideen

geschaffen werden. Zu den Techniken des freien Assoziierens gehören beispielsweise das Brainstorming oder auch das Mind Mapping. Brainstorming beschreibt eine Technik, bei welcher Ideen zu einem Thema spontan gesammelt werden. Jede Idee sollte aufgenommen werden und knapp in Stichworten oder kurzen Sätzen formuliert sein. Nach der Sammlung von Begriffen werden diese sortiert und ausgewertet, um eine Lösung zu einem Thema voranzubringen. Beim Brainstorming wird zumeist eine große Anzahl von Ideen zur Lösung eines Problems gesammelt. Dabei kann aber im Schnitt nur jede zehnte Idee als originell betrachtet werden (Diehl und Stroebe 1987). Daraus ergibt sich, dass die Qualität der Ideen aus der Quantität der Möglichkeiten resultiert. Als sehr negative Auswirkung beim Brainstorming zeigt sich die Hemmung einzelner Individuen im Brainstorming-Prozess innerhalb einer Gruppe. Es wird vermutet, dass einzelne Personen gehemmt werden, ihre Ideen schnell zu assoziieren und zu äußern, da sie anderen den Vortritt lassen und selbst womöglich nicht so schnell zu Wort kommen (z. B. Introvertierte). Ferner wird das Weiterentwickeln einer Idee durch die Äußerungen der anderen Personen blockiert (Diehl und Stroebe 1987). Darüber hinaus führt eine Bewertungsangst durch die öffentliche Äußerung ebenfalls zu Hemmungen, neue Ideen zu äußern (Kabanoff und Rossiter 1994). Um diesen Problematiken zu entgegnen, wurde ein Konzept entwickelt, welches durch die Brainstorming-Technik möglichst kreativitätsförderlich ist. Hierbei sollten die einzelnen Phasen auf Individual- und Gruppenebene stattfinden. Die Ideenproduktion und -findung sollte auf individueller Grundlage durchgeführt werden (anonymes „Brainwriting"); die Integration der Ideen jedoch auf Gruppenebene, wohingegen die Bewertung wiederum auf Individualebene stattfinden sollte. Dieser Ansatz wird als *I-G-I-Konzept* bezeichnet. Um eine Ideengenerierung anzustoßen, ist es empfehlenswert eine deutliche Fragestellung mit eindeutiger Zielsetzung zu formulieren, um den Sachverhalt zu erklären (z. B. „Nennen Sie mindestens zehn Möglichkeiten, um das Problem der Zuordnung des Bürobedarfs in der Abteilung zu lösen"). Zudem sollte in der Gruppe eine positive Atmosphäre herrschen und in den Prozess insbesondere Mitarbeiter*innen einbezogen werden, welche sich in Vergangenheit als überaus kreativ erwiesen haben (Kabanoff und Rossiter 1994).

Mind Mapping ist eine Methode, um Ideen für Problemlösungen zu strukturieren. Aus einem zentralen Begriff wird ein Netz erzeugt, welches von der zentralen Fragestellung wegführt und verschiedene Lösungswege darstellen kann. In erster Linie zeigt sich, dass Ideen durch das Mind Mapping sehr gut strukturiert werden können und diese Technik besonders von Einzelpersonen genutzt werden sollte, um Aufgaben zu bewältigen. Grundsätzlich ist auch die Möglichkeit gegeben, die Methode in Gruppen zu verwenden. Sie dient bevorzugt der Gedankenstütze und des Aufzeigens von verschiedenen Pfaden (Abb. 12.1).

Visualisierung
Die Darstellung des Problems mit Hilfe von Bildern führt dazu, das Problem aus einer anderen Sichtweise zu betrachten und fördert so das Generieren von neuen Ideen und Lösungsansätzen.

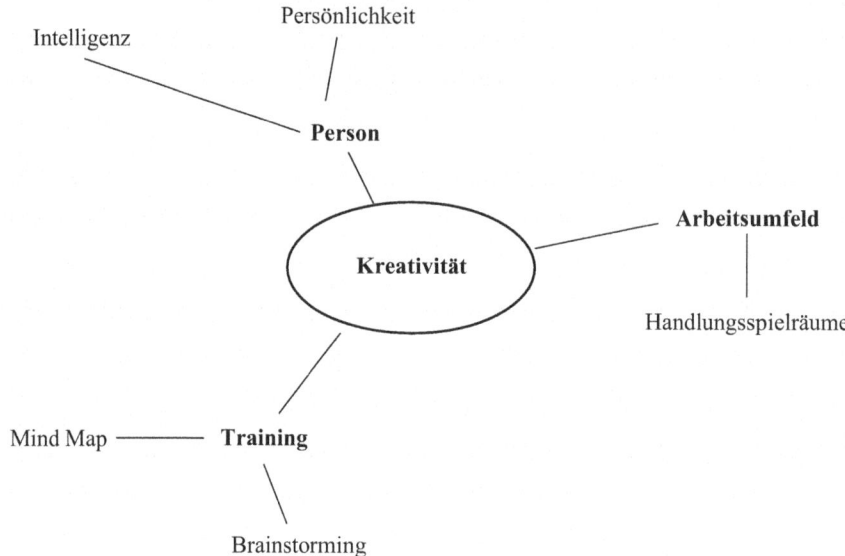

Abb. 12.1 Beispiel Mind Map

Analogien

Mit Hilfe von Analogien sollen Ähnlichkeiten sowie Unterschiede zwischen verschiedenen Sachverhalten aufgezeigt und miteinander verknüpft werden. Dadurch können neue Lösungsansätze entwickelt werden. Die Vorgehensweise kann anhand einer Grafik veranschaulicht werden (Abb. 12.2).

Beispiel

1. Es soll ein neues Training zum Thema „Transaktionale Führung" entwickelt werden.
2. Dafür müssen z. B. der Ablauf und die einzelnen Phasen des Trainings gestaltet werden.
3. Es gibt bereits ein Training zum Thema „Transformationale Führung", welches als Orientierungshilfe verwendet werden kann.
4. Ablauf und Phasen des Trainings zur „Transformationalen Führung" können auf das neue Training übertragen werden, Inhalte müssen angepasst werden.

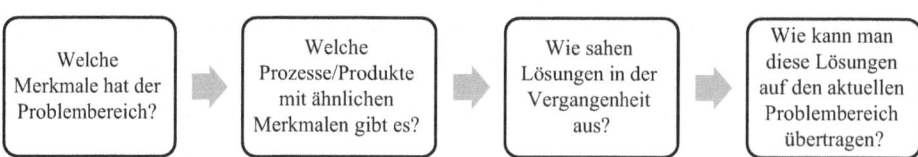

Abb. 12.2 Prozess der Analogiebildung

12 Kreativitätstrainings

Verfremdung und Zufallsanregung beschreibt die Methode, den Gedanken freien Lauf zu lassen. Dabei werden Begriffe, die vielleicht auf den ersten Blick gar nicht zu der Problemstellung passen, mit dieser in Beziehung gesetzt. Dadurch können festgefahrene Denkmuster durchbrochen werden und so neue Lösungswege entstehen.

Zu den Techniken der Verfremdung und Zufallsanregung gehören unter anderem die Reizwortanalyse und die semantische Intuition. Bei der *Reizwortanalyse* werden verschiedene voneinander unabhängige Erfahrungsbereiche miteinander verknüpft, um sogenanntes „Schubladendenken" zu vermeiden und festgefahrene Denkschemata zu durchbrechen. Dabei werden aus einer Liste mit Reizwörtern/Zufallswörtern (dies kann z. B. auch ein Lexikon sein) sieben bis zwölf Wörter ausgewählt, welche anschließend auf das Problem bezogen werden, um daraus Lösungsansätze zu entwickeln. Es besteht weiterhin die Möglichkeit zu den ausgewählten Reizwörtern eine freie Assoziation durchzuführen und dadurch Lösungsideen zu finden (Wack et al. 1993).

Bei der Technik der *semantischen Intuition* werden neue Wortkombinationen gebildet aus denen Lösungsansätze entstehen sollen. Zunächst werden (z. B. mit Hilfe eines Brainstormings) die Elemente des Problems/der Fragestellung herausgestellt, wobei zur Beschreibung der Elemente nur Substantive verwendet werden dürfen. Diese werden im Anschluss miteinander kombiniert, sodass neue Wortschöpfungen entstehen. Die Wortschöpfungen stellen nun Anreize für neue Lösungsansätze dar und können daraufhin untersucht werden, ob sie Lösungsanregungen bieten können (Wack et al. 1993).

Systematische Variation
Die Vielfältigkeit neuer Lösungsmöglichkeiten wird aufgezeigt, indem Einheiten bzw. Bestandteile eines Problems selektiert und aus dem Zusammenhang gelöst werden. Anschließend werden sie durch verschiedene Herangehensweisen geordnet und systematisch variiert. So wird der Blick auf eine Bandbreite möglicher Lösungen erweitert.

Techniken: Die *morphologische Matrix* wurde von Fritz Zwicky entwickelt. Komplexe Sachverhalte werden in abgrenzbare Teile zerlegt, die einzelnen Elemente werden variiert und können zu neuen Kombinationen zusammengefügt werden. Dies geschieht in Form einer Matrix, die zugleich eine Übersicht über alle Lösungsmöglichkeiten bietet. Tab. 12.1 zeigt ein Beispiel für eine morphologische Matrix zum Oberbegriff Sofa.

Auf Basis dieser fünf Prinzipien wurden unterschiedliche Techniken entwickelt, die auch in der Praxis gut angewendet werden können. Besonders oft eingesetzt werden dabei das Brainstorming und das Mind Mapping. Beide Techniken werden im Folgenden näher beschrieben.

Tab. 12.1 Morphologische Matrix

	Modell 1	Modell 2	Modell 3
Material	Stoff	Leder	Kunstleder
Farbe	Braun	Schwarz	Beige
Anzahl Sitzplätze	2	3	5

Nun stellt sich die Frage, warum die dargestellten Techniken zur Förderung von Kreativität beitragen. Dazu ist es sinnvoll die Techniken im Kontext des Prozessmodells zur Kreativität von Amabile (1996) zu betrachten (siehe Kap. 1) (Abb. 12.3).

Das Brainstorming, dem vor allem der Prozess des freien Assoziierens zugrunde liegt, kann sich demnach sehr positiv auf die Phase III der Ideengenerierung auswirken. In der Phase der Ideengenerierung geht es vor allem darum, verschiedene Lösungsmöglichkeiten zu einem Problem zu entwickeln. Brainstorming kann in dieser Phase dazu beitragen, dass Mitarbeiter*innen ihre Ideen zunächst einmal ungefiltert und ohne Wertung äußern können. Insbesondere die Quantität der geäußerten Ideen ermöglicht dabei das Durchspielen vieler verschiedener Lösungsansätze. Die drei unterstützenden Faktoren des Modells von Amabile (1996) definieren zudem optimale Bedingungen, unter denen das Brainstorming ablaufen sollte: Erstens sollte der/die Moderator*in des Brainstormings zu Beginn eine positive Motivation für die Aufgabe aufbauen. Dazu kann es hilfreich sein, wenn seitens des Managements die Wichtigkeit der Aufgabe verdeutlicht wird. Zweitens sollten beim Brainstorming Mitarbeiter*innen mit hohen fachbezogenen Fähigkeiten anwesend sein, um eine hohe Expertise zu gewährleisten. Schließlich sollten alle Anwesenden kreativitätsrelevante Fähigkeiten wie z. B. Offenheit für Erfahrungen mitbringen.

Ebenfalls sinnvoll in der Phase III des Modells von Amabile (1996) kann der Einsatz der Mind-Mapping-Methode sein. Durch Visualisierung werden beim Mind-Mapping

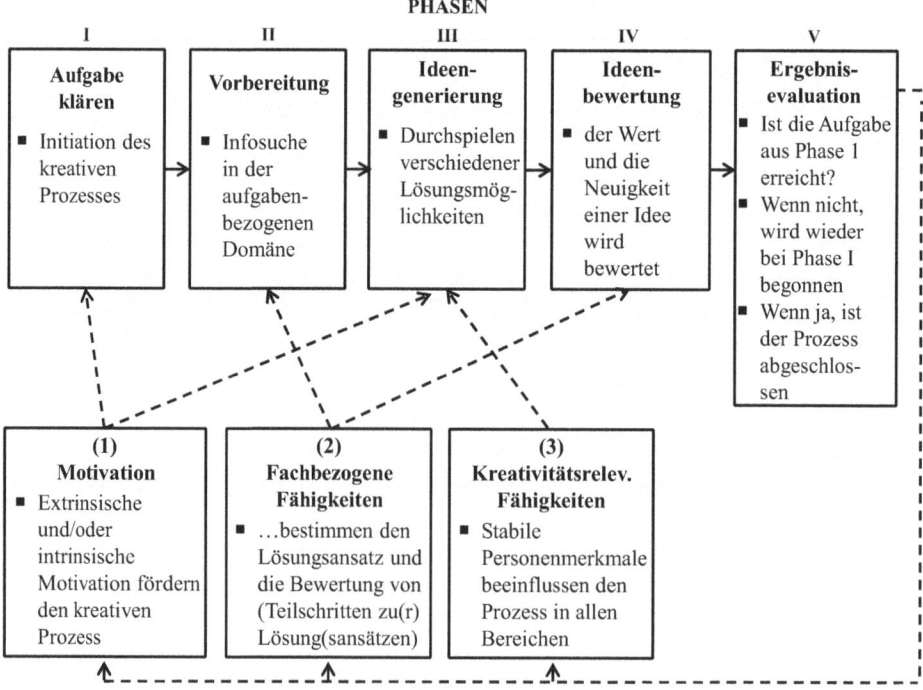

Abb. 12.3 Modell von Amabile (1996)

komplexe Zusammenhänge optisch dargestellt. Dadurch kann sich beispielsweise ein strukturierter Überblick über verschiedene Lösungsmöglichkeiten verschafft werden. Durch das Sichtbarmachen der verschiedenen Lösungsansätze können Zusammenhänge zwischen einzelnen Ideen erschlossen und weitere ergänzende Ideen generiert werden.

12.4 Empirische Befunde

Wang und Horng (2002) untersuchten die Effektivität von Kreativitätstrainings. Im Rahmen eines Pretest-Posttest-Designs wurde der Zusammenhang zwischen Kreativität und Leistungen von Mitarbeiter*innen der Forschungs- und Entwicklungsabteilung (F&E) und eines zuvor durchgeführten Trainings zur Förderung von kreativen Lösungsprozessen untersucht. Grundlage des Trainings bildete das Creative Problem Solving (CPS)-Programm (s. u.) von Osborn (1963). Das Programm beinhaltet sechs Schritte, die auf dem Weg zu einer kreativen Problemlösung durchlaufen werden sollen: 1) Identifikation der Teilprobleme; 2) Identifikation und Beschreibung des Problems; 3) Entwicklung alternativer Lösungen; 4) Bewertung von Lösungen; 5) Umsetzung/Implementierung der Lösungen; 6) Verkauf der Lösungen. Die Teilnehmer*innen sollten bei diesem Training bei den Schritten 1, 3 und 5 Ideen und Lösungen durch die Methode des Brainstormings entwickeln. In den Schritten 2, 4 und 6 sollen die besten Ideen durch andere Methoden ausgesucht und bewertet werden. Die Probleme, welche in dem Training Verwendung fanden, wurden von den Teilnehmer*innen selbst gesucht und gestellt und waren unabhängig von der Arbeit in der F&E. Das Training wurde zunächst an zwei Tagen durchgeführt. Anschließend folgten in den darauffolgenden Monaten noch einmal drei dreistündige Follow-Up-Sitzungen, bei denen ebenfalls Probleme nach der CPS-Methode gelöst werden sollten. Zur Erhebung des Kreativitätsniveaus wurden vor und nach dem Training der Torrance Test of Creative Thinking (siehe auch Kap. 4) und der Meyers-Briggs Type Indicator durchgeführt. Die Ergebnisse der Untersuchung zeigten, dass die Teilnehmer*innen mehr und unterschiedlichere Ideen generieren konnten. Zudem wurden mehr Anfragen und Beschwerden hinsichtlich technischer Probleme bearbeitet. Bei der Kontrollgruppe, die kein Training erhielt, zeigten sich diese Effekte nicht.

In einer weiteren Studie untersuchte Wang (2019), wie sich die CPS-Methode in einem Kreativitätstraining auf das Lernen in Englischklassen auswirkt. Um das Kreativitätsniveau der Schüler*innen vor und nach dem Trainingsprojekt zu messen, wurde ebenfalls der Torrance Test of Creative Thinking verwendet. Über vier Monate hinweg, sollten die Schüler*innen vier Aufgaben zum kreativen Schreiben absolvieren, bei denen sie nach der CPS-Methode vorgehen sollten. Die Schüler*innen berichteten nach Abschluss des Trainingsprojektes, dass sie ein positives Gefühl bei der Anwendung der CPS-Methode hinsichtlich ihrer Englischkenntnisse, dem kreativen Denken, der Unterrichtsteilnahme und dem Austausch hatten. Die Studie zeigt daher, dass sich die CPS-Methode auch im pädagogischen Rahmen des Englischunterrichtes erfolgreich anwenden lässt.

In den meisten Studien, die die Wirkung von Kreativitätstrainings untersuchen, wird sich die Ebene der Mitarbeiter*innen angeschaut. Eine Ausnahme stellt hier die Studie von Puccio et al. (2018) dar, welche die Wirkung der CPS-Methode auf Teamebene untersucht hat. Die Ergebnisse zeigen, dass die Teams, die an einem Kreativitätstraining teilgenommen haben, signifikant mehr Ideen generiert haben als Teams, die kein Training hatten. Zudem wurden die Führungskräfte als effektiver wahrgenommen, wenn sie an einem Kreativitätstraining teilgenommen haben.

In einer Metaanalyse von Scott et al. (2004) wurde die Effektivität von Trainingsprogrammen zur Steigerung von Kreativität auf der Basis von 70 Primärstudien untersucht. Die Studien, die aufgrund von festgelegten Kriterien ausgewählt wurden, ergaben eine gesamte Stichprobengröße von 4210 Teilnehmer*innen und lieferten 97 Effektgrößenschätzungen. Als Kriterien wurden unterschiedliche Komponenten von Kreativität herangezogen, die zu vier Kategorien zusammenfasst wurden: 1) „divergentes Denken" (divergent thinking; $n = 37$), 2) „Problemlösung" (problem solving; $n = 28$), 3) „kreative Leistung" (performance; $n = 16$) sowie 4) „Einstellungen zu Kreativität und kreatives Handeln" (attitudes and behavior; $n = 16$). Die Ergebnisse der Meta analyse belegten die generelle Effektivität von gut konzipierten Kreativitätstrainingsprogrammen. Die Maßnahmen haben sich über unterschiedliche Stichproben und Settings hinweg als wirksam erwiesen. Bezüglich der untersuchten Kriterien zeigten die Kreativitätstrainings vor allem starke Effekte auf „divergentes Denken" ($\Delta = 0{,}75$; $SE = 0{,}11$) und hier insbesondere auf die Originalität der Ideen ($\Delta = 0{,}81$; $SE = 0{,}11$) und „Problemlösen" ($\Delta = 0{,}84$; $SE = 0{,}13$). Auch die beiden weiteren Kreativitätskomponenten „kreative Leistung" ($\Delta = 0{,}35$; $SE = 0{,}11$) und „Einstellungen zu Kreativität und kreatives Handeln" ($\Delta = 0{,}24$; $SE = 0{,}13$) konnten von den Trainings profitieren, wenn auch in einem geringeren Ausmaß. Des Weiteren befasste sich diese Metaanalyse mit der Untersuchung von Faktoren, die zur relativen Effektivität der Kreativitätstrainingsmaßnahmen beitragen: Was macht ein erfolgreiches Kreativitätstraining aus? Im Hinblick auf die zugrunde liegenden theoretischen Modelle hat sich insbesondere der kognitive Ansatz bewährt: Die Ergebnisse der Metaanalyse belegten, dass eine stärkere Fokussierung auf die Entwicklung von kognitiven Fertigkeiten (vor allem solcher wie Problemerkennung, Herstellung von gedanklichen Verknüpfungen und Ideengenerierung) einen wichtigen Beitrag zur Effektivität von Kreativitätstrainings leistet. Ebenfalls als vorteilhaft erwies sich die Fokussierung auf die anwendungsbezogenen Problemlösestrategien und Heuristiken. Darüber hinaus wurde der Effekt von Kreativitätstrainings durch den Einsatz systematisch-analytischer Techniken verstärkt (im Gegensatz zu intuitiv-explorativen Techniken z. B. in den Bereichen Ausdruck oder Visualisierung). Der Einsatz realitätsnaher und kontextbezogener praktischer Übungen zeigte sich als ein weiterer Faktor, der zur Effektivität von Kreativitätstrainings beisteuert. Die Ergebnisse der Metaanalyse von Scott et al. (2004) werden in dem Review von Valgeirsdottir and Onarheim (2017) gestützt. Die Autoren legten bei der Studienauswahl die gleichen Kriterien wie Scott et al. (2004) zugrunde und sichteten 22 Studien zur Effektivität von Kreativitätstrainings. Berücksichtigt werden muss allerdings, dass nur vier dieser Studien den Bewertungskriterien entsprachen.

12.5 Praktische Beispiele

Creative Problem Solving ist ein bekanntes Programm zur Förderung von Kreativität, das sowohl bei Einzelpersonen als auch bei (kleineren oder größeren) Gruppen unterschiedlicher Altersstufen und in unterschiedlichen Kontexten eingesetzt werden kann. Es umfasst die grundlegenden Schritte des kreativen Problemlösens (a. Problem definieren, b. Ideen generieren, c. Lösung(en) finden, d. Handlungsplan entwickeln) und eine Vielzahl von Einzelmethoden. Dieses Programm wurde in den 1950ern von Alex Faickney Osborn ausgearbeitet und seitdem mehrmals weiterentwickelt. Die aktuellste Version von Creative Problem Solving ist „CPS version 6.1TM" (Isaksen und Treffinger 2004). In den Kreativitätstrainings nach diesem Modell wird mit realistischen Problemstellungen gearbeitet. Dabei geht man in acht Einzelschritten vor, die zu vier Basiselementen von CPS 6.1TM zusammengefasst werden (Abb. 12.4).

Thompson (2001) berichtet von drei Fällen, bei denen das CPS erfolgreich angewendet wurde. Im Folgenden soll ein Fall exemplarisch vorgestellt werden. Die Ausgangssituation bestand darin, dass die Instandhaltungskosten des Unternehmens recht hoch waren. Ziel war nun im ersten Schritt, die Gründe für die hohen Kosten aufzudecken. An dem Training nahmen Führungskräfte unterschiedlicher Ebenen teil. Das Training dauerte insgesamt einen Tag. Am Vormittag lag der Schwerpunkt des Trainings darauf, Gründe für die hohen Instandhaltungskosten zu definieren. Dazu wurden im ersten Schritt im Rahmen eines Brainstormings zunächst ganz allgemein Gründe für die hohen Kosten gesammelt. Das

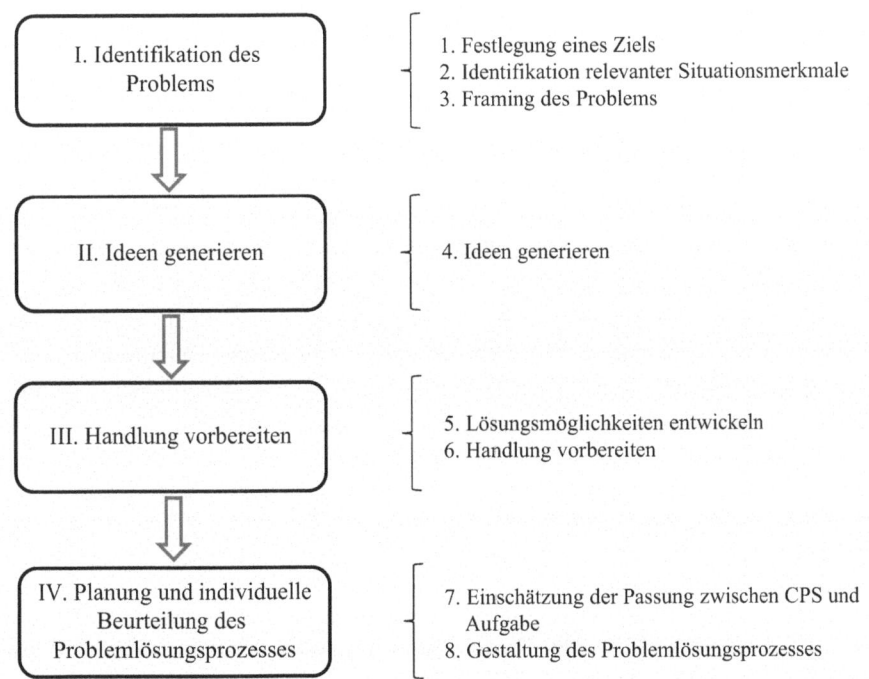

Abb. 12.4 Creative problem solving (Isaksen und Treffinger 2004)

Brainstorming wurde jeweils in Zweierteams durchgeführt. Anschließend wurden die Ideen zusammengetragen und im Plenum diskutiert. Daraus wurden sechs Haupteinflussfaktoren definiert und auf die Kernaussage „sich um die Anlage kümmern" reduziert. Auf Basis dieser Leitidee wurde die Methode des „wishful thinking" (Wunschdenkens) angewandt. Dabei sollten die Teilnehmer*innen Ideen mit dem Satz einleiten „Wäre es nicht toll, wenn …". Diese Aufgabe führte dazu, dass die Teilnehmer*innen sich vor allem auf zwischenmenschliche Prozesse fokussierten und weniger auf Faktoren, die die Maschinen an sich betreffen. Der Aspekt „people interacting, understanding and sharing knowledge and information" wurde als wichtiger Faktor für weitere Überlegungen identifiziert. Anschließend sollten die Teilnehmer*innen mit Hilfe von u. a. Brainstorming und Brainwriting Ideen generieren, wie man diesen Aspekt konkret umsetzen könnte bzw. welche Verbesserungen hinsichtlich dieser Thematik notwendig wären. Anschließend war das Training beendet. Um weitere konkrete Ideen zu entwickeln, wäre noch ein weiterer Austausch zwischen den Mitarbeiter*innen notwendig. Das Training leistete dennoch einen wichtigen Beitrag auf der Stufe sechs (Handlung vorbereiten) des CPS.

> **Beraterstory**
> Frau Dr. Wehmeier erreichte vor einem Jahr die Anfrage eines großen Softwareentwicklers, die Förderung der Kreativität im Unternehmen zu unterstützen. Dabei sollten folgende Rahmenbedingungen erfüllt werden: Zunächst sollten bestimmte Führungskräfte trainiert werden, der Zeitrahmen für das Training sollte zwei Tage betragen, ausgewählte HR Mitarbeiter*innen des Unternehmens sollten das Training mitgestalten und die Teilnehmer*innen sollten in der Lage sein, nach dem Training ihre entwickelten kreativitätsfördernden Kompetenzen zielgerecht im Arbeitsprozess anzuwenden. Frau Dr. Wehmeier vereinbarte zunächst ein Meeting mit allen Verantwortlichen zur konkreten Abstimmung und Realisierung des Trainings. Im Meeting präsentierte sie mögliche Inhalte und methodische Überlegungen (u. a. unterschiedliche Kreativitätstechniken im Kontext des Prozessmodells von Amabile (1996)). Anwesende des Unternehmens gaben Feedback mit besonderem Augenmerk auf die Aufgaben der Führungskräfte. Nach weiteren Telefonkonferenzen stimmten alle Erwartungen an das Kreativitätstraining mit der Konzeption von Frau Dr. Wehmeier überein, sodass sie nun die letzten Vorbereitungen für die baldige Durchführung traf: Powerpoint-Präsentation und Trainerleitfaden erstellen, Teilnehmer*innenlisten anlegen sowie benötigte Materialien wie z. B. Flipchart organisieren.

Literatur

Amabile TM (1996) Creativity and innovation in organizations. Harvard Business School, Boston
Amabile TM, Gryskiewicz ND (1989) The creative environment scales: work environment inventory. Creat Res J 2:231–253

Anderson NR, West MD (1998) Measuring climate for work group innovation: development and validation of the team climate inventory. J Organ Behav 19:235–258

Collins MA, Amabile TM (1999) Motivation and creativity. In: Sternberg RJ (Hrsg) Handbook of creativity. Cambridge University Press, Cambridge, S 297–312

Cropley AJ (1997) Fostering creativity in the classroom: general principals. In: Runco MA (Hrsg) Handbook of creativity research, Bd 1. Ablex, Norwood, S 83–114

Diehl M, Stroebe W (1987) Productivity loss in brainstorming groups: toward the solution of a riddle. J Pers Soc Psychol 53:497–509

Eisenberger R, Shanock L (2003) Rewards, intrinsic motivation, and creativity: a case study of conceptual and methodological isolation. Creat Res J 15:121–130

Ekvall G, Ryhammer L (1999) The creative climate: its determinants and effects at a Swedish university. Creat Res J 12:303–310

Ericsson KA, Charness W (1994) Expert performance: its structuring and acquisition. Am Psychol 49:725–747

Fasko D (2001) Education and creativity. Creat Res J 13:317–328

Feldman DH (1999) The development of creativity. In: Sternberg RJ (Hrsg) Handbook of creativity. Cambridge University Press, Cambridge, S 169–188

Guilford JP (1950) Creativity. Am Psychol 5:444–454

Guilford JP (1959) Traits of creativity. In: Anderson HH, Anderson MS (Hrsg) Creativity and its cultivation, addresses presented at the interdisciplinary symposia on creativity. Michigan State University East Lansing, Harper, S 142–161

Isaksen S, Treffinger DJ (2004) Celebrating 50 years of reflective practice: versions of creative problem solving. J Creat Behav 38(2):75–101

Kabanoff B, Rossiter JR (1994) Recent developments in applied creativity. Int Rev Ind Organ Psychol 9:283–324

King N, Anderson N (1990) Innovation in working groups. In: West MA, Farr JL (Hrsg) Innovation and creativity at work. Wiley, New York, S 81–100

Kurtzberg TR, Amabile TM (2001) From Guilford to creative synergy: opening the black box of team level creativity. Creat Res J 13:285–294

Montouri A (1992) Two books on creativity. Creat Res J 5:199–203

Mumford MD, Mobley MI, Uhlman CE, Reiter-Palmon R, Doares L (1991) Process analytic models of creative capacities. Creat Res J 4:91–122

Nickerson RS (1999) Enhancing creativity. In: Sternberg RJ (Hrsg) Handbook of creativity. Cambridge University Press, Cambridge, S 392–430

Osborn AF (1963) Applied imagination: principles and procedures of creative problem-solving. Scribner, New York

Preiser S, Buchholz N (2004) Kreativität. Ein Trainingsprogramm für Alltag und Beruf. Asanger, Heidelberg

Puccio GJ, Burnett C, Acar S, Yudess JA, Holinger M, Cabra JF (2018) Creative problem solving in small groups: the effects of creativity training on idea generation, solution creativity, and leadership effectiveness. J Creat Behav

Scott G, Leritz LE, Mumford MD (2004) The effectiveness of creativity training: a quantitative review. Creat Res J 16(4):361–388

Thompson G (2001) The reduction in plant maintenance costs using creative problem-solving principles. Proc Inst Mech Eng Part E 215 (3):185–195

Torrance EP (1972) Can we teach children to think creatively? J Creat Behav 6:114–143

Valgeirsdottir D, Onarheim B (2017) Studying creativity training programs: a methodological analysis. Creat Innov Manag 26(4):430–439

Wack OG, Detlinger G, Grothoff H (1993) Kreativ sein kann jeder. Kreativitätstechniken für Leiter von Projektgruppen, Arbeitsteams, Workshops und von Seminaren. Ein Handbuch zum Problemlösen. Windmühle, Hamburg

Wang C (2019) Fostering learner creativity in the English L2 classroom: application of the creative problem-solving model. Think Skills Creat 31:58–69

Wang C, Horng R (2002) The effects of creative problem solving training on creativity, cognitive type and R&D performance. R&D Manag 32:35–45

Weisberg RW (1999) Creativity and knowledge: a challenge to theories. In: Sternberg RJ (Hrsg) Handbook of creativity. Cambridge University Press, Cambridge, S 226–251

Zuckerman H (1974) The scientific elite: nobel Laureates' mutual influence. In: Albert RS (Hrsg) Genius and eminence. Pergammon Press, New York, S 171–186

Interkulturelle Trainings

13

Sandra Flasche, Mathias Diebig und Ute Poethke

13.1 Einführung

„Interkulturelle Kompetenz ist im Zuge der Internationalisierung und Globalisierung unserer Gesellschaft inzwischen als eine zentrale Schlüsselqualifikation anerkannt" (Thomas 2009, S. 128). Auch für Organisationen und ihre Mitglieder wird diese Kompetenz immer wichtiger, da Unternehmen immer öfter nicht nur regional oder national, sondern europa- oder sogar weltweit agieren. Neben dieser Internationalisierung der Unternehmenstätigkeit liegt ein weiterer Grund für die Bedeutsamkeit interkultureller Kompetenz auch in der Tatsache, dass sich Belegschaften nicht nur hinsichtlich altersbezogener Aspekte, sondern auch ethnisch und kulturell immer weiter ausdifferenzieren. So kommt es dazu, dass Mitarbeiter*innen in ihren Unternehmen oft mit Kolleginnen und Kollegen verschiedener Nationen und Kulturen in Teams zusammenarbeiten (internationale bzw. multikulturelle Teams) oder „heimische" Mitarbeiter*innen z. B. zu Vertragsverhandlungen oder Projektarbeiten in fremde Kulturen entsandt werden. Sogenannte Expatriates sind für einen längeren Zeitraum im Ausland tätig (Felfe 2012). In diesem Zusammenhang bezeichnet interkulturelle Kompetenz diejenige Schlüsselqualifikation, welche ein erfolgreiches und innovationsförderliches Arbeiten im Kontext von Personen aus verschiedenen Kulturen ermöglicht und fördert.

S. Flasche
Land Nordrhein-Westfalen, Nordrhein-Westfalen, Deutschland

M. Diebig
Universität Düsseldorf, Düsseldorf, Deutschland

U. Poethke (✉)
Bildungs- und Wissenschaftszentrum der Bundesfinanzverwaltung (BWZ), Münster, Deutschland
E-Mail: ute.poethke@bwz.bund.de

Treffen in der Arbeitswelt Mitarbeiter*innen, Geschäfts- oder Verhandlungspartner*innen verschiedener Nationen und Kulturen aufeinander, können vielerlei Probleme auftreten. Diese entstehen nicht allein durch die Tatsache, dass Arbeits- oder Geschäftspartner*innen nicht die gleiche Sprache sprechen. Unterschiedliche Wertvorstellungen, divergierende Denk- und Handlungsweisen sowie verschiedene Konzepte von Führung, Zeit oder Verhandlungen sind nur einige der Quellen, die zu Problemen, Spannungen und Divergenzen führen können (Kühlmann und Stahl 2006). Störungen in der Kommunikation und Verständnisprobleme, die einzig und allein auf differierende Sprachen zurückzuführen sind, stellen also nur einen – und dazu den wohl am einfachsten zu behebenden – Problembereich dar. Eine gemeinsame Sprache zu sprechen ist dabei aber natürlich eine Grundvoraussetzung für eine erfolgreiche Verständigung und Kommunikation. Sprache ist ein überaus kulturspezifisches Medium (Berry et al. 2002), denn wie ein Sender Nachrichten in sprachliche und nicht-sprachliche Zeichen (z. B. Gestik und Mimik) verschlüsselt und wie ein*e Empfänger*in diese daraufhin entschlüsselt, hängt von den in der jeweiligen Kultur verbindlichen Übersetzungsregeln ab (Kühlmann und Stahl 2006).

Es liegt im Interesse aller, die Voraussetzungen dafür zu schaffen und vorbereitende Maßnahmen dafür zu ergreifen, dass das Arbeiten mit Personen aus unterschiedlichen Kulturkreisen erfolgreich und ohne Missverständnisse ablaufen kann. Wie man interkulturelle Kompetenz und andere erfolgsrelevante Qualifikationen entwickeln kann und welche Lern- und Entwicklungsprozesse von Bedeutung sind, wird im Folgenden dargestellt. Nach einer allgemeinen Definition von interkultureller Kompetenz werden zentrale Theorien und Modelle vorgestellt, die eine Klassifikation verschiedener Trainingsformen zur Förderung interkultureller Kompetenz erlauben. Abschließend werden Befunde zur Wirksamkeit interkultureller Trainings vorgestellt.

13.2 Begriffsverständnis

Die interkulturelle Kompetenz eines Menschen „zeigt sich […] in der Fähigkeit, die kulturelle Bedingtheit der Wahrnehmung, des Urteilens, des Empfindens und des Handelns bei sich selbst und bei anderen Personen zu erfassen, zu respektieren, zu würdigen und produktiv zu nutzen" (Thomas 2009, S. 130).

Nach Hatzer und Layes (2003) sind Menschen mit ausgeprägter interkultureller Kompetenz dazu in der Lage, Fremdheit und Andersartigkeit in ihrer kulturellen Bedingtheit wahrzunehmen und als bedeutsam für Interaktionen zu bewerten. Dazu müssen Kenntnisse über das Orientierungssystem der fremden Kultur sowie dessen Wirkung auf das Verhalten der Menschen erlangt werden. Ein*e interkulturell kompetent Handelnde*r ist außerdem dazu bereit, „fremde" divergierende Denk- und Verhaltensgewohnheiten zu respektieren und in Bezug auf die Einbettung in die fremde Kultur und deren Entwicklung anzuerkennen (Hatzer und Layes 2003). Er/sie muss in diesem Zusammenhang auch wissen und nachvollziehen können, wie sein/ihr eigenes kulturelles Orientierungssystem ausgeprägt ist und wie dadurch sein/ihr Denken und Verhalten beeinflusst wird (Hatzer und Layes 2003). Interkulturelle Kompetenz zeigt sich weiterhin darin zu verstehen, welche Auswirkungen es für das gegenseitige Verständnis (z. B. in Interaktionen) hat, wenn die eigene und eine fremde Kultur aufeinandertreffen, sowie daraufhin sensibel auf den/die Partner*in einer fremden Kultur einzugehen und dessen/deren kulturspezifische Anschauungen und Betrachtungsweisen teilweise zu übernehmen (Hatzer und Layes 2003).

Interkulturelle Kompetenz ist die „notwendige Voraussetzung für eine angemessene, erfolgreiche und für alle Seiten zufriedenstellende Kommunikation, Begegnung und Kooperation zwischen Menschen aus unterschiedlichen Kulturen" (Thomas 2009, S. 130). Ihre Entwicklung erfordert die Bereitschaft, sich aus einer wertschätzenden Haltung heraus mit fremden Kulturen und Orientierungssystemen auseinanderzusetzen und diese nicht vorschnell als defizitär oder falsch abzutun (Thomas 2009). *Kulturelle Wertschätzung* wird von Thomas (2009) als eine innere Grundhaltung beschrieben, die fremd erscheinenden, kulturell bestimmten Verhaltensweisen und Reaktionen eines*r Interaktionspartners*in erst einmal für genauso wertvoll und akzeptabel zu halten wie die eigenen, „um dann auf einer vergleichenden Analyse der Funktionalität so entstandener multiperspektivischer Erklärungs- und Problemlösungsansätze Nutzen ziehen zu können" (S. 130).

Interkulturelle Kompetenz beschränkt sich folglich nicht nur darauf, spezifisches Kulturwissen einfach abrufen zu können, sondern beinhaltet auch die Berücksichtigung einer fremden Perspektive für entsprechende Verhaltensweisen (Hatzer und Layes 2003; Thomas 2009). Sie entwickelt sich aus einem interkulturellen Begegnungs- und Erfahrungsprozess heraus, der sehr lernintensiv ist (Thomas 2003). *Interkulturelles Lernen* findet dabei dann statt, wenn „eine Person bestrebt ist, im Umgang mit Menschen einer anderen Kultur, deren spezifisches Orientierungssystem der Wahrnehmung, des Denkens, des Wertens und des Handelns zu verstehen, in das eigenkulturelle Orientierungssystem zu integrieren und auf sein Denken und Handeln im fremdkulturellen Handlungsfeld anzuwenden" (Thomas 2009, S. 141). Erfolg zeigt dieses Lernen dann, wenn kulturdivergente Orientierungssysteme handlungswirksam zusammengeführt werden können und so ein erfolgreiches und zielführendes Handeln sowohl in der eigenen als auch der Fremdkultur möglich ist (Thomas 2009).

Interkulturelles Lernen und die Entwicklung interkultureller Kompetenz lassen sich in interkulturellen Trainings fördern. Unter *interkulturellem Training* werden dabei alle „systematisch durchgeführten Trainingsmaßnahmen im Rahmen der internationalen Personalentwicklung, die der Vermittlung interkultureller Kompetenz dienen", verstanden (Herbrand 2002, S. 47). Dabei basieren alle Trainingskonzepte auf der Annahme, dass Kultur „nicht angeboren, sondern erlernt ist, und somit auch gelehrt oder trainiert werden kann" (Herbrand 2002, S. 47).

13.3 Theorien zur Entwicklung interkultureller Kompetenz

Interkulturelle Kompetenz ist nicht einfach ein natürliches und wie von selbst entstehendes Ergebnis eines längeren Auslandsaufenthaltes („learning by doing"), sondern ein mühevoller Prozess interkulturellen Lernens und somit ein die gesamte Persönlichkeit formender Entwicklungsprozess (Thomas 2009).

Wissenschaftliche Forschungsarbeiten zu den Lern- und Entwicklungsverläufen interkultureller Kompetenz gibt es nur wenige. Thomas (2009) postuliert ein Verlaufsmodell für die Entwicklung interkultureller Kompetenz, in dem der Lernfortschritt der Trainingsteilnehmer*innen in Abhängigkeit von der Lern- bzw. Entwicklungszeit betrachtet wird. Das Modell umfasst sechs Stufen der Kompetenzentwicklung, die sich im Kontext von Trainingsverläufen gut beobachten lassen. Der Lernfortschritt wird dabei von verschiedenen lernwirksamen Faktoren beeinflusst. Abb. 13.1 gibt einen Überblick über die aufeinander aufbauenden Entwicklungsschritte der interkulturellen Kompetenz.

Im Folgenden sollen die sechs Entwicklungsstufen des Modells von Thomas (2009) näher erläutert werden.

I. **Personal- und Umweltfaktoren**
   Im Laufe seines Lebens baut ein Individuum durch persönliche Entwicklung und Enkulturations- und Sozialisationsprozesse Ressourcen auf, die es ihm möglich machen, in kulturellen Überschneidungssituationen zielgerichtet zu handeln (Thomas 2009).

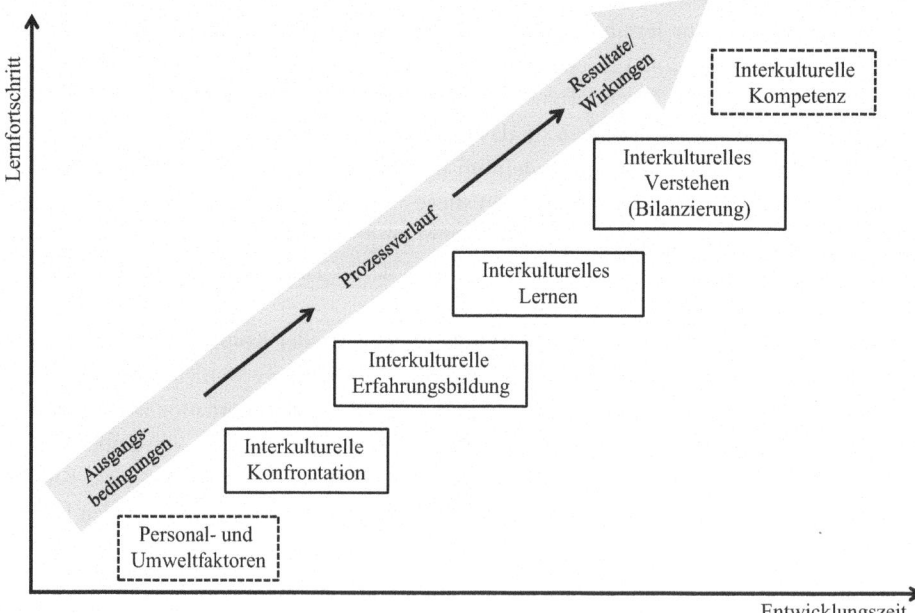

Abb. 13.1 Entwicklung der interkulturellen Kompetenz in Anlehnung an Thomas (2009)

Wichtige *Personalfaktoren* sind, zum Beispiel, Erfahrungen und die u. a. daraus resultierenden Wertvorstellungen, Selbst- und Fremdbilder sowie Menschen- und Weltbilder (Thomas 2009). Ebenso von Relevanz sind stabile Persönlichkeitsmerkmale. Insbesondere für Selbstsicherheit, Reflexivität, Flexibilität, Neugier, Ambiguitätstoleranz, Perspektivenwechsel und Empathie wurden Zusammenhänge mit der Bewältigung interkultureller Überschneidungssituationen festgestellt (Deller 2000; Kühlmann 1995; Stahl 1998). Zu den *Umweltfaktoren* zählen die kulturspezifisch bestimmten Faktoren der gegenständlichen (z. B. Umgang mit Raum und Zeit) und der sozialen Umwelt (z. B. Status und Rolle der Handelnden in sozialen Netzwerken), die im Individuum verinnerlicht sind (Thomas 2009).

II. **Interkulturelle Konfrontation**

Zentraler Ausgangspunkt für den Prozess interkulturellen Lernens ist die Konfrontation mit Verhaltensweisen von Interaktionspartner*innen, die das Individuum – aufgrund kultureller Unterschiede – als erwartungswidrig, unverständlich oder fremdartig empfindet (Kammhuber 2000; Thomas 2005). Anstatt dem „fremden" Verhalten direkt bewertend und vielleicht sogar abwertend entgegenzutreten, ist es für den Lernprozess von entscheidender Relevanz, dass das Individuum sich bereit dafür zeigt, sich auf sein Gegenüber und dessen Verhaltensweisen einzulassen, die Situation zu reflektieren und sie auch aus der Sicht des fremden Partners zu beurteilen. Voraussetzung für diesen Schritt ist das Vorhandensein von Fähigkeiten zum Perspektivenwechsel, Neugier und Offenheit für Neues, Ambiguitätstoleranz und insbesondere Empathie (Thomas 2009).

III. **Interkulturelle Erfahrungsbildung**

Individuen sammeln interkulturelle Erfahrungen, indem sie in kulturelle Überschneidungssituationen und interkulturelle Begegnungen eingebunden werden. Dies kann in direkter Form, z. B. durch das Aufeinandertreffen von Personen verschiedener Kulturen, oder in indirekter Art, z. B. durch in einem Vortrag vermittelte Informationen, geschehen (Thomas 2009). Beides hat den Effekt, dass man sich mit Aspekten des Eigenen und des Fremden beschäftigt und Vergleiche derselben vornimmt. In Bezug auf das interkulturelle Lernen können Erfahrungen mit *kritischen Interaktionssituationen* als besonders lernerfolgsversprechend hervorgehoben werden. Darunter werden Situationen verstanden, in denen der Partner aus einer anderen Kultur sich für das Individuum unerwartet, ungewöhnlich, unvertraut und unverständlich verhält und die dadurch eine Bandbreite verschiedener Reaktionen und Emotionen beim Individuum hervorrufen können: von Nachdenklichkeit über Irritation bis hin zu Verärgerung, Verzweiflung und eventuell sogar aggressivem Verhalten (Thomas 2009).

IV. **Interkulturelles Lernen**

Drei Voraussetzungen müssen erfüllt sein, um interkulturelles Lernen anzustoßen: Individuen müssen erwartungswidriges Verhalten zwischen Personen verschiedener Kulturen wahrnehmen, dieses Ereignis als durch die jeweiligen Kulturen der Personen bestimmt interpretieren und diese „kulturspezifische Determiniertheit" (Thomas 2009, S. 134) akzeptieren. Dabei sind das *Informieren* und das *Reflektieren* zwei grundlegende Prozesse, die sowohl auf das Verständnis der eigenen als auch der fremden Kultur Bezug nehmen müssen. Indem Individuen sich ein Faktenwissen über die beteiligten Kulturen aufbauen, sich über Gemeinsamkeiten sowie Unterschiede zwischen Eigen- und Fremdkultur bewusst werden, und ein Prozesswissen hinsichtlich der Handlungsrelevanz solcher vergleichenden Prozesse erwerben, kann interkulturelles Lernen stattfinden (Thomas 2009).

V. **Interkulturelles Verstehen**
Interkulturelles Lernen ist erfolgreich, wenn folgende Aspekte in der Lernbilanz realisiert wurden (Thomas 2009):

Kulturäquivalente Verhaltensattribuierung: Das Verhalten seines*r fremden Interaktionspartners*in wird so verstanden, wie es dessen/deren Kultur und Orientierungssystem entspricht.

Erweiterung des Selbstkonzepts: Die Relevanz der eigenen Kultur für das eigene Denken, Empfinden und Handeln wird erkannt.

Erweiterung des Repertoires an Verhaltensalternativen: Es wurden Möglichkeiten zur aktiven Gestaltung der entstehenden interkulturellen Situation durch vertieftes Verstehen der fremden Kultur erworben.

Erweiterung des Repertoires an Erklärungsalternativen: Vor der Reaktion auf fremdartige Verhaltensweisen können verschiedene Erklärungsmöglichkeiten generiert werden.

Interkulturelle Orientierungsklarheit: Es besteht ein besseres Verständnis für das fremdkulturelle Orientierungssystem.

Potenzial zum kulturäquivalenten Handeln: Es besteht das Gefühl der Zuversicht über ausreichende Ressourcen zu verfügen, um auch kritische und konflikthafte kulturelle Überschneidungssituationen zu bewältigen.

VI. **Interkulturelle Kompetenz**
Der erfolgreiche interkulturelle Entwicklungs- und Lernprozess endet in dessen letztendlichem Ziel: der interkulturellen Kompetenz. Der Handelnde ist in der Lage, sich auf Basis seines Wissens und Verständnisses das eigen- und fremdkulturelle Orientierungssystem in kulturellen Überschneidungssituationen so zu verhalten, dass „die in der Interaktion mit fremdkulturellen Partnern sich bietenden kulturellen Ressourcen optimal genutzt werden können, sodass eine in Teilen neuartige Interkultur entsteht, die es erlaubt, die individuellen eigenen Handlungsziele und die gemeinsamen Handlungsziele zu optimieren, und das verbunden mit einem Höchstmaß an gegenseitigem Verstehen, wechselseitiger Wertschätzung und Zufriedenheit" (Thomas 2009, S. 136).

13.4 Trainings zur Förderung der interkulturellen Kompetenz

Nachfolgend werden in diesem Abschnitt zunächst allgemeine Informationen und Ziele interkultureller Trainings dargestellt und abschließend verschiedene Trainingsmethoden und Klassifizierungsmöglichkeiten erläutert.

13.4.1 Allgemeine Informationen interkultureller Trainings

Die ersten interkulturellen Trainings entstanden in den 1970er-Jahren in den USA (Kinast 2003). Seitdem nimmt ihre Bedeutung ständig zu. Allgemein gesprochen haben interkulturelle Trainings das Ziel, die interkulturelle Kompetenz der Teilnehmer*innen zu verbessern bzw. zu entwickeln (Felfe 2012). Dabei gibt es Trainingsangebote, die eher *kulturspezifisch* angelegt sind (z. B. landesspezifische Informationen zu Geschichte, Regeln, Etikette), oder solche, die eher *kulturunspezifisch* gehalten sind (z. B. generelle Sensibilisierung für kulturelle Verschiedenheit, Perspektivübernahme, Empathie). Oft bestehen Trainings aus einem Teil, der die allgemeine interkulturelle Sensibilisierung und die Reflexion des eigenen Wertesystems beinhaltet.

Insgesamt soll bei den Teilnehmer*innen eines interkulturellen Trainings das Bewusstsein dafür geschärft werden, dass die eigene Wahrnehmung ganz wesentlich durch das eigene kulturelle Orientierungssystem und Erbe bestimmt und beeinflusst wird (Spahn 2012). Diese Einsicht und ein fundiertes Verständnis für die Kultur des Gegenübers, ist die Grundlage dafür, interkulturelle Konflikte zu umgehen oder sie erfolgreich zu bewältigen (Spahn 2012). Einer der ersten Schritte, der zu diesem Zweck in interkulturellen Trainings unternommen wird, ist es, Einsichten in und Verständnis für kulturelle Unterschiede und Verschiedenheit zu fördern, sodass die Trainingsteilnehmer*innen adäquat und effektiv mit diesen umgehen können (Groenewald 2012). Generell kann ein interkulturelles Training bis hin zu einer Unterstützung von Expatriates im Zielland selbst reichen (Spahn 2012). Durch eintägige länderspezifische Schulungen, in denen oft nur Faktenwissen vermittelt wird, lässt sich hingegen kaum interkulturelle Kompetenz aufbauen.

13.4.2 Ziele interkultureller Trainings

Betrachtet man die Ziele, die mit einem interkulturellen Training verfolgt werden, kann zwischen den Zielen der Organisation auf der einen, und denen des/der Teilnehmenden auf der anderen Seite unterschieden werden.

Organisationen, die ihre Mitarbeiter*innen zum Beispiel ins Ausland entsenden und diese zur Vorbereitung an interkulturellen Trainings teilnehmen lassen, erhoffen sich dadurch, dass ihre Mitarbeiter*innen Know-how über die kulturellen Aspekte und Besonderheiten der Region, in der sie arbeiten werden, erlangen. So können interkulturelle Missverständnisse, Konflikte und eventuell dadurch entstehende Verluste und Kosten vermieden oder minimiert werden (Demmerle et al. 2011). Zu den Zielen von Organisationen zählen außerdem ein schneller und erfolgreicher Zugang zu den ausländischen Märkten sowie eine zügige Internationalisierung, sodass für das Unternehmen Wettbewerbsvorteile entstehen und eine Gewinnmaximierung erreicht wird (Demmerle et al. 2011).

Ziele der an interkulturellen Trainings teilnehmenden Mitarbeiter*innen sind in der Regel ganz anderer Natur. Ihnen geht es darum, *affektive Erträge*, wie z. B. mehr Sicherheit in interkulturellen Kontexten, durch das Training zu erzielen (Demmerle et al. 2011).

Sie erhoffen sich auch *behaviorale Erträge*, die dazu führen, dass sie interkulturelle Verhandlungen oder Projekte erfolgreicher durchführen können, da ihre Fähigkeiten der aktiven Gesprächssteuerung im interkulturellen Kontext ausgebaut wurden. Des Weiteren gehören auch *kognitive Erträge* zu den Zielen der Teilnehmer*innen, da sie sich durch ihre Trainingsteilnahme ein besseres Verständnis des eigenen kulturellen Orientierungs- und Wertesystems im Vergleich zu dem des Partnerlandes versprechen, um so in der Lage zu sein, Berührungs- und eventuelle Konfliktpunkte in der Interaktion zu antizipieren (Demmerle et al. 2011). Ebenso möchten sie konkretes Wissen zu kulturspezifischen Kommunikationsformen, Personalführungstechniken o. ä. erwerben.

13.4.3 Trainingsmethoden und -inhalte

Interkulturelle Trainings zielen immer auf eine Änderung der Einstellungen und Werthaltungen der Teilnehmer*innen, da ein reines Einüben von Verhaltensregeln (z. B. „Wie begrüßt man sich in Japan?") für den Aufbau interkultureller Kompetenz und eine erfolgreiche Interaktion mit und in fremden Kulturen nicht ausreicht (Demmerle et al. 2011). Es kommt darauf an, nicht nur Kenntnisse über das „Wie" fremder Kulturen zu vermitteln (*kulturspezifische Verhaltensregeln*), sondern vor allem auch das dahinterstehende „Warum" (*kulturspezifische Orientierungssysteme*) zu thematisieren. Die Teilnehmer*innen erleben die Vermittlung von spezifischen Handlungs- und Denkweisen sowie impliziten und expliziten Regeln der fremden Kultur als sehr hilfreich, da dieses Wissen ihnen eine erste Orientierung im Kontakt mit dieser Kultur und ihren Menschen bietet (Demmerle et al. 2011). Da die kulturspezifischen Verhaltensweisen einer Kultur jedoch unzählbar sind und deshalb nicht im Ansatz vollständig in einem interkulturellen Training behandelt oder erlernt werden können, sollen die Teilnehmer*innen auch ein Verständnis für das „Warum" erlangen und Antworten auf die Frage „Woher kommt es, dass sich Angehörige einer anderen Kultur so verhalten, wie sie es tun?" erhalten (Demmerle et al. 2011). So ist es zum Beispiel wichtig, nicht nur zu lernen, wie viele Minuten man in einer bestimmten Kultur zu spät kommen darf, um nicht unhöflich zu sein (kulturspezifische Verhaltensregel), sondern auch die Zusammenhänge von kulturellen Werten und Zeitmanagement in der besagten Kultur zu verstehen (kulturspezifisches Orientierungssystem).

13.4.4 Typen interkulturellen Trainings

Nach Gudykunst und Hammer (1983) lassen sich interkulturelle Trainings traditionell danach unterscheiden, ob sie eine allgemeine Sensibilisierung für kulturbedingte Unterschiede (*kulturunspezifisches Training*) erreichen oder ob sie auf eine erfolgreiche Interaktion und Zusammenarbeit mit Partnern aus einer bestimmten Zielkultur vorbereiten sollen (*kulturspezifisches Training*; Thomas 2009). Eine weitere Differenzierung lässt sich dadurch vornehmen, dass man sie in eher *didaktische* (Fokus auf Lern- und Lehrmethoden) oder stärker *erfahrungsorientierte* (Fokus auf selbstgesteuertes und entdeckendes Lernen) Trainings einteilt (Thomas 2009). Im Folgenden sollen vier Typen interkultureller Trainings, die durch Kombination dieser zwei Dimensionen kategorisiert werden können, näher beschrieben werden:

I. **Kulturorientierte interkulturelle Trainings**
Das *kulturorientierte interkulturelle Training* ist kulturunspezifisch und erfahrungsorientiert. Das persönliche Erleben und Verarbeiten kulturell bedingter Ungleichheiten und Differenzen steht im inhaltlichen Fokus (Thomas 2009). Erfahrungs- bzw. erlebnisorientierte Methoden wie Rollenspiele, Simulationen, Selbsterfahrungsübungen oder Fallbeispiele bilden hier die methodische Grundlage („cultural (self-)awareness trainings"; Kinast 2003). Ziel dieses Trainingstyps ist es, den Teilnehmern bewusst und verständlich zu machen, wie die eigene Kultur unser Fühlen, Denken und Handeln, unsere Wahrnehmung und unseren Umgang mit anderen beeinflusst (Berry et al. 2002; Kinast 2003). So sollen sie für Unterschiede im Denken und Handeln von Personen unterschiedlicher Kulturzugehörigkeit sensibilisiert werden (Kinast 2003). Vorteil dieser Art des Trainings ist, dass die Teilnehmer*innen dadurch, dass sie über ihre eigene kulturelle Prägung nachdenken, umfassender aktiviert werden und sich durch den Einsatz erfahrungsorientierter Methoden nicht nur kognitiv, sondern auch emotional mit der Thematik auseinandersetzen (Kinast 2003). Die gezielte Förderung interkultureller Kompetenz steht stärker im Fokus als die reine Vermittlung kulturspezifischer Informationen. Ob der vermittelte und gelernte kulturunspezifische Inhalt im Nachhinein aber auf eine bestimmte Zielkultur angewendet werden kann, ist nicht sicher.

II. **Informationsorientierte interkulturelle Trainings**
Beim *informationsorientierten interkulturellen Training* handelt es sich um ein kulturspezifisches Training, das didaktisch aufbereitet ist. Anhand von Vorträgen, Filmen, schriftlichen Materialien, Erfahrungsberichten oder Fallbeispielen (wissensorientierte Trainingsmethoden; Thomas 2009) werden, zum Beispiel, Informationen über Geschichte, Politik, Wirtschaft, Religion und Bildungssystem des Ziellandes oder Hinweise zur Wohnsituation und Freizeitmöglichkeiten gegeben (Thomas 2009). Neben der Vermittlung wichtiger Daten und Fakten sowie Informationen über die zu erwartenden Lebensverhältnisse und Arbeitssituation (Kinast 2003) werden auch Verhaltensregeln bzw. praktische Handlungsanweisungen, die der Orientierung und erleichterten Integration in einer fremden Kultur bzw. im Gastland dienen sollen (Thomas 2009), thematisiert. Bei diesem Trainingstyp werden auch häufig Personen involviert, die bereits Erfahrungen in der betreffenden Kultur gesammelt haben und den Teilnehmer*innen dann praktische Tipps und Informationen geben können (Kinast 2003). Vorteil des informationsorientierten Trainings ist, dass es das Bedürfnis der Teilnehmenden nach handfesten Informationen stillt, das mit abnehmender Zeit bis zum Auslandsaufenthalt immer weiter steigt. Auf diese Weise wird das Unsicherheitsgefühl der Teilnehmer*innen reduziert (Kinast 2003). Zu den Nachteilen zählen insbesondere die einseitige Nutzung rein kognitiver Lehr- und Lernmethoden sowie

die potenzielle Gefahr, dass die im Training vermittelten Verhaltensregeln vereinfacht und unreflektiert aufgefasst werden (Kinast 2003).

III. **Interaktionsorientierte interkulturelle Trainings**

Der Trainingsinhalt *interaktionsorientierter interkultureller Trainings* ist kulturspezifisch und die eingesetzten Methoden sind erfahrungs- und erlebnisorientiert. Ziel ist es, den Teilnehmer*innen den Einfluss kultureller Faktoren auf die personalen und situativen Determinanten des Erlebens und Verhaltens im direkten Kontakt mit Mitgliedern des spezifischen Ziellandes zu verdeutlichen (Thomas 2009). Dies kann zum Beispiel durch Rollenspiele, Filmszenen mit kulturbedingt kritischen Interaktionssituationen oder Kommunikationsübungen geschehen. Die kritischen Interaktionssituationen werden dabei auf die zugrunde liegenden Kulturstandards hin analysiert und aufgetretene Missverständnisse und Fehldeutungen werden geklärt (Berry et al. 2002). Oft wird ein solches Training durch einen kurzen Besuch vor Ort im jeweiligen Zielland ergänzt. Eine Variante des interaktionsorientierten Trainings sind *bikulturelle Trainings*, bei denen die Teilnehmer*innen zu gleichen Teilen aus den jeweiligen Kulturen kommen und im Training „miteinander und aneinander lernen" (Kinast 2003, S. 188). Fremdsprachenkenntnisse sind dabei eine notwendige Voraussetzung. Großer Vorteil dieses Trainingstyps ist, dass die Teilnehmer*innen sich direkt und aktiv mit der fremden Kultur auseinandersetzen und zum Handeln in spezifischen Situationen veranlasst werden. Nachteilig kommt zum Tragen, dass die Suche und Auswahl geeigneter Personen aus dem Zielland Probleme bereiten kann, es zu einem höheren Personalbedarf kommt und das Training aufwendiger und kostenintensiver wird (Kinast 2003).

IV. **Verstehensorientierte interkulturelle Trainings**

Verstehensorientierte interkulturelle Trainings sind, wie die informationsorientierten Trainings, kulturspezifisch und didaktisch konzipiert. Ausgangspunkt dieser Art des Trainings ist die Annahme, dass Kognitionen handlungssteuernd wirken. Basierend auf dieser Annahme will dieses Training den Teilnehmer*innen Wissen über ein spezifisches fremdkulturelles Orientierungssystem vermitteln (Kinast 2003). Die Teilnehmer*innen sollen unter anderem lernen zu verstehen, wie und warum sich Interaktionspartner*innen aus der spezifischen Zielkultur in bestimmten Situationen anders verhalten, als sie es aus ihrer eigenen Kultur gewohnt sind, oder welches Verhalten wiederum die Partner*innen von ihnen erwarten. Inhalte des Trainings sind deshalb die zentralen Kulturstandards einer spezifischen Zielkultur, die bevorzugt anhand von wissensorientierten Trainingsmethoden vermittelt werden (Kinast 2003).

Abb. 13.2 stellt die Dimensionen interkultureller Trainings noch einmal schematisch dar und ordnet ihnen die in diesem Kapitel vorgestellten Trainingstypen zu.

13 Interkulturelle Trainings

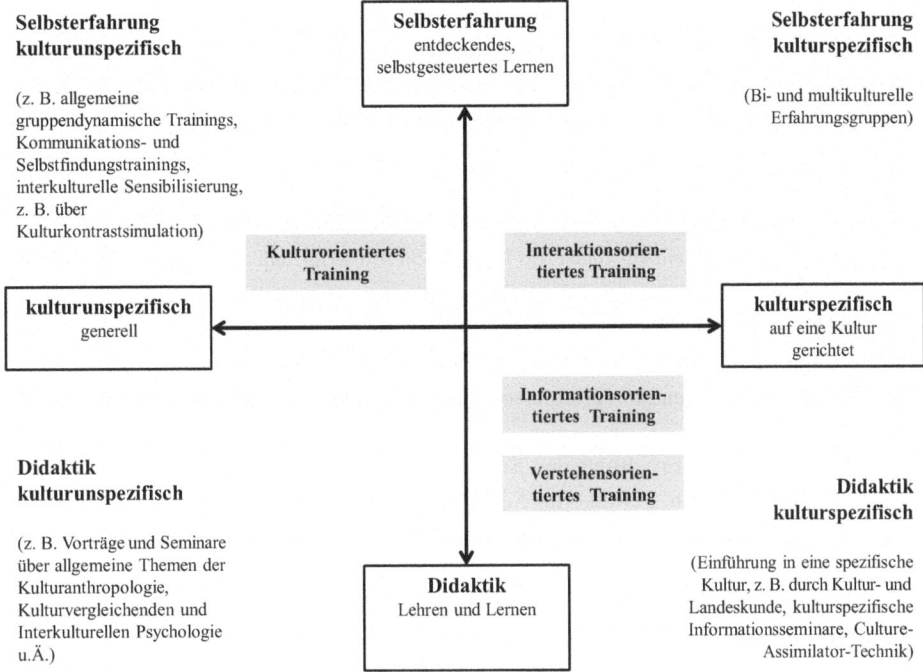

Abb. 13.2 Klassifikation interkultureller Trainings (in Anlehnung an Thomas 2009; Gudykunst und Hammer 1983)

13.5 Evaluation und Wirksamkeit interkultureller Trainings

Die Wirksamkeit interkultureller Trainings wurde bereits in einigen empirischen Studien evaluiert (vgl. Black und Mendenhall 1990; Lievens et al. 2003; Waxin und Panaccio 2005). Bei der Bewertung der Ergebnisse gibt es jedoch einige Schwierigkeiten, welche die Einhaltung von Evaluationsstandards betreffen. Zum Beispiel unterscheiden sich bei verschiedenen Studien die Kriterien, an denen der Erfolg der durchgeführten Maßnahme gemessen wird. Außerdem wird in vielen Studien die spezifische Ausgestaltung des Trainings, sowie dessen Inhalte und Ablauf oft nur unzureichend beschrieben, sodass über die Vergleichbarkeit der untersuchten interkulturellen Trainings keine genauen Aussagen getroffen werden können. Ein weiterer Diskussionspunkt, der bei Einschätzung der Übertragbarkeit und bei Interpretation der Studienergebnisse berücksichtigt werden muss, ist die Evaluationsstichprobe, auf der die jeweilige Untersuchung basiert. Diese entspricht häufig nicht der primären Zielgruppe der Trainings. Ein methodisch hochwertiges Kontrollgruppendesign wird zusätzlich nur in den wenigsten Studien angewendet.

Eines der primären Ziele eines interkulturellen Trainings ist es, die Voraussetzungen für eine erfolgreiche und effektive Auslandsentsendung zu schaffen. Als Erfolgskriterien zur Evaluierung können dabei die folgenden Unterziele herausgestellt werden:

- Die Verbesserung der *interkulturellen Anpassung* an eine neue Kultur und die Erleichterung der interkulturellen Anpassungsfähigkeit (Waxin und Panaccio 2005). Unter interkultureller Anpassung versteht man den Grad des Wohlbefindens eines Individuums in Hinblick auf verschiedene Aspekte einer neuen Umgebung (Black und Mendenhall 1990; Caliguiri 2000). Drei Facetten von interkultureller Anpassung lassen sich unterscheiden (Waxin und Panaccio 2005):
  - *work adjustment* (umfasst Führung, Verantwortlichkeiten und Leistung)
  - *relational adjustment* (umfasst die Interaktion mit Mitgliedern der fremden Kultur)
  - *general adjustment* (umfasst die Lebensbedingungen in dem fremden Land)
- die Ausbildung und Förderung *spezifischer interkultureller Fähigkeiten*, die für den Erfolg in einer fremden Kultur nötig sind (Deshpande und Viswesvaran 1992). Deshpande und Viswesvaran (1992) unterscheiden drei Faktoren spezifischer interkultureller Fähigkeiten:
  - *self-development*: Erhaltung des Selbst bzw. Selbstentwicklung (umfasst psychisches Wohlbefinden, gesteigertes Selbstbewusstsein etc.)
  - *relational skills:* zwischenmenschliche Fähigkeiten (umfasst Fähigkeiten, eine Beziehung zu Mitgliedern der fremden Kultur aufzubauen)
  - *perception:* kognitive Fähigkeiten (umfasst Fähigkeiten, die dazu führen, die fremde Kultur und deren Werte besser zu verstehen)
- die Erhöhung der *Leistung* (*performance*): Manager*innen müssen auch in der fremden Kultur im Stande sein, Leistungsstandards zu erfüllen.

Wie diese Voraussetzungen durch interkulturelle Trainings gefördert oder geschaffen werden können, wurde bereits in verschiedenen empirischen Studien und Meta-Analysen untersucht. Behrnd und Porzelt (2012) verglichen in zwei Studien die interkulturelle Kompetenz von Studierenden mit und ohne Auslandserfahrung. In einer ersten Studie konnten sie zeigen, dass die Dauer des Aufenthaltes einen Effekt auf die kognitiven interkulturellen Fähigkeiten hatte. Zudem, dass Studierende, die eine längere Zeit im Ausland waren (gemessen durch die Anzahl der im Ausland verbrachten Monate) eine höhere affektive interkulturelle und soziale Kompetenz sowie bessere Problemlösefähigkeiten aufwiesen. In einer zweiten Studie konnten Behrnd und Porzelt (2012) darüber hinaus zeigen, dass Studierende mit Auslandserfahrungen mehr von einem anschließenden interkulturellen Training profitierten.

Deshpande und Viswesvaran (1992) haben in ihrer Meta-Analyse 21 Studien zur Wirksamkeit interkultureller Trainings untersucht und die Effekte interkultureller Trainings auf fünf Ergebnisdimensionen analysiert. Es ergaben sich positive Zusammenhänge zwischen interkulturellen Trainings und den drei Faktoren spezifischer interkultureller Fähigkeiten *self-development, relational skills* und *perception*. Außerdem belegen die Studien einen positiven Zusammenhang zwischen interkulturellen Trainings und der *interkulturellen Anpassung und Anpassungsfähigkeit*. Für die Wirkung interkultureller Trainings auf die *Leistung* lieferten die Studien inkonsistente Ergebnisse, wobei der Großteil der Studien einen positiven Zusammenhang nachwies. Die These, dass interkulturelles Training einen positiven Einfluss auf die Entwicklung interkultureller Fähigkeiten, der interkulturellen Anpassungsfähigkeit und der Leistung im Job hat, wird also durch die Meta-Analyse von Deshpande und Viswesvaran (1992) unterstützt. Die Autoren halten schlussfolgernd fest, dass – mit durchschnittlichen Korrelationen von $r = 0{,}39$ bis $r = 0{,}56$ – interkulturelles Training einen erheblichen positiven Einfluss auf die Effektivität von entsandten Manager*innen (Expatriates) hat. In diesem Zusammenhang ist allerdings zu beachten, dass die Stichproben der 21 von Deshpande und Viswesvaran (1992) verwendeten Primärstudien zum größten Teil nicht aus Manager*innen bestehen, sondern vermehrt aus Studierenden, Lehrer*innen, Soldat*innen oder Krankenschwestern/-pflegern. Lediglich zwei Studien stellten ganz spezifisch Manager*innen in den Fokus. Es bleibt daher offen, ob die Übertragbarkeit auf den organisationalen Kontext ohne Weiteres angenommen werden kann.

Die positiven Zusammenhänge zwischen interkulturellen Trainings und dem Selbstbewusstsein bzw. der Selbstentwicklung der Teilnehmer*innen (*self-development*), den zwischenmenschlichen Beziehungen zu Menschen der fremden Kultur (*relational skills*) sowie der Wahrnehmung der fremden Kultur (*perception*) konnten auch Black und Mendenhall (1990) in einer weiteren Meta-Analyse bestätigen. Ihre Analysen zeigen ebenso die positive Wirkung interkultureller Trainings auf die interkulturellen Kompetenzen der Teilnehmer*innen wie z. B. Problemlösefähigkeiten und soziale Kompetenzen (Behrnd und Porzelt 2012)

Eine weitere Studie aus Kanada untersuchte die Zusammenhänge zwischen vier verschiedenen Methoden interkulturellen Trainings und den drei Arten von interkultureller Anpassungsfähigkeit mittels einer Stichprobe von 224 Managern aus vier verschiedenen Nationen, die nach Indien entsandt wurden (Waxin und Panaccio 2005). Als Ergebnis konnte festgehalten werden, dass interkulturelles Training in allen Formen alle drei Facetten der Anpassungsfähigkeit der Entsandten verbesserte (Waxin und Panaccio 2005). Die effektivste Trainingsform ist das *experimentelle Training* (vgl. erfahrungsorientiertes Training nach Gudykunst und Hammer 1983), bei dem die Teilnehmer*innen selbst aktiv werden, z. B. durch das Simulieren von realen Lebenssituationen. Auch andere Evaluationsstudien (z. B. Kinast 2003) zeigen, dass erfahrungsorientierte Trainings eine nachhaltigere Wirksamkeit als die eher didaktisch-lehr-lernorientierten Trainings erzielen (Thomas 2005). Die positiven Effekte eines interkulturellen Trainings sind umso größer, je weniger Auslandserfahrung die Manager*innen haben und je größer die kulturelle Distanz zwischen Herkunftsland des/der Managers*in und der fremden Kultur ist (Waxin und Panaccio 2005).

Um den Erfolg und die Effektivität eines interkulturellen Trainings und insbesondere einer Auslandsentsendung zu maximieren, ist außerdem ein gezielter Personalauswahlprozess unabdingbar. „Cross-cultural training may only be effective when the expatriates are predisposed to success in the first place" (Caliguiri 2000, S. 85; zitiert nach Lievens et al. 2003). Lievens et al. (2003) haben in ihrer Studie mit 166 europäischen Manager*innen aus 15 verschiedenen Nationalitäten untersucht, welche Eigenschaften und Fähigkeiten Manager*innen mitbringen sollten, um die besten Ergebnisse im Rahmen eines interkulturellen Trainings zu erzielen. Als Ergebnisse ihrer Studie hielten sie fest, dass die *kognitive Fähigkeit* der Teilnehmer*innen signifikant mit dem Erwerb der zu erlernenden Sprache zusammenhängt, jedoch nicht mit der Leistung im interkulturellen Training selbst, die von den Seminarleitern anhand verschiedener Kriterien eingeschätzt wurde (Lievens et al. 2003). Für die Persönlichkeitseigenschaft *Offenheit für Erfahrungen* wurde ein signifikanter Zusammenhang zur Trainingsleistung bzw. zum Trainingserfolg festgestellt (Lievens et al. 2003).

Zusammenfassend lässt sich festhalten, dass die empirische Forschung die Effektivität von interkulturellen Trainings als ein Mittel, die interkulturellen Beziehungen und Interaktionen in fremden Ländern und Kulturen zu erleichtern und zu verbessern, bestätigt (Lievens et al. 2003).

> **Beraterstory**
>
> Bei dem Maschinenbauunternehmen Brockmann & Schmidt GmbH stehen in nächster Zeit Auslandsentsendungen in verschiedene Gebiete an, in die die speziell angefertigten Maschinen transportiert und dort vom eigenen Personal zusammengebaut werden.
>
> Da das Unternehmen bei den vorherigen und ersten Auslandsentsendungen noch keine Erfahrung damit hatte und die Mitarbeiter*innen mit vielen Aspekten des Aufenthalts überfordert waren, möchte die Geschäftsführung diese besser darauf vorbereiten. Dazu engagiert das Unternehmen die Beraterin Frau. Dr. Wehmeier, die ein kulturorientiertes Training durchführt, in dem die Mitarbeiter*innen interaktiv und erfahrungsorientiert auf den Aufenthalt im Ausland vorbereitet werden.
>
> Nachdem die Mitarbeiter*innen wieder im Heimatland angekommen sind, evaluieren sie das Training der Beraterin. Der Konsens ist durchweg positiv. „Ich habe mich viel weniger unsicher gefühlt und konnte mich besser auf die Menschen und deren Kultur einlassen, da ich im Training gelernt habe, die unterschiedlichen Verhaltensweisen zu akzeptieren", berichtet ein Mitarbeiter. „Dieser zweite Aufenthalt lässt sich kaum mit dem ersten vergleichen. Da habe ich überhaupt nicht verstanden, wie ich mit den Menschen umgehen soll, was mir nun viel leichter gefallen ist."

Literatur

Behrnd V, Porzelt S (2012) Intercultural competence and training of outcomes of student experiences abroad. Int J Intercult Relat 36(2):213–223

Berry JW, Poortinga YH, Segall MH, Dasen PR (2002) Cross-cultural psychology. Cambridge University Press, Cambridge

Black JS, Mendenhall M (1990) Cross-cultural training effectiveness: a review and a theoretical framework for future research. Acad Manag Rev 15(1):113–136

Caliguiri PM (2000) The big five personality characteristics as predictors of expatriate's desire to terminate the assignment and supervisor-rated performance. Pers Psychol 53:67–88

Deller J (2000) Interkulturelle Eignungsdiagnostik: zur Verwendbarkeit von Persönlichkeitsskalen. Popp, Waldsteinberg

Demmerle C, Schmidt JM, Hess M (2011) Interkulturelles Kompetenztraining. In: Ryschka J, Solga M, Mattenklott A (Hrsg) Praxishandbuch Personalentwicklung. Instrumente, Konzepte, Beispiele. Gabler, Wiesbaden, S 266–271

Deshpande SP, Viswesvaran C (1992) Is cross-cultural training of expatriate managers effective: a meta-analysis. Int J Intercult Relat 16(3):295–310

Felfe J (2012) Arbeits- und Organisationspsychologie 2: Führung und Personalentwicklung. Kohlhammer, Stuttgart

Groenewald H (2012) Offenheit für andere Kulturen kann man lernen. Personalwirtschaft 5:34–36

Gudykunst WB, Hammer MR (1983) Basic training design: approaches to intercultural training. In: Landis D, Brislin RW (Hrsg) Handbook of intercultural training. Pergamon Press, New York, S 118–154

Hatzer B, Layes G (2003) Interkulturelle Handlungskompetenz. In: Thomas A, Kinast E-U, Schroll-Machl S (Hrsg) Handbuch Interkulturelle Kommunikation und Kooperation. Vandenhoeck & Ruprecht, Göttingen, S 138–148

Herbrand F (2002) Fit für fremde Kulturen: Interkulturelles Training für Führungskräfte. Haupt, Bern

Kammhuber S (2000) Interkulturelles Lernen und Lehren. Deutscher Universitätsverlag, Wiesbaden

Kinast E-U (2003) Interkulturelles Training. In: Thomas A, Kinast E-U, Schroll-Machl S (Hrsg) Handbuch Interkulturelle Kommunikation und Kooperation. Vandenhoeck & Ruprecht, Göttingen, S 181–203

Kühlmann TM (1995) Mitarbeiterentsendung ins Ausland. Verlag für Angewandte Psychologie, Göttingen

Kühlmann TM, Stahl GK (2006) Problemfelder des internationalen Personaleinsatzes. In: Schuler H (Hrsg) Lehrbuch der Personalpsychologie. Hogrefe, Göttingen, S 673–698

Lievens F, Harris MM, van Keer E, Bisqueret C (2003) Predicting cross-cultural training performance: the validity of personality, cognitive ability and dimensions measured by an assessment center and a behavior description interview. J Appl Psychol 88(3):476–489

Spahn H (2012) Nicht ohne meine Familie. Personalwirtschaft 2013(5):38–39

Stahl G (1998) Anforderungen an Mitarbeiter in internationalen Tätigkeitsfeldern. Z Personalführung 11:44–55

Thomas A (2003) Psychologie interkulturellen Handelns. Hogrefe, Göttingen

Thomas A (2005) Interkulturelle Wahrnehmung, Kommunikation und Kooperation. In: Thomas A, Kinast E-U, Schroll-Machl S (Hrsg) Handbuch Interkulturelle Kommunikation und Kooperation. Band 1: Grundlagen und Praxisfelder. Vandenhoeck & Ruprecht, Göttingen, S 94–116

Thomas A (2009) Interkulturelles Training. Gruppendynamik Organisationsberatung 40:128–152

Waxin M-F, Panaccio A (2005) Cross-cultural training to facilitate expatriate adjustment: it works! Pers Rev 34(1):51–67

Kreatives Team Coaching (KTC)

14

Jens Rowold, Susanna Krisor und Kai N. Klasmeier

14.1 Einführung

Wie in den ersten Kapiteln des vorliegenden Lehrbuches beschrieben wurde, benötigen Mitarbeiter*innen äußere Bedingungen wie Zeit, Raum, Autonomie und Unterstützung, um sich kreativ betätigen zu können. Bei der regulären Arbeit stehen diese Ressourcen fast nie zur Verfügung. Daher hat es sich bewährt, Maßnahmen durchzuführen, die explizit zur Förderung von Kreativität geeignet sind. Eine dieser Maßnahmen ist das Kreative Team Coaching (KTC). Dabei beraten sich mehrere Mitarbeiter*innen gegenseitig hinsichtlich arbeitsbezogener Situationen und Herausforderungen (Rowold 2008a). Die Erfahrung zeigt, dass das KTC den einzelnen Mitarbeiter*innen hilft, die Komplexität des Arbeitsalltags zu reduzieren und neue Ressourcen zu entwickeln. Zusätzlich bekommen sie aus den Perspektiven der anderen am KTC beteiligten Mitarbeiter*innen Ideen und Anregungen zur Lösung von arbeitsbezogenen Situationen und Herausforderungen. Dadurch unterstützt das KTC a) einzelne Mitarbeiter*innen direkt und fördert deren Arbeitsleistungen, und b) die Entwicklung von Innovationen für die jeweilige Organisation (Rowold 2008a).

J. Rowold (✉)
Zentrum für HochschulBildung, Lehrstuhl für Personalentwicklung und Veränderungsmanagement, Technische Universität Dortmund, Dortmund, Deutschland
E-Mail: jens.rowold@tu-dortmund.de

S. Krisor
Aloys F. Dornbracht GmbH, Iserlohn, Deutschland

K. N. Klasmeier
Zentrum für HochschulBildung, Lehrstuhl für Personalentwicklung und Veränderungsmanagement, Technische Universität Dortmund, Dortmund, Deutschland

© Springer-Verlag GmbH Deutschland, ein Teil von Springer Nature 2020
J. Rowold et al. (Hrsg.), *Innovationsförderndes Human Resource Management*,
https://doi.org/10.1007/978-3-662-61130-2_14

14.2 Begriffsverständnis

Das Kreative Team Coaching (KTC) lässt sich als ein angewandtes Instrument der Personalentwicklung verstehen. Es zählt zu den Formen der Intervision (Lippmann 2005), bei denen sich mehrere Personen mit vergleichbarer Hierarchiestufe gemeinsam gegenseitig beraten und weiterentwickeln. Konkret bedeutet dies, dass eine KTC-Gruppe mit ca. sechs Personen gebildet wird. Innerhalb eines Tages coachen sich die Mitglieder*innen dieser Gruppe reihum, wobei für das Coaching von jedem Gruppenmitglied ca. 1 bis 1,5 Stunden zur Verfügung stehen. Innerhalb eines Coachings stellt dabei der jeweilige Akteur (also die Person, die gecoacht wird) die eigene arbeitsbezogene Situation vor und bekommt anschließend von den anderen Gruppenmitgliedern Lösungsvorschläge und konkrete Maßnahmen zur Verbesserung der eigenen persönlichen Arbeitssituation (vgl. unten). Nach einer kurzen Pause kommt das nächste Gruppenmitglied an die Reihe und wird gecoacht. Vorherige Forschung zu Teamprozessen hat gezeigt, dass insbesondere der Zusammenhalt (Kohäsion) und die Kommunikation förderliche Bedingungen für Kreativität bzw. Innovation in Teams sind (Hülsheger et al. 2009).

14.3 Methode

Im Folgenden wird zunächst die Methode des KTCs vorgestellt und anschließend die Zusammenhänge zu anderen Kapiteln dieses Lehrbuches aufgezeigt. Für eine ausführliche Darstellung der Methode des KTCs wird auf die Grundlagenwerke dieser Methode verwiesen (Rowold 2008a; Schley 2010).

Das KTC basiert auf einer bewährten zeitlichen Struktur. Aus der KTC-Gruppe wird zu Beginn eines KTC-Tages festgelegt, welches Mitglied im Verlauf des Tages zu welchem Zeitpunkt gecoacht wird, und wer welche Rollen bei welchem Coaching übernimmt (vgl. unten). Dann beginnen die eigentlichen KTCs, wobei es immer genauso viele Coachings wie Gruppenmitglieder gibt.

Jedes KTC besteht aus den folgenden fünf Schritten, die insgesamt ca. 60–90 min. benötigen (Nölting et al. 2009; Rowold 2008a): Erstens erfolgt die Phase der Information und Orientierung (ca. 20 min.). Hier beschreibt der Akteur (also die Person, die gecoacht wird) die jeweilige Situation, die sie erlebt. Dabei hat es sich bewährt, dass diese Beschreibung in den Tagen vor dem KTC vorbereitet und durch ein einfaches Bild oder eine bildliche Darstellung unterstützt wird. In dieser Phase stellen die anderen Gruppenmitglieder, die alle die Rolle von Coaches innehaben, lediglich Verständnis- („Wie meinst Du das genau?") und keine „Verfolgerfragen" (z. B. „Warum hast Du das nicht geschafft?").

In der zweiten Phase findet die Konferenz der Coaches (ca. 20–30 min.) statt. Sie ist dadurch gekennzeichnet, dass erstens der/die Akteur*in sich zurückzieht und ausschließlich zuhört, und zweitens die anderen Gruppenmitglieder (die Coaches) sich über ihre Eindrücke, Assoziationen, Gefühle und Sonstiges, was sie von der Präsentation des/der

Akteurs*in wahrgenommen haben, austauschen. Bei der Sammlung dieser Eindrücke etc. wird ohne Wertung von einem der Gruppenmitglieder mitgeschrieben.

Nun schließt sich die Suche nach dem Schlüsselthema (ca. 20 min.) an. Aus der Sammlung des schriftlich Festgehaltenen wird dasjenige Thema, das die zentrale Entwicklungsrichtung des Akteurs nach Meinung der anderen Gruppenmitglieder am besten wiedergibt, identifiziert. Das Schlüsselthema fasst einerseits die Herausforderungen des/der Akteurs*in, andererseits die Entwicklungsmöglichkeiten und Ressourcen zusammen. Es sollte zielorientiert, visionär, herausfordernd, motivierend und nicht im Konjunktiv formuliert sein. Da es oft schwerfällt, aus den vielfältigen Eindrücken, die in der Konferenz der Coaches gesammelt wurden, nur ein Thema zu formulieren, ist die Phase nach der Suche nach dem Schlüsselthema eine sehr intensive und kontroverse Phase.

In der anschließenden Phase wird nach konkreten Entwicklungsmöglichkeiten (ca. 10 min.) gesucht. Da das Schlüsselthema oft abstrakt ist, ist es umso wichtiger, dieses durch konkrete Maßnahmen, die der/die Akteur*in im Arbeitsalltag abarbeiten kann, zu ergänzen. Die konkreten Entwicklungsmaßnahmen brechen dabei das Schlüsselthema auf eine handhabbare Ebene herunter. Beispiele sind Personalentwicklungsmaßnahmen, die der/die Akteur*in besuchen könnte, oder Kolleg*innen, die Hilfestellung bieten könnten etc. Auch diese Entwicklungsmöglichkeiten werden ohne Bewertung niedergeschrieben.

Die letzte Phase des KTCs ist die Phase der Prozessreflexion (ca. 5–10 min.). Hierbei geht es nicht um die arbeitsbezogene Situation des/der Akteurs*in, sondern um die Zusammenarbeit der Gruppenmitglieder im gegenwärtigen KTC. Es wird darüber reflektiert, wie der KTC-Prozess war: Hat sich jeder der Gruppenmitglieder aktiv eingebracht, gab es Störungen etc.? In dieser Phase kann also die Effektivität des KTCs als Methode noch optimiert werden.

Nach dem KTC hat der/die Akteur*in wieder die volle Verantwortung für seine/ihre eigene Entwicklung. Er/sie entwickelt für sich Ziele und Maßnahmen zur Erreichung des Schlüsselthemas. Dazu nutzt er/sie die konkreten Tipps, die in der Phase der Entwicklungsmöglichkeiten notiert wurden. In der Regel wird das KTC regelmäßig durchgeführt (z. B. im Abstand von 3–4 Monaten). Beim zweiten KTC berichtet der/die Akteur*in über die eigene Entwicklung seit der erstmaligen Durchführung und welche Erfolge und Misserfolge er/sie dabei erlebt hat. Dies sichert die Kontinuität und Nachhaltigkeit der Entwicklung.

Die beschriebenen Phasen des KTCs können nur dann effektiv ablaufen, wenn von den Gruppenmitgliedern bestimmte Rollen übernommen werden. Bisher wurde lediglich die Rolle des/der Akteurs*in, der seine/ihre persönliche Situation im KTC vorstellt, beschrieben. Zusätzlich gibt es eine Reihe von Rollen, die genau wie die Rolle des/der Akteurs*in bei jeder Runde des KTC von den Gruppenmitgliedern abwechselnd übernommen werden. Die Rolle des/der Moderators*in ist nötig, um die oben genannten Zeitfenster und Arbeitsstrukturen einzuhalten. Zusätzlich achtet der/die Moderator*in darauf, dass die Regeln (z. B. alles, was als Idee gesagt wird, wird auch aufgeschrieben) eingehalten werden. Die Rolle der Coaches wird in jeder Runde von allen Gruppenmitgliedern, außer dem/der Akteur*in, eingenommen. Die Coaches sind verantwortlich für aktives Zuhören, die Generierung von Ideen und die Suche nach dem Schlüsselthema sowie nach konkreten Entwicklungsideen. Darüber hinaus gibt es in jedem KTC eine*n Schreiber*in, der/die alles ungefiltert, ohne Wertung und ohne Veränderung aufschreibt, was als Äußerung zum Thema von den Coaches gesagt wird. Schließlich übernimmt der/die Prozessbeobachter*in die Aufgabe, während der KTC-Runde zu beobachten, wie gut die einzelnen Gruppenmitglieder ihre jeweiligen Rollen erfüllen und zusammenarbeiten und wo genau Verbesserungspotenziale bei zukünftigen KTCs bestehen.

Die beschriebenen Phasen des KTCs lassen sich teilweise mit den Phasen des kreativen Prozesses nach Amabile (1996) in Übereinstimmung bringen (vgl. Kap. 1): Die Phase der Information und Orientierung entspricht im Wesentlichen den ersten beiden Phasen des Modells von Amabile (1996), der Phase I der Aufgabenklärung (die Gruppenmitglieder des KTCs setzen sich zusammen und der/die Akteur*in beginnt mit der Präsentation seiner/ihrer arbeitsbezogenen Situation) und der Phase II der Vorbereitung (die Coaches bekommen durch die Präsentation des/der Akteurs*in Informationen über die aufgabenbezogene (Problem-) Domäne). In den anschließenden Phasen der Konferenz der Coaches und der Suche nach dem Schlüsselthema werden, wie im Modell von Amabile (1996) beschrieben, Ideen generiert (Phase III im Modell von Amabile 1996) und Ideen bewertet (Phase IV). Dies trifft ebenso auf die Suche nach Entwicklungsmöglichkeiten zu. Die fünfte Phase im Modell von Amabile (1996) ereignet sich, nachdem der/die Akteur*in aus dem KTC geht und in seiner/ihrer persönlichen Arbeitspraxis versucht, die Maßnahmen aus dem KTC umzusetzen.

Auch die drei Elemente, die den fünfstufigen kreativen Prozess nach Amabile (1996) unterstützen, lassen sich in Einklang mit dem KTC bringen: Erstens ist die intrinsische Motivation ein wesentlicher Faktor für den kreativen Prozess. Die KTC-Gruppenmitglieder sind in der Regel hoch intrinsisch motiviert, sich in das KTC einzubringen, da sie in kurzer Zeit viele Ideen und Unterstützung von fünf Kolleg*innen bekommen. Diese Form der konzentrierten, intensiven Unterstützung gibt es sonst im Arbeitsalltag nicht. Da im KTC in der Regel unterschiedliche Expert*innen aus demselben Unternehmen zusammenkommen, sammelt sich durch das KTC-Setting vielfältige, interdisziplinäre Expertise an, die den fachbezogenen Fähigkeiten im Modell von Amabile (1996) entsprechen. Gerade diese unterschiedlichen fachbezogenen Informationen und Erfahrungen, die von den einzelnen Teilnehmer*innen im KTC eingebracht werden, ermöglichen neue, innovative Herangehensweisen in festgefahrenen Situationen. Das dritte Element, welches nach Amabile (1996) den kreativen Prozess unterstützt, sind bestimmte kreativitätsrelevante Fähigkeiten wie z. B. das stabile Personenmerkmal Offenheit für Erfahrung (vgl. Kap. 2). Diese stabilen Merkmale werden nicht direkt durch das KTC entwickelt. Daher ist bei der Zusammenstellung der KTC-Gruppe darauf zu achten, dass die jeweiligen Persönlichkeitsmerkmale der Gruppenmitglieder ausgewogen sind. Jedoch fördert das KTC mit jeder Durchführung die Entwicklung von teamförderlichen Verhaltensweisen. Hierzu zählen das aktive Zuhören, Moderationsfähigkeiten etc. Diese Verhaltensweisen sind für eine Vielzahl von arbeitsrelevanten Fähigkeiten wesentlich und fördern daher indirekt die Arbeitsleistung der KTC-Gruppenmitglieder. Daher fördert das KTC – als Personalentwicklungsmaßnahme – die Sozial- und Methodenkompetenz (vgl. Kauffeld 2006).

Insgesamt lassen sich alle Elemente des Modells nach Amabile (1996) in Übereinstimmung mit den Merkmalen des KTCs bringen. Damit ist eindrucksvoll belegt, dass das

KTC ein Instrument zur Förderung der Kreativität ist und organisationale Innovationsprozesse unterstützen kann.

Auch das Modell des kreativen Prozesses von Kuhlthau (1993) lässt sich in Übereinstimmung mit dem KTC bringen: auf der Gefühlsebene wird im Verlauf einer KTC-Sitzung das Gefühl des/der Akteurs*in von Unsicherheit umgewandelt in positivere Gefühle wie Zuversicht (z. B. durch die konkreten Entwicklungsmaßnahmen). Gerade das Schlüsselthema sollte hier Unterstützung und Motivation bieten, z. B. durch Gefühle wie Optimismus. Auf der kognitiven Ebene erschließt sich den Coaches – und im späteren Verlauf auch dem/der Akteur*in – durch die Präsentation des/der Akteurs*in und durch die Suche nach dem Schlüsselthema - ein zunehmend fokussiertes Bild über die Problemlage, aber auch über mögliche Lösungen. Offenbar arbeitet das KTC nach Prinzipien, die generell förderlich für den kreativen Prozess (nach Kuhlthau 1993) sind. Damit kann es als sinnvolle Maßnahme zur Unterstützung von komplexen und innovationsbezogenen Projekten empfohlen werden. Es sollte regelmäßig dazu eingesetzt werden, um die jeweilige Projektlaufzeit zu optimieren.

14.4 Empirische Befunde

Welche Aspekte sind erfolgskritisch für die Implementierung und Durchführung des KTCs?

Guggenbühl-Bonetti (2008) untersuchte die Wirksamkeit des KTCs in einem Unternehmen, welches sich zum Implementierungszeitpunkt des KTCs in einem Veränderungsprozess befand. Das Ziel war es, die Erfahrungen mit dem KTC sowie mögliche erfolgskritische Aspekte abzubilden. In zwei Pilotprojekten im Rahmen eines Effizienzsteigerungsprogramms des Unternehmens nahmen jeweils vier Führungskräfte am KTC teil. Unter den acht Teilnehmer*innen waren fünf Männer und drei Frauen im Alter von 31–60 Jahren. Im Anschluss an das KTC (Gruppe 1) bzw. nach der zweiten Sitzung (Gruppe 2) wurden sie mittels eines offenen, halbstrukturierten Interviews befragt. Die Auswertung der beiden Gruppen wurde zusammen durchgeführt, da sich keine grundlegenden Unterschiede zwischen den Gruppen zeigten. Die Evaluationsstudie von Guggenbühl-Bonetti (2008) zeigt, dass zur Implementierung des KTCs in einem Unternehmen, welches sich im Wandel befindet, vor allem eine Vertrauenskultur benötigt wird. Die Führungskräfte oder Projektleiter*innen nahmen vor allem aus beruflichem Interesse, wie z. B. Interesse an Informations- und Erfahrungsaustausch sowie der Suche nach Best-Practice-Lösungen in Veränderungsprozessen, am KTC teil. Sie erwarteten, unterschiedliche Meinungen und Blickwinkel kennenzulernen, ebenso wie neue Erfahrungen und Methoden zu sammeln. Für fast alle Teilnehmer*innen wurden diese Erwartungen durch das KTC-Training erfüllt. Weiter zeigte sich in den Interviews, dass mit oberster Priorität Vertrauen, Offenheit sowie Reflexionsfähigkeit als die wichtigsten Erfolgsfaktoren für das KTC angesehen wurden. Als Hemmnisse für den Erfolg des KTCs sahen die Teilnehmer*innen vor allem die mangelnde Unterstützung durch das oberste Management sowie den Zeitdruck des Tagesgeschäfts an.

Als den größten Nutzen für die Organisation wurde eine professionellere Führungsarbeit sowie die kostengünstige Anwendung des KTCs angesehen. Fast alle Interviewten würden das KTC als Personalentwicklungsmaßnahme auch zum Ausbau und Erwerb von Führungs- und Sozialkompetenzen weiterempfehlen. Zur Organisationsentwicklung kann das KTC durch die Kulturentwicklung in Richtung einer offenen Kommunikation und Vertrauen beitragen.

Welche Auswirkungen das KTC auf die Leistung von Führungskräften hat, untersuchte Rowold (2008b) anhand eines 16-monatigen Management-Entwicklungsprogramms (MEP) eines Schweizer Unternehmens. Im Rahmen dieses MEPs wurden acht Trainings und drei Intervisionen mit dem KTC durchgeführt. Es wurden insgesamt 28 männliche Führungskräfte befragt, von denen elf als Kontrollgruppe dienten. Die Befragung startete vor der ersten KTC-Sitzung und endete sechs Monate nach der letzten KTC-Sitzung. Dabei wurden insgesamt zu fünf verschiedenen Messzeitpunkten Einschätzungen der KTC-Teilnehmer, deren Vorgesetzten und deren Mitarbeiter*innen oder der Kontrollgruppe hinsichtlich Leistungskriterien erhoben. Die Leistung der Führungskräfte wurde dabei sowohl global als auch spezifisch erfasst. Die globale Beurteilung erfolgte anhand eines Gesamtwertes der Selbst- bzw. Fremdeinschätzung der Faktoren a) Hingabe bei der Personalführung, b) interpersonelle Unterstützung, c) technisch-administrative Arbeitsleistung und d) Führungsleistung. Diese Faktoren wurden in dem MEP im Rahmen der acht Trainings gezielt trainiert. Die spezifische Leistung wurde durch die Einschätzung vorgenommen, inwieweit die zu Beginn festgelegten individuellen Lern- und Entwicklungsziele, die bei der Arbeit erreicht werden sollen, tatsächlich erreicht worden sind.

Die Ergebnisse zeigen, dass die KTC-Teilnehmer ihre generelle Leistung nicht besser einschätzten als diejenigen Führungskräfte der Kontrollgruppe. Allerdings zeigte die Einschätzung der generellen Leistung durch die Vorgesetzten eine marginal signifikante ($p < .10$) Verbesserung. Die spezielle Leistung hingegen zeigte sowohl in der Selbst- als auch in der Fremdeinschätzung durch den Vorgesetzten eine signifikante Verbesserung ($p < .05$ bzw. $p < .10$). Auch diese Studie ist aufgrund der geringen Stichprobe nicht auf die Wirkung eines jeden KTCs zu verallgemeinern. Trotzdem lässt sich zusammenfassend sagen, dass in dieser Studie vor allem der positive Einfluss des KTCs auf individuelle, arbeitsbezogene Leistungs- und Entwicklungsziele nachgewiesen werden konnte.

In einer weiteren Studie von Mönninghoff und Rowold (2008) wurde die Wirkung des KTCs auf die Führungsleistung untersucht. Ein Dienstleistungsunternehmen mit ca. 2800 Mitarbeiter*innen hat das KTC im Rahmen eines MEPs eingeführt. Dieses sollte das Führungsverhalten verbessern und dadurch auf eine mögliche Beförderung vorbereiten. Zum Zeitpunkt der Evaluation hatten erst sechs von insgesamt 24 Teilnehmer*innen das MEP vollständig durchlaufen. Das gesamte MEP bestand aus drei zweitägigen Workshops. Im Fokus des ersten Workshops stand das Thema transformationale Führung (Borgmann und Rowold 2013). Neben einer Einführung des Themas erhielten die Führungskräfte ein ausführliches Feedback zu ihrem Führungsstil, auf dessen Grundlage die ersten individuellen Maßnahmenpläne zur Verbesserung erarbeitet wurden. Am Ende des ersten Tages zeichneten die Führungskräfte ein Bild, in dem sie ihre aktuelle Führungssituation festhielten. Am zweiten Tag wurde dann das KTC zur weiteren Verarbeitung des Feedbacks und zur Ableitung herausfordernder Entwicklungsziele eingesetzt. Die endgültigen Maßnahmenpläne stellten die Führungskräfte ihren kollegialen Lernpartner*innen gegenseitig vor. In dem zweiten Workshop wurde die Entwicklung seit dem ersten Workshop aufgegriffen. Darüber hinaus stand in diesem Workshop ein Teilaspekt von transformationaler Führung im Vordergrund: individuelle Unterstützung. Durch diesen Aspekt der Führung sollen Mitarbeiter*innen in ihrer ganzen Persönlichkeit wahrgenommen und deren Potenziale gestärkt werden. Dieser Aspekt wird durch das KTC praktisch anhand der Kolleg*innen umgesetzt, und es werden erneute Entwicklungsziele für die folgenden drei Monate abgeleitet. Im abschließenden Workshop wurde der Aspekt der inspirierenden Motivation fokussiert. Jede Führungskraft leitete aufgrund der in den letzten Monaten gesammelten Erfahrungen eigene Visionen für sich und seine Abteilung ab. Diese sollte die Führungskraft in einem Brief an sich selbst verbalisieren und somit fixieren. Gerade die Ableitung einer Vision fördert ein entwicklungsorientiertes Handeln im Gegensatz zu einem problemorientierten Stillstand. Zudem wurden diese individuellen Visionen den KTC-Mitgliedern präsentiert, und es wurde darüber hinaus eine gemeinsame Vision entwickelt. Dadurch wurde die Zugehörigkeit zur Gruppe der Führungskräfte gestärkt, um auch für die Zukunft das kollegiale Netzwerk zu stärken und den Erfahrungsaustausch zwischen den Standorten zu fördern. Die Evaluation erfolgte wie bei der zuvor beschriebenen Studie (s. o.) anhand des Fragebogens zur Führungsleistung (mit den vier Kriterien a) Hingabe bei der Personalführung, b) interpersonelle Unterstützung, c) technisch-administrative Arbeitsleistung und d) Führungsleistung). Diesen füllten die Vorgesetzten der KTC-Teilnehmer*innen zu drei Befragungszeitpunkten im Abstand von drei bis vier Monaten aus. Die Ergebnisse zeigten, dass sich die Führungsleistung nach dem ersten Workshop nicht wesentlich verbessert hat. Nach dem zweiten Workshop beurteilten die Vorgesetzten der KTC-Teilnehmer*innen deren Führungsleistung insgesamt signifikant besser ($p < .01$, $d = 1{,}81$). Die Effektstärke dieser Verbesserung war im Vergleich zu anderen Effekten von Personalentwicklungsmaßnahmen sehr groß (Arthur et al. 2003). Dies zeigte auch die weitere Entwicklung der Führungskräfte in der Praxis: 5 der 6 KTC-Teilnehmer*innen wurden nach dem MEP befördert. Aufgrund der geringen Stichprobenzahl kann das Ergebnis der Studie nicht verallgemeinert werden, aber in diesem betrieblichen Beispiel hat das KTC den Führungsstil verbessert.

Kann eine Beratung mit der Methode des KTCs die Arbeitsleistung in subjektiv schwierigen Bereichen, das Belastungserleben sowie die berufliche Selbstwirksamkeitserwartung verbessern? Diese Fragestellung untersuchten Nölting, Stegemann und Rowold (Nölting et al. 2009) anhand von 26 Personen (21 Frauen und 5 Männer), die an einer KTC-basierten Beratungssitzung teilgenommen haben. Sie wurden kurz vor, unmittelbar nach und sechs Wochen nach der Beratung befragt. Untersucht wurden zum einen die subjektive Bewertung der Beratung (Reaktionsebene) und zum anderen die erarbeiteten Problemlösungen sowie die Umsetzung der Beratungsvorschläge (Verhaltensebene). Um die Beratung zu bewerten, sollten die Beratenen einschätzen, inwieweit die Beratung 1) konkret, 2) deren

Umsetzung erfassbar, 3) von der beratenden Person akzeptiert, 4) realisierbar und 5) zeitnah war. Die Arbeitsleistung in dem Bereich, der Anlass für die KTC-basierte Beratung war, wurde anhand eines Items eingeschätzt. Die Belastung aufgrund dieses Problems sowie die Bedeutung des Problems für den/die Teilnehmer*in wurden jeweils durch neun Items quantifiziert. Sechs Wochen nach der Sitzung sollte zudem eingeschätzt werden, zu wie viel Prozent die Beratungsvorschläge tatsächlich umgesetzt wurden, ob das Problem gelöst werden konnte und wie die Beratung abschließend bewertet wurde.

Hinsichtlich der fünf oben genannten Beratungskriterien stimmten die Befragten insgesamt positiv zu und empfanden die Beratung hilfreich für die Problemlösung. Zum letzten Befragungszeitpunkt hatten 14 der 26 Personen ihr Problem vollständig gelöst. Die anderen Teilnehmer*innen waren noch aktiv und einige hatten zu dieser Zeit keine Gelegenheit zur Problemlösung. 23 Personen setzten durchschnittlich 44 % der erhaltenen Beratungsvorschläge um, einige von diesen Personen setzten bis zu 50 % und einige wenige setzten sogar über 75 % der Beratungsvorschläge um. Die Beratenen fühlten sich nach der Beratung weniger durch das Problem belastet ($p < .05$, $d = 0{,}62$). Ihre Arbeitsleistung in dem problemrelevanten Bereich verbesserte sich hoch signifikant ($p < .01$, $d = 1{,}14$). Darüber hinaus zeigte sich eine positive, allerdings nicht signifikante Verbesserung der beruflichen Selbstwirksamkeitserwartung (n. s., $d = 0{,}32$).

Wie bereits bei den oben erläuterten Studien, ist auch hier der Stichprobenumfang klein und daher sind die Ergebnisse in Zukunft noch weiter zu untersuchen. Das erstaunlichste Ergebnis dieser Studie ist, dass sich durch nur eine KTC-basierte Beratungssitzung die Arbeitsleistung in dem problemrelevanten Bereich verbessern lässt. Insgesamt sprechen die Ergebnisse dafür, dass das KTC ein geeignetes Instrument zur Personalentwicklung ist.

Was kann ein einzelnes Werk eines Weltkonzerns in Deutschland tun, um sowohl im nationalen als auch internationalen Vergleich zu bestehen? Kann der Lösungsweg dieses einen Werkes auf alle anderen Werke weltweit übertragen werden? Eitel und Krome (2008) schildern den Veränderungsprozess eines Werkes mit ca. 1400 Mitarbeiter*innen von einer funktionalen hin zu einer prozessorientierten Organisationsstruktur. Ziel dieses Werkes war es, die Produktion flexibler zu gestalten, Gruppenarbeit zu organisieren und der mittleren Führungsebene mehr Entscheidungsbefugnisse zu übertragen. Der hierzu nötige Veränderungsprozess sollte vor allem durch einen aktiven Lernprozess der Führungskräfte unterstützt werden.

Die Teamentwicklung wurde durch Workshops initiiert. In diesen wurden Themen wie Kommunikation und Konfliktmanagement oder auch Veränderungsprozesse bearbeitet. Zur Sicherstellung des individuellen Lernfortschritts zwischen den Workshops wurde das KTC eingesetzt. Innerhalb von zwei Jahren sollten sich die an den Workshops teilnehmenden Führungskräfte zu praktischen Fragestellungen gegenseitig coachen. Zusätzlich zu dem gewünschten Lernfortschritt sollte dadurch ein Umdenken der Führungskräfte von einer klassischen Rollenvorstellung des Vorgesetzten hin zu einem moderneren Rollenbild der Führungskraft als Coach stattfinden. Auch die Mitarbeiter*innen sollten zum Umdenken angeregt werden und sich stärker als Unternehmer*innen verstehen.

Um diesen Prozess in Gang zu bringen, nahmen 17 Führungskräfte und der Vorsitzende des Betriebsrats an einer Ausbildung zum/zur KTC-Moderator*in teil. Somit wurden diese 18 Personen zu den Multiplikatoren des KTCs in diesem Werk. Ihnen konnten sich nun jeweils sechs weitere Führungskräfte oder Schlüsselpersonen zuordnen, um von ihrem jeweiligen Multiplikator ein Einführungstraining in das KTC zu erhalten. Diese 18 KTC-Teams trafen sich in regelmäßigen Abständen. Ebenso trafen sich alle KTC-Teams gemeinsam (108 Führungskräfte), um an der Struktur und Weiterentwicklung des Veränderungsprozesses zu arbeiten. Zudem gab es für die 18 Multiplikatoren Supervisionstage mit einem Beraterteam, in denen Schwierigkeiten besprochen und Weiterentwicklungen vorangetrieben wurden. Hieraus ergab sich beispielsweise, dass die Multiplikatoren zusätzlich zu ihrer Multiplikations- und Moderationsaufgabe Lernmodule in den KTC-Teams trainieren sollten. Den Input bekamen sie durch die Berater*innen sowie durch Trainingsleitfäden. Durch diese weitere Maßnahme wurden die Führungskräfte der KTC-Teams in Themen wie Schwierigkeiten bei der Teamarbeit oder Gestaltung von Veränderungsprozessen geschult.

Nach diesem ungefähr zweijährigen Prozess waren die Ziele und auch die wesentlichen Kennzahlen im Wettbewerb mit den anderen Werken erreicht. Ein Jahr später wurde das Werk zum „Weltlernwerk" für den ganzen internationalen Konzern ernannt. Somit hatten auch Führungskräfte anderer Länder die Möglichkeit, von den Erkenntnissen dieses Werkes zu lernen und zu profitieren.

Durch diesen erfolgreichen Veränderungsprozess wurde für das Werk deutlich, dass durch die aktive Gestaltung eines Prozesses die Angst vor der Veränderung verloren geht und Innovationen ermöglicht werden. Die Unterstützung durch externe Berater*innen war vor allem zu Beginn nötig, wurde aber über die Zeit hinweg nur noch punktuell eingesetzt. Strategien in Veränderungsprozessen sind nicht kopierbar, sondern müssen sich im Unternehmen entwickeln; das Multiplizieren des KTCs über alle Hierarchiestufen hat diesen Prozess unterstützt. Es führte zur verstärkten Identifikation aller mit dem Gesamtziel des Unternehmens, sowie zur Stärkung von Vertrauen und Beziehungen.

14.5 Umsetzung in der Praxis

Das KTC wurde in den letzten 30 Jahren in verschiedensten Organisationen mit den unterschiedlichsten Herausforderungen erfolgreich eingesetzt (Rowold 2008a). Eine Reihe von Faustregeln konnten dabei identifiziert werden, die die Wirksamkeit des KTCs erhöhen: Erstens ist es für die Entwicklung des Vertrauens in der KTC-Gruppe besser, wenn nur Gruppenmitglieder aus derselben Hierarchiestufe in der Gruppe sind. Die Anwesenheit von Vorgesetzten kann die Offenheit einschränken. Zweitens kann das KTC prinzipiell sowohl mit Beteiligten aus nur einem Unternehmen als auch mit Beteiligten aus mehreren Unternehmen durchgeführt werden. Drittens zeigt die Erfahrung, dass die Entwicklung der Beteiligten nachhaltiger und tief greifender wird, je öfter das KTC durchgeführt wird; eine regelmäßige Durchführung ca. alle 3 Monate ist für einen nachhaltigen Wandel empfehlenswert. Das KTC kann gut als Ergänzung zu komplexen Lernprozessen eingesetzt werden: Während Organisationen typischerweise in Skilltrainings investieren (d. h. Fokus auf Wissensvermittlung), ergänzt das KTC den Lern- und Entwicklungsprozess durch einen Fokus auf die Umsetzung des Gelernten in einer komplexen Arbeitswelt.

> **Beraterstory**
> Verschärfte Marktbedingungen machten Ende der 90er-Jahre bei Michelin Deutschland mehrere Veränderungs- und Innovationsprozesse unumgänglich. Dazu wurden unter der Leitung von unserem Coaching-Experten Herrn Rohling mehrere Teamentwicklungsmaßnahmen eingeführt. Zur Sicherung des Lernfortschritts und der Unterstützung der Veränderungsprozesse führte er KTCs ein. 18 obere Führungskräfte bildete er zusätzlich zu KTC-Moderator*innen aus, diese leiteten wiederum KTC-Gruppen von mittleren Führungskräften. Alle KTC-Gruppen trafen sich zusätzlich, um bereichsübergreifende Themen in Bezug auf die Veränderungsprozesse zu bearbeiten. Nach zwei Jahren waren so viele Veränderungsprozesse erfolgreich bewältigt, dass das deutsche Michelinwerk als „Weltlernwerk" ausgezeichnet wurde.

Literatur

Amabile TM (1996) Creativity and innovation in organizations. Harvard Business School, Boston
Arthur W, Bennett W, Edens PS, Bell ST (2003) Effectiveness of training in organizations: a meta-analysis of design and evaluation features. J Appl Psychol 88(2):234–245
Borgmann L, Rowold J (2013) Personalführung: verhaltensbezogene Aspekte. In: Rowold J (Hrsg) Human Resource Management. Lehrbuch für Bachelor und Master. Springer, Berlin, S 187–197
Eitel J, Krome V (2008) Wie kann man als Manager in Deutschland den Wettbewerb der Globalisierung gewinnen? – KTC® im Weltlernwerk MICHELIN Homburg. In: Rowold J, Rowold G (Hrsg) Das Kollegiale Team Coaching. Kölner Studien, Köln, S 155–170
Guggenbühl-Bonetti J (2008) Das Kollegiale Team Coaching (KTC) als Organisations- und Personalentwicklungsinstrument in Veränderungsprozessen. Eine Untersuchung beim Migros-Genossenschafts-Bund. In: Rowold J, Rowold G (Hrsg) Das Kollegiale Team Coaching. Kölner Studien, Köln, S 171–192
Hülsheger UR, Anderson N, Salgado JF (2009) Team-level predictors of innovation at work: a comprehensive meta-analysis spanning three decades of research. J Appl Psychol 94(5):1128–1145
Kauffeld S (2006) Kompetenzen messen, bewerten, entwickeln. Schäffer-Poeschel, Stuttgart
Kuhlthau CC (1993) A principle of uncertainty for information seeking. J Doc 49(4):339–355
Lippmann E (2005) Intervision. Kollegiales Coaching professionell gestalten. Springer, Heidelberg
Mönninghoff M, Rowold J (2008) Das Kollegiale Teamcoaching in der Praxis: Das Leadership Programm für Teamleiter der buw Unternehmensgruppe. In: Rowold J, Rowold G (Hrsg) Das Kollegiale Teamcoaching. Kölner Studien, Köln, S 193–204
Nölting H, Stegemann D, Rowold J (2009) Kompetenzentwicklung durch das Kollegiale Team Coaching. In: Kauffeld S, Grote S, Frieling E (Hrsg) Handbuch Kompetenzentwicklung. Schäffer-Poeschel, Stuttgart, S 256–267

Rowold J (Hrsg) (2008a) Das Kollegiale Team Coaching. Kölner Studien, Köln

Rowold J (2008b) Zur Wirksamkeit des Kollegialen Team Coachings: Ergebnisse einer zweijährigen Längsschnittstudie. In: Rowold J, Rowold G (Hrsg) Das Kollegiale Team Coaching. Kölner Studien, Köln, S 141–154

Schley W (2010) Handbuch Kollegiales Team-Coaching, 1. Aufl. Studien, Innsbruck

The manufacturer's authorised representative in the EU is Springer Nature Customer Service Centre GmbH, Europaplatz 3, 69115 Heidelberg, Germany. If you have any concerns regarding our products, please contact ProductSafety@springernature.com

Printed and bound by CPI Group (UK) Ltd, Croydon, CR0 4YY

23/03/2026

02076745-0007